戴家湾寻古纪事

科若明
明次曙 著
刘高杨

文物出版社

图书在版编目（CIP）数据

戴家湾寻古纪事/刘明科，高次若，杨曙明著. 一北京：文物
出版社，2019.12

ISBN 978 - 7 - 5010 - 6211 - 9

Ⅰ. ①戴… Ⅱ. ①刘…②高…③杨… Ⅲ. ①文物 -
考古 - 研究 - 宝鸡 Ⅳ. ①K872.413

中国版本图书馆 CIP 数据核字（2019）第 144621 号

戴家湾寻古纪事

图书策划　黄　勇

著　　者　刘明科　高次若　杨曙明

责任编辑　许海意

封面设计　王文娴

责任印制　张道奇

出版发行：文物出版社

社　　址：北京市东直门内北小街 2 号楼

网　　址：http://www.wenwu.com

邮　　箱：web@wenwu.com

经　　销：新华书店

印　　刷：北京京都六环印刷厂

开　　本：710×1000　1/16

印　　张：13.75

版　　次：2019 年 12 月第 1 版

印　　次：2019 年 12 月第 1 次印刷

书　　号：ISBN 978 - 7 - 5010 - 6211 - 9

定　　价：49.00 元

弁　言

　　戴家湾是著名的古陈仓城所在地，也是现今宝鸡市行政中心所在地，历史悠久，地位独特。早在史前时期，这一带就是先民活动频繁之地，旧石器时代和新石器时代遗址较多，与炎帝神农氏生活时代相符，与北首岭遗址东西相望。西周至秦汉时代，戴家湾地区是重要的先民聚集区，文化遗存较多，后世出土青铜器等珍宝众多，影响巨大，关注度高。

　　戴家湾在宝鸡历史上具有重要的地位。它不仅仅是一个普通的村名，更是一个历史内涵丰富的文化符号！千百年来，这里发生了许多故事，给戴家湾披上了神秘的面纱，至今难得其解。最为震撼传奇的，为 20 世纪 20 年代的党玉琨盗宝事件。

　　党玉琨是民国时期军界的三大"盗宝枭雄"之一。他在宝鸡戴家湾盗挖文物数量之多、质量之高，声势之浩大、影响之深远，都已远远超出了我们今天的想象！就出土器物而言，有举世罕见的青铜禁，有与周公联系密切的周公东征方鼎，有与周王室关联的毛伯鼎、冉父乙鼎；就与这些珍宝紧密联系的名人而言，有清末重臣端方，民国要员冯玉祥、宋哲元、邵力子，著名考古学家陈梦家、唐兰，大古董商卢芹斋；就这些珍宝的收藏而言，迄今为止已经可以确定的，有57 件分别被日本、美国、澳大利亚、丹麦、英国、法国，以及台湾、香港、北京、天津、上海、西安等地的博物馆或私家收藏。其影响之深远，散布地区之广泛，可谓空前！

　　20 世纪 80 年代，高次若同志在宝鸡市博物馆工作期间，负责馆藏文物的建档建卡工作，发现宝鸡的许多青铜器在《美帝国主义劫掠的我国殷周青铜器集录》一书中有记录。这本书是中国科学院考古研究所 1962 年编著出版的，市场上买不到，提出请馆里与中国社会科学院考古研究所联系一下，看能否购买一本。于是博物馆就给社科院考古研究所写了一封信，信中特别表明书中有许多青铜器都涉及宝鸡戴家湾墓地，因给馆藏文物建档建卡，急需这本书，请他们帮助解决。不久，社科院考古研究所资料室回信说，这本书没有库存了，他们准备重印；同时，信中提供了有关党玉琨盗掘戴家湾墓地文物的一些信息。根据这个线索，高次若同志到北京，先后从故宫唐复年先生（唐兰之子）处寻到了当年翻拍的戴家湾出土文物的部分照片；在中国社会科学院考古研究所王世民先生的帮助下，又找到了陈梦家先生当年的笔记。这些都是研究党玉琨盗掘戴家湾墓地最为可靠、最为珍贵的第一手资料。也就是说，进一步核实这些资料，促使我们对党玉琨盗挖戴家湾文物一事进行深入调查。

调查中我们感到，从远古到秦汉之际，戴家湾一带历史遗迹密布，隐藏着众多历史之谜。特别是 1927 年春夏至 1928 年初冬，党玉琨在此挖出数量众多的青铜重器，表明在商末周初戴家湾可能是高级贵族甚至周王室一支的所在地。

作为一处重要的历史遗迹密布之地，戴家湾也是中国考古史上一处重地，被誉为"陕西考古第一铲"之地。1934 ~ 1937 年，民国北平研究院史学研究会和陕西省政府联合组建考古会，在苏秉琦先生主持下，对斗鸡台戴家湾进行了为期四年的考古发掘。但由于抗日战争的爆发，发掘被迫中断，研究工作也未能达到初衷效果。

苏秉琦对戴家湾的研究，开创了类型学在中国考古学中的最早运用。他在著名的《瓦鬲的研究》中，探索了各地出土陶鬲的发展谱系，实际也就是从陶鬲的系列之别来探讨几种重要的考古学文化的发展序列及其相互关系，为中国考古类型学奠定了重要基础。从这个意义上说，戴家湾是中国考古学三大理论之一类型学的诞生地并不为过。不仅如此，经民国陕西省政府同意，陕西考古会还将戴家湾出土的文物在西安市粮道巷的陕西考古会陈列室向公众开放，吸引了当时西安各界名流络绎不绝前来参观，可以说这是最早的陕西公众考古。

更具有巧合的是，我国第一个对外国开放的考古发掘也是在戴家湾。1995年秋至 1997 年秋，又由意大利和中国政府联合组成的考古队，再次在戴家湾进行考古发掘，当时以培训班方式从全国各地抽调的考古技术骨干云集戴家湾。使戴家湾的考古发掘和研究出现了第二个热潮。这次长达三年的考古发掘，虽然收效不如意，但为解开埋藏在戴家湾地下的秘密，确定陈仓上、下城以及陈宝祠的具体位置做了有益的探索。

2009年，由美国李峰、陕西师范大学张懋镕和台湾陈昭容三位教授组成了一个国际合作项目组，在蒋经国国际学术交流基金的资助下，开始对戴家湾出土青铜器进行调查。在三年多时间内，他们多次来到戴家湾，对遗址进行实地考查，还到国外相关博物馆和收藏单位寻访戴家湾出土的相关器物，得到了很多专家学者的帮助，终于将所有能收集到的戴家湾铜器资料汇集在了一起。

2012年，继早年戴家湾出土的青铜禁后，与戴家湾隔河相望的石鼓山西周墓地又一次出土了一件青铜禁，使戴家湾再次引起了广泛关注。而且，石鼓山墓地出土众多青铜器，时代风格与戴家湾出土的青铜器极为相似。石鼓山西周墓地被评为当年全国十大考古发现，许多学者都将石鼓山与戴家湾联系起来研究，寄希望于这个重大发现能解开戴家湾的秘密。

戴家湾寻古调查并不限于出土文物，还涉及历史地理考察和戴家湾的历史地位。据史料记载，远古时期伏羲、炎帝、黄帝就曾在戴家湾建过都城。近年来，陇山东西两翼的考古发现，提供了越来越多的考古支撑材料。在调查中，学者们还重点关注了秦汉时期的古陈仓城。当年北平研究院的徐炳昶和苏秉琦先生就把发掘地点选择在斗鸡台戴家湾地区，他们认为周秦"二民族之都邑及其附近"，"颇难任他民族之势力逼此处"。《史记·秦本纪》中记载，秦文公四年到达汧渭之会后，曾营筑陈仓城，为秦人后来的东扩奠定了基础。而且，戴家湾附近还有一座著名的"陈宝祠"，在秦汉时期响彻朝野，西汉时期祭祀"陈宝祠"已是国家大典，皇帝多次来这里祭祀"陈宝"。这些历史地理的背景和史料记载，促使着我们关注戴家湾、研究戴家湾、探秘戴家湾。

党玉琨的盗宝事件，不管是盗挖过程还是所盗文物的流传经历，都留下着许多传奇故事。近百年前的事件仅通过我们的调查呈现出来并非易事。1990年，我们的调查报告在《中国文物报》上连载以来，发现有关党玉琨的盗宝故事出现许多版本，加上网络传媒，更是五花八门。文物考古者笔下，注重器物的描述与研究，广大非专业的读者读来却感到过于枯燥和艰涩难懂；爱好古董收藏和盗墓资料搜集者，看重的是一些古怪离奇的传闻故事，却忽视了资料的真实和关键情节的调查，甚至出现演义戏说的倾向，难免以讹传讹。作为调查资料，除了我们的调查报告，后来又有任雪莉的《宝鸡戴家湾商周铜器群的整理与研究》，这本书对戴家湾出土铜器的整理比较系统，重点在器物的研究。比较全面的，当推陈昭容的《宝鸡戴家湾与石鼓山出土商周青铜器》一书。这本书的最大特点是资料翔实，方便运用，对戴家湾出土青铜器的来龙去脉调查得很清楚，并通过与石鼓山出土铜器的比较，为以后研究和破解戴家湾地区的秘密提供了方便。还有罗宏才 1997 年在《文博》上发表的《党玉琨西府盗宝记》一文，涉猎面广，趣味性强，对与党玉琨盗宝的一些历史资料调查得比较细致，如围绕这批宝物发生在凤翔城里的战斗细节等描述比较细腻。

《戴家湾寻古纪事》以原调查报告为主，兼顾考古资料与地方史研究，尽量保留调查的原始风貌，包括盗挖经过和资料流传经历中的亲历者和见证者的笔录和谈话。在保证文物资料真实的基础上，舍弃了一些让公众感到枯燥和艰涩的文物资料，突出文物流向的追踪，以强化公众对戴家湾遗址的感知，进而满足公众对可读性、趣味性的需求。尽管一些调查细节，如对宋哲元与党玉琨之间在争夺文物上的冲突，对考古研究并无多大意义，但对普通读者说来，又是关注的热点。再比如发生在党玉琨大小老婆之间争夺文物的细节，看似无味，但却暗含着被瓜分文物的去向，能对这些文物以后的面世提供帮助。此外，在注重出土文物调查的同时，我们更关注于解读这些文物后面故事，即便是这些努力还不足以能破解埋在戴家湾地下的秘密，但我们寄希望于提供一个探讨这个问题的思路。比如对周公东征方鼎、鲁侯熙鬲、何尊、毛公鼎以及冉父乙鼎这些与周王室有关联器物的探讨，对戴家湾周边出土文物的介绍以及对戴家湾历史地理背景的联系等等。

戴家湾，因先秦史迹而闻名古今，因珍宝传奇而闻名世界。史料记载和出土文物表明，远古时期，传说中的伏羲、黄帝、炎帝曾在戴家湾建都；西周时期，戴家湾一带可能是周王室姬姓家族重要的封邑所在地；秦汉之际，戴家湾是古陈仓城所在地。通过发掘和研究这些文化遗存背后的故事，还原历史的原貌，弘扬中华传统文化，讲好陕西故事、宝鸡故事，增强陕西文化自信，促进陕西文化旅游产业的发展，是我们陕西学人义不容辞的责任，也是我们撰写《戴家湾寻古纪事》目的所在。

作者
2018 年冬

目　录

引　子

　　有人说戴家湾之所以有名，是由于宝鸡市东扩南移后，市政府迁往戴家湾，这里成为宝鸡市的行政中心。

　　——殊不知，20 世纪初，这里就曾发生过三次誉满海内外的重大文物事件，戴家湾的名字早在就驰名海内外了。

　　又有人说，戴家湾风水好！宝鸡市行政中心才迁往此地。

　　——其实，早在 2700 多年前，负责占卜的筮师就说这里风水很好。据此，秦文公才在这里营筑陈仓城，祭祀陈宝，秦国后来才开创了春秋五霸、战国七雄的一代伟业。

　　有人说，地处汧河①和渭河之交会大夹角的贾村塬（陈仓山）是一条巨龙，"蟠龙塬"是龙头，桥镇的"龙尾村"是龙尾，戴家湾正好处在龙头之上，自然风水绝妙。

　　相传从高空俯瞰整个蟠龙塬边犹如一条巨龙蟠卧在塬边，西南的蟠龙山为龙头，东北的塬边为龙尾。故附近地名大多与龙有关，如蟠龙镇、蟠龙塬、卧龙寺、卧龙塬、龙丰村等。清乾隆二十九年（1764 年）《宝鸡县志》载："蟠龙山，在县东五里，尾拖汧陇，首注金陵，势如龙蟠。"民国十一年（1922 年）《宝鸡县志》记载："蟠龙山，在县东五里，于西平原尽处突起一峰，形如龙蟠，故名。"

　　从历史上看，这些不是今天人们杜撰出来的神话，早在周秦时代，古代先民就是这样看中戴家湾这块宝地的。秦文公来到这里后，梦见一条大蛇从天而降，头至鄜地，认为这是天降神灵。司马迁把这段历史写入《史记》，流传至今。具

---

　　①　汧河，今称千河。因古籍中多为汧河、汧水，为全文统一故，本书用"汧"字。

有深奥意义的"陈仓""陈宝""龙川""蟠龙""龙盘城""卧龙""龙尾"等，都是那个时代留给我们的历史之谜。可惜，民国初年党玉琨的掠夺性盗掘，使揭开这个谜底的难度大大地增加了。

在这些历史事件中，戴家湾、斗鸡台、陈仓山、古陈仓城，实际上是同一个区域概念的不同称谓。为了读者阅读方便，首先需要澄清"戴家湾"和"斗鸡台"地名的变迁和区域范围。"斗鸡台"在中国考古学中的地位非常重要，苏秉琦先生20世纪30年代曾在斗鸡台进行考古发掘和研究，开创了中国考古学类型学研究的先河。在考古界，一提到中国考古学，不能不提及斗鸡台。但"斗鸡台"这个地名，如今在当地已淡化了。而且，在许多有关戴家湾出土文物的资料中，"斗鸡台""戴家湾""戴家沟"的名称常常交错出现。此外，还有人把戴家湾的"戴"简化写作"代"。众多繁杂的地名很容易使人造成误解，特别是让外地读者一头雾水。实际上，斗鸡台是今宝鸡市区十里铺地区和戴家湾一带的泛称。1949年前后，斗鸡台的名字由于现代工业的崛起而颇具影响。1936年，陇海铁路从宝鸡过境，杨虎城将军亲笔题写的"斗鸡台隧道"，就从当时戴家湾村南的断崖穿过。因此，在这些相关的历史事件中，斗鸡台和戴家湾往往指的是一个地区（图0-1、2）。

图0-1　戴家湾遗址保护单位标志

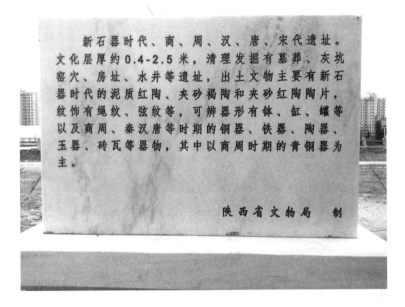

图 0 - 2　戴家湾遗址保护单位简介

发生在戴家湾最为震撼的历史事件，当属 20 世纪 20 年代的党玉琨盗宝事件。其盗掘规模之大，挖出文物数量之多，质量之高，影响之深远，远远超出了我们今天的想象！为了全面了解党玉琨的这次盗宝事件，有必要首先对发生在这次盗宝事件前后密切关联的几个问题做以交代。

一、戴家湾两次出土"铜桌子"

清光绪二十七年（1901 年），戴家湾村农民王奎在村北的坡地上挖地时，挖出了商周青铜器 30 多件，计有尊、觚、卣、爵、斝、觯、觥、角、禁等。其中有一件青铜禁，当地老百姓称"铜桌子"，属首次发现。这件青铜禁最先被曾任陕西按察使的端方所得。端方死后，这件青铜禁经美国传教士福开森之手流入美国。与青铜禁一同出土的 13 件青铜组器，现收藏在美国纽约大都会艺术博物馆（图 0 - 3）。

青铜禁这种器物的名称，最早出现在东汉永寿二年（156 年）的《鲁相韩敕造孔庙礼器碑》中。斗鸡台青铜禁出土前，学者只知其名，都未见实物。而且，青铜禁的使用有着严格的礼制规定，只有王室才能使用。这样一件与周王室关系密切的青铜礼器，且是首次出土，立即引起了学术界的密切关注。戴家湾的名字，一下子随这件青铜禁而称誉于世，传播到了海内外。

图 0-3 戴家湾出土的青铜禁（现藏纽约大都会艺术博物馆）

1927～1928 年，盘踞凤翔的土著军阀党玉琨（又名党郁坤，绰号党拐子），征发宝鸡、凤翔、岐山等县的民众上千人，在戴家湾进行了大肆文物盗掘活动，共挖出青铜器上千件。其中再次出土有青铜禁，这件青铜禁出土后曾流入日本，但最终又回到国内，后被天津博物馆收藏（图 0-4）。这种珍贵青铜禁仅有的两次出土，均在戴家湾，实属罕见，立即在海内外引起了轰动。而且，戴家湾发现青铜器的种类、数量之多，前所未有，世人把目光开始投到了戴家湾，还有不少学者来到戴家湾进行实地探查。党玉琨戴家湾盗宝事件，也成了民国时期震惊海内外的三大盗宝事件之一，党玉琨也与靳云鹗、孙殿英齐名，成了民国时期的"三大盗宝枭雄"。戴家湾之名也随着这个事件再一次远扬海内外，引起了世人的刮目相看。

图 0-4 戴家湾出土的青铜禁（现藏天津博物馆）

2012 年 6 月，在与戴家湾一河相隔，南北呼应的石鼓山西周墓葬中，又出土了一件青铜禁。这两地所出土的器物规格和风格非常接近，为什么西周时代的青铜禁全部出土于同一区域？戴家湾与石鼓山之间有何密切联系？三千年前的戴家湾究竟居住哪些商周贵族？他们为什么居住在这里？这里当时到底是一个什么样的政治格局？这些问题促使着海内外专家学者把关注的焦点再次投向戴家湾。

二、邵力子批准在戴家湾探宝

党玉琨的盗宝事件和青铜禁在戴家湾的两次出土，很快引起了民国中央政府的密切关注。1934—1937 年，民国政府北平研究院史学研究会和陕西省政府联合组建陕西考古会，在斗鸡台（戴家湾）进行了为期四年的考古发掘。

苏秉琦先生在回忆那段经历时说，当时，中国的考古事业刚刚起步，远古时期的许多历史资料较少，难以厘清，"至周秦二民族初期之文化，则古书所载与之有关史料，数量极少，无参证比较之余地，真伪正讹，无法核定。且意义暖昧，颇多难索解处实为学术界之最大缺憾"。因此，新成立的陕西考古会根据北平研究院徐炳昶等先生在斗鸡台的调查，以及党玉琨在戴家湾的盗宝线索，经过反复调查和筛选后，就把发掘地点选在了斗鸡台的陈仓古城遗址附近。

1934 年前后，陕西连年旱灾，民不聊生，盗挖古墓成风，这不能不引起民国政府的重视。然而，这同时又给考古会的这次发掘带来了不利。正当考古会积极筹备在斗鸡台发掘勘查之际，民国考试院院长戴季陶等人，在陕西省政府主席邵力子和杨虎城将军的陪同下来陕西视察工作，他们听到陕西地方关于盗挖古墓成风，特别是党玉琨盗宝情况汇报后，把考古会的科学发掘与党玉琨的盗掘混为一谈，强烈反对这次发掘。

考古会成员、时任陕西省政府顾问张扶万一再向戴季陶陈述，斗鸡台的考古发掘与党玉琨盗挖古墓有本质区别，却遭到了戴的严厉斥责。张扶万等人面对戴季陶的淫威，仍然于 4 月 11 日再次致函陕西省政府，决意发掘。戴季陶知道后气急败坏，当即向中央研究院院长蔡元培、南京中央政府行政院院长汪精卫、教育部部长王世杰以及远在前线的蒋介石发去急电，大兴问罪之师。

斗鸡台的这次考古发掘，一时间举国舆论沸腾，陕西省政府面对各界压力，迟迟不敢决策。在这紧急关头，民国北平研究院徐炳昶等一边"参战"，一边面陈邵力子主席，请求"迎逆流而上，以主斗鸡发掘……必为全国学者所赞许"。在如此强大的政界和舆论的压力下，邵力子毅然批准了斗鸡台发掘报告，并且在当时的条件下，派出两部载重汽车给考古会，并令宝鸡县（当时属宝鸡县管辖）县长遵照办理，给予支持。足见国民政府对这次发掘十分重视。

斗鸡台考古工作持续了近四年，前后共进行了三次发掘。第一次为 1934 年 4 月至 1934 年 6 月，第二次为 1934 年 11 月至 1935 年 5 月，两次发掘均在当时的陈宝祠后边和戴家沟东侧，即党玉琨当年盗挖过的缓坡地上；第三次为 1937 年 4 月至 6 月，发掘主要在沟西进行。

对于在斗鸡台的考古发掘，据苏秉琦先生《斗鸡台考古见闻录》记载：1934 年 11 月 19 日早晨八点钟，考古队人员随同徐旭生一行共 11 人，乘坐陕西省政府代备的两部载重汽车，从西安出发。车厢装满了行李、箱子和工具。

从西安出发的那天，夜间下了一阵雨雪。他们穿起全套冬装，还有点瑟缩。车离开西安，向西北开行。考古队员们坐在敞篷汽车上，迎着峭厉的西风，经过一个小时的颠簸，到达了咸阳渭河渡口。过了渭河，沿公路前行，除了修理车胎耽搁了一小时外，路上没有休息，也没吃饭。经武功、扶风、岐山，暮色苍茫中到了凤翔，就在栈房住下。

20 日早晨从凤翔出发，约一两个小时便到汧（千）河岸边。当时正值秋汛之后，水势较大，汽车过不去。于是他们把行李卸下来，改装骡车和驴驮。因为雇车和装卸费时很久，等他们步行到斗鸡台陈宝祠的时候，已经太阳西下了。

从《史记·封神书》和《汉书·郊祀志》可知，陈宝祠在秦汉两朝颇为显赫。国家祀典中虽然"唯雍四畤上帝为尊"，可是"光景动人民，则为陈宝"，盛况可以想见。陕西考古会的临时办公处就设在陈宝祠，当年的陈宝祠已式微不堪，只有不大的三间正殿，三间门洞，四小间东西厢房，且各屋都门窗洞开。考古会的队员们立刻找来高粱秆作窗棂，用麻纸糊起来，然后把行李铺在旅行床上就睡了。

当年的考古发掘，除陕西考古会工作人员外，劳工均是在当地雇请的村民。戴家湾村民戴宏杰是当时村里文化程度最高的，既是苏先生雇请的人员之一，也是党玉琨盗宝活动的参与者（图0-5、6）。

图0-5 1934年宝鸡斗鸡台考古发掘

图0-6 宝鸡斗鸡台遗址发掘开工前摄影

据戴宏杰老人回忆，苏秉琦先生当年发掘中挖出了车马坑，但不久抗日战争爆发，考古工作没完就又回填了，其发掘地点后来在修建宝鸡峡引渭渠时被毁坏。苏秉琦先生在戴家湾的发掘未按原计划完成，其发掘资料一部分留在陕西考古会，一部分留在北平整理。抗战时，原留北平的部分资料南迁到了昆明，部分

图 0-7　苏秉琦先生

古物陷入敌伪手中，给资料整理造成诸多不便。

1940年，苏秉琦先生（图0-7）写出了《陕西宝鸡斗鸡台所得瓦鬲的研究》初稿，1941年交香港商务印书馆付印，但因太平洋战争爆发，香港沦陷，致使书稿下落不明。直到1948年，才由北京大学出版社将《斗鸡台沟东区墓葬》报告付印。因原稿失落，为补救起见，在发掘报告中加进前稿摘要作为附录（即《瓦鬲的研究》一文）。但因当时排版印刷困难，报告中的图版被删掉。新中国成立后，中国科学院于1954年又将原制图版印刷装订为《斗鸡台沟东区墓葬图说》，交图书馆收藏，未正式发行。报告内容分为绪论、材料、分类、形制、结论五章，加上自序和附录共七部分，有插图133幅。

该报告初次运用形式逻辑的方法，对这批墓葬进行了系统研究，这是一次大胆创新尝试，为中国考古类型学方法论奠定了基础。报告还提出先周、先秦文化问题，成为若干年中探索周文化、秦文化渊源的线索之一；同时首次对当时发掘的周墓作了分期，并把战国时期的秦墓从周代遗存中分离出来；还第一次对西汉墓作了分期研究。这些都对中国考古学的发展和研究产生了巨大影响。（图0-8）

三、意大利人也看上了戴家湾

1995年，中国和意大利政府的一项文物保护项目正式启动。根据两国的相关合作协议，需要在中国找一处合适的考古发掘现场作为实习工地。国家文物局委托陕西在省域内进行选址。经过多方考察比较，认为戴家湾是一处内涵丰富的大型古代遗址，人类活动遗存自新石器时代一直延续至近代。史上赫赫有名的陈宝祠与陈仓城都处于这一地区。这一地区的考古，对研究早期关中农耕文化、周文化、秦文化及古代中原文化与周边文化的交流融合等都有重要的学术意义。基

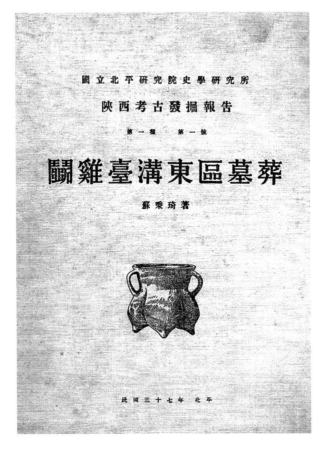

图 0-8 《斗鸡台沟东区墓葬》

于此，国家文物局决定，把戴家湾遗址作为中意两国进行文物保护合作的教学实习工地。听了中方的介绍后，意大利考古工作者对戴家湾的选址非常满意。

当年秋天，由意大利和中国的考古工作者联合组成的考古队开进了戴家湾，与此同时，中国国家博物馆和福建、黑龙江、山东、吉林、内蒙古、河南、辽宁、浙江等省市文物部门，以培训班方式抽调的考古技术骨干云集戴家湾，参加了学习和实践。

发掘地点最先选择在古陈仓下城遗址北边的田地里。双方进行了考古发掘技术的交流，中方向意大利友人介绍了铲探技术和黄土区域地质地层的辨析，及对当地文化遗存的认识；意方专家主要介绍了 20 世纪七八十年代开始应用的哈里斯地层记录方法。哈里斯考古地层理论系 1973 年英国考古学家爱德华·哈里斯在英国发掘时使用的一种全新的地层记录方法。戴家湾的这次中意合作发掘，是这种考古发掘方法在我国黄土地貌区域的第一次应用与实践，对此后的考古发掘产生了重要的影响。

考古发掘过程中，中意双方专家相互交流工作经验，并在工作中密切协作。到 1997 年，共发掘面积 500 平方米，发现夯土建筑遗存、灰坑、壕沟、古井等，发掘西周竖穴土坑墓葬 1 座，春秋战国时期的竖穴土坑、洞室墓葬 8 座，出土有圭、陶鼎、喇叭口罐、陶鬲、陶豆等随葬器物；发掘汉代墓葬 9 座，出土有铁釜、陶鼎、陶罐、陶仓、铜镜、漆器等随葬器物，圆满完成了考古发掘任务。

中意两国合作的这次考古发掘，为寻找与确定秦文公营筑的陈仓城提供了重要线索，基本可以确定 2700 多年以前秦文公营筑的陈仓城就在贾村塬（陈仓山）下的缓坡上。戴家湾的这次考古发掘，是在中国土地上开展的较早的中外考古合作项目之一。这次成功的考古合作，也是古丝绸之路上中西文化交流的一种延续。伴随着中意两国在戴家湾的这次考古发掘，戴家湾的名字再一次享誉海内外。

四、戴家湾珍宝的千里寻访

苏秉琦先生 20 世纪 30 年代主持的考古发掘尽管半途而废，还是获得了重要的成果和收获。但是，苏秉琦先生的发掘地点基本与党玉琨的盗掘处于同一地区。党玉琨盗掘墓葬的数量，挖出文物的质量，都远远超过了苏秉琦先生的科学发掘。这在客观上破坏了戴家湾墓地资料的完整性和科学性。"发掘所获材料，虽已不为太少，但如作为分析整个遗址的凭藉，尚嫌不够。例如，我们由废堡区的材料，还不足以证明该地是否为古陈仓城之所在；而我们在沟东沟西两区所获得的材料，亦尚缺早期的墓葬与晚期的居址；即是我们在沟东沟西两区所获得的早期人居与晚期墓葬材料，亦仍苦于所包括的年代太久而材料不够，以致在各时期间尚有不能联贯之处。"苏先生当年的这些遗憾，"只可留待日后的发现来揭破谜底"。

苏秉琦先生的考古发掘是在兵荒马乱的战争年代进行的，这种背景下很难获得完整的资料。正如苏先生在回忆那段坎坷的经历时所说："这批墓地材料如何分期断代？他们每个不同发展阶段的文化特征如何？这些遗迹遗物现象背后的史实如何？查阅有关考古资料、历史文献进行对照，也得不到多少有用的线索或启发。"

　　尽管戴家湾的盗掘和科学考古发掘相隔时间只有六年，但当时盗掘到的文物资料全部丢失，现在收集到的这些文物照片，1945 年才由刘安国先生在西安街头发现，苏先生当时不可能与党玉琨盗挖的资料进行联系。因此，后来的发掘也没有涉及和解决戴家湾墓地的性质和归属问题。

　　特别需要关注的是，党玉琨在戴家湾盗挖的珍贵文物大部分已流散到宝鸡地区以外。到 1986 年调查时，党玉琨当年裹挟参与盗挖的村民，大部分已经去世。亲历盗挖活动的村民，健在的也在八旬以上了。一些关注这次盗宝事件的考古界前辈，如陈梦家、唐兰、郑郁文、刘安国等先生，曾试图将这次盗掘情况和流散的资料加以整理，但因时间延续太久，资料辗转流失，而未能如愿以偿。如再不抓紧进行调查和资料整理，这批宝贵的资料将很难得到保全，要揭开戴家湾的神秘面纱就更加困难了。作为宝鸡当地的学者，尽早搞清这批资料的下落责无旁贷。在这种思想的驱动下，我们开始了漫长而艰苦的调查和资料整理工作。

　　调查分成两个重点进行。一是资料的搜集，包括调查党玉琨当年在戴家湾所挖出的器物的数量、名称、流向、下落，以及有关的文字记录、图片、拓片等；二是盗挖的经过，寻找并通过当年参与和了解党玉琨在戴家湾盗宝的人员，弄清当时盗挖的详细情况和器物流传经历。

　　期间，有相当一部分资料是由北京故宫博物院唐福年先生提供的。唐福年之父唐兰先生是最早接触到党玉琨所盗戴家湾青铜器资料的学者之一。在中国社会科学院考古研究所王世民先生的帮助下，我们找到了陈梦家先生当年翻拍的照片和所做的笔记。这些都是研究党玉琨盗掘戴家湾墓地最为可靠、最为珍贵的第一手资料。

　　陕西省文史馆刘安国先生最先在西安市面上发现了戴家湾出土文物的照片，在保护这批文物照片资料方面起了关键作用。他此前在编辑《雍宝铜器小群图说长编》时，就因这批照片下落不明，而使《长编》成为"有录无图之作"，造成了遗憾。根据刘安国先生提供的线索，我们又到了省文史馆查阅了大量资料。

根据所获资料信息，我们又在西安找到了党晴梵先生的长子党成，他提供了他父亲先前保存下来录有党玉琨所盗文物资料的《华云杂记》影印本。

调查结束后，经初步整理，我们把初稿带到《考古与文物》杂志社准备发表。时任《考古与文物》主编吴镇烽先生告知，前不久，杂志社收到王光永生前收集到的这批资料的一部分，他建议把刊载《调查报告》的优先权让给已故的王光永先生。我们欣然接受了吴镇烽先生的建议。1990年，由高次若、刘明科署名的《调查报告》主要部分在《中国文物报》进行了连载。王光永先生的报告也于1991年在《考古与文物》发表。

1997年，陕西省文保中心的罗宏才先生对党玉琨在西府的盗宝又做了更深入和全面的调查，特别是对器物以外的情节描述更详细。这几个材料，相互印证，拾遗补阙，读者可以相互比较，较为全面地了解党玉琨盗掘宝鸡斗鸡台文物的情况。

在调查过程中，我们特别注意所挖墓葬、器物的细节，力求弄清其单位的组合及去向等，并着力在最先发现、亲眼看到和原始文字记录上下功夫。但党玉琨毕竟是破坏性的盗挖，而且事情已过去半个多世纪。虽然参与挖宝的亲身经历者提供的情节非常动人，但缺乏考古上的科学性，有的情节显然经过了艺术化的加工。然而，弃之不用，就很难反映出这次盗宝的真实，也有悖于这次调查的初衷。因此，在本书撰写过程中，我们基本按当时所获的原始材料予以叙述，以供读者了解全貌。

一　戴家湾的历史背景

　　戴家湾地区是古陈仓所在地，因附近有"陈仓山"而得名；另有一说因陈地之仓而得名。根据北魏郦道元的《水经注》和清代杨守敬的《水经注图》所示，历史上的"陈仓山"当指现在贾村塬南缘的蟠龙塬（山），故陈仓城约在汧河与金陵河入渭河处的中间地带，也属于戴家湾地域范围之内。秦文公所建的陈宝祠就在古陈仓城北的陈仓山上（图1-1）。

图1-1　陈仓山示意图

　　实际上，陈仓这个地名不仅历史相当古老，可能在三皇五帝时代以前就存在了，大概与伏羲时代同时，而且它的内涵和寓意也相当原始。

　　三皇五帝并不是真正的帝王，仅是太古时期出现的为人类做出卓越贡献的部落首领或部落联盟首领，后人追尊他们为"皇"或"帝"。人民把他们敬为神灵，以各种美丽的神话传说来宣扬他们的伟大业绩。对于"三皇五帝"中的"三皇"具体所指虽有各种说法，但大多学界认为是伏羲、神农、黄帝。他们所处的历史时期被称作"三皇五帝时代",又称"上古时代""远古时代"或"神话时代"。这个时代所对应的就是考古学上的龙山文化遗存,近年来大量的考古发现已证明,三皇五帝时代确实存在。

由于地理位置特殊和自然环境的优越等原因,自古以来,戴家湾周围的人类活动一直比较频繁,不但留下大量的考古遗存,也在历史文献中留下了一些传说与丰富的记载。一个地区遗留有不同时代的遗迹和堆积,就已经十分幸运了,如果同时也拥有一些相应的传说,并与文献记载相吻合,那就更为难得了。戴家湾就是一个既拥有神话传说,又有众多历史遗迹,并有文献记载的难得之地。

20世纪30年代,陕西考古会在戴家湾的考古发掘和研究表明,在龙山文化以前,这里就已经是先民居住的理想场所。在此以后,形成了姜戎文化、先周文化、秦汉文化三个繁荣时期。

一、伏羲徙陈

说起戴家湾远古的历史,不得不说说历史传说中的伏羲都陈。

传说伏羲建都于陈,这里所说的"陈",即指戴家湾村的古陈仓一带。远古的传说虽然与某一具体地点很难对应,但结合历史地理与宝鸡市周边的考古发现,我们说伏羲曾徙都于陈可能不仅仅是一个神话传说。

"伏羲都陈"的记载最初见于《水经注》上的记载:"(渭水)又东,过陈仓县西。"郦道元引荣氏《遁甲开山图》注曰:"伏羲生成纪,纪徙治陈仓也。非陈国所建也。"

郦道元所说的"伏羲生成纪,纪徙治陈仓也。非陈国所建也",是针对古时中原有陈国,说伏羲都陈,或被当作中原河南之陈。但中原之陈为太昊族有关之都,所以郦道元特别强调,此处之陈,非陈国所建之陈。也就是说,宝鸡陈仓之陈与陈国之陈完全是两回事。故古人亦曰,"非陈国所建也"!此陈非陈国所建之陈。伏羲都陈之陈,即为古陈仓。

《遁甲开山图》为汉代出现的纬书,为历史上正统学术研究者所不齿。但近来一些考古研究和出土文物又渐渐证明,这类纬书除了迷信与荒诞部分外,其中还夹杂有不少值得重视的先秦和上古的科技与传说史料。说明纬书也并非完全是东汉大量伪造的东西,而有可能是先秦诸子百家在秦火余烬中的残迹,经后人改头换面添枝加叶而成。

近代陇山一带的考古发现表明,传说中的伏羲出生在成纪,即今甘肃天水一带,后向东迁徙。文献中关于"治陈仓"的记载,在时空范围上是有考古资料作基础的,只是现在的考古手段还无法对已发现的考古资料进行部族属性的具体划分。这也从一个侧面说明,宝鸡戴家湾地区优越的地理环境,很早就为古人发现而得以利用。伏羲东进翻越陇山进到关中后,看中了这一带优越的自然环境与交通区位,选择渭水之畔的戴家湾(陈仓山)作为栖息地。戴家湾地区从旧石器时代到新石器时代大量的文化遗存,从一个侧面也可反映当时的社会状况。

在宝鸡、天水一带,至今仍流传着伏羲都陈的神话传说。神话不只是人们编造的趣味故事,也是人类对远古历史的特殊记忆方式。故事的主人公是伏羲和女娲。这个神话故事也在《易·系辞》《庄子》《史记》《汉书》《帝王世纪》《水经注》《路史》《独异志》等典籍中均有记载,大意是说:在今天的甘肃秦安这个地方,有一条河流叫华胥,出了一位漂亮的姑娘,人称华胥。华胥姑娘踩了神的足迹,怀孕生子,起名伏羲;后又生了一个女孩,起名女娲。那时整个世界,就只有伏羲、女娲兄妹二人,于是兄妹欲结为夫妇,又感到羞耻,于是便向神请示:"天若遣我兄妹二人为夫妇,而烟悉合;若不,使烟散。"说毕,飞散的烟聚合起来,于是二人婚配,繁衍了人类。

这个神话故事还有另外两种流传方式。一种方式是石刻和绢画,两汉和隋朝的多幅绢画和多通石刻均有伏羲女娲交尾图(图1-2);另一种方式是民间传说,传说远古时洪水滔天,毁灭了人类,伏羲和女娲兄妹乘葫芦舟逃生,兄妹婚配,才保存了人类。

当代考古发现了甘肃秦安大地湾遗址,时间远至距今8000年左右。其总面积32万平方米,现仅揭露13700平方米,竟发现房址238座、灰坑357个、墓葬79座、灶台106座,各种骨石蚌陶器、装饰器和生活物件8034件,其中有面积达420平方米的半地穴式圆形房屋、圜底龟纹彩陶盆、黍稷和油菜籽种子。考古界认为,大地湾遗址属老官台文化,是渭河流域最早的文化,大地湾遗址可能就是伏羲氏的原居地。此时,人类还处于同辈人族内婚阶段,这也与伏羲女娲兄妹

图 1-2　汉代画像砖伏羲女娲交尾图

婚配的传说相契合。

此后，可能是一场特大洪水，大地湾不宜人居，于是伏羲女娲编结葫芦舟逃生。中国地势，西高东低，洪水漫流，也就只能从西向东。而秦安以东，巍峨的秦岭挡住陆路，伏羲女娲逃生的方向，也就只有秦岭中狭窄的渭河谷地。

2001 年，考古工作者在宝鸡市陈仓区拓石镇发现了关桃园遗址，此地位于渭河北侧，西距秦安大地湾 110 公里，东距宝鸡 83 公里，揭露面积 3189.5 平方米，发现灰坑 243 个、房址 10 座、窑址 6 座、墓葬 29 座，获得大批石器、骨器、陶器、玉器。关桃园遗址属前仰韶时期，与大地湾遗址具有继承关系，可能就是伏羲氏从大地湾东迁至宝鸡的中途停留站。

伏羲女娲顺渭河谷地继续东走，从关桃园往东 80 余公里，只见渭河河谷突然开阔，河南是秦岭，河北是台塬，河谷内适宜五谷生长，于是就定居下来，在此繁衍生息。

考古发现宝鸡地区的老官台文化就有 20 处之多，而宝鸡市区及其近郊竟多达 5 处，其分布密度之大，为其他地区所少见，经过大面积科学发掘的北首岭遗址下层堪为代表。北首岭遗址位于宝鸡市区的东北部，南距渭河约 2 公里，总面积 6 万余平方米，现已揭露面积 4727 平方米，发现房屋遗址 50 座、灰坑 75 个、陶窑 4 座、墓葬 451 座，各类石器、陶器、骨器 6000 余件，以手制而遍布绳纹的三足罐、三足杯最富特色，与大地湾遗址、关桃园遗址具有继承关系，尸骨头向均朝西北，可能就表示他们从西方而来。

伏羲女娲氏族的主力后来向东发展。在骊山一带生息繁衍，形成一个强大的氏族，故骊山附近今有女娲堡。此后继续向东发展，到达海岱地区，形成太皞和少皞两大部族。太皞可能是伏羲氏的嫡传，故后人将其混而为一，称"太皞伏羲氏"。伏羲女娲氏族有一支发展到河南淮阳，建都亦称"陈"。伏羲氏留于陈仓的部分大部都融入和归附炎帝部族，但也有部分保留伏羲氏族的旗号。

二、炎帝都陈

戴家湾的"陈仓"在历史传说中，不仅为伏羲所都之地，还有记载表明，这里还曾为炎帝与黄帝族所都之地。

炎帝都陈的最早记载，见于《史记》正义所引《帝王世纪》："神农氏，姜姓也。母曰任姒，有乔氏女，登为少典妃，游华阳，有神龙首，感生炎帝。人身牛首，长于姜水。有圣德，以火德王，故号炎帝。初都陈，又徙鲁……"

炎帝是古代炎帝氏族的总称，把炎帝部族创造的文化称之为炎帝文化，这一点上已经在学界取得了共识，学者们把位于宝鸡的炎帝文化称为"姜炎文化"。从近年来的考古发掘和学术研究等八个方面来看，宝鸡（古陈仓）作为华夏始祖炎帝的原生地和主要活动地，作为姜炎文化的发祥地，作为炎帝故里是有充分依据的。

从考古发掘来看，宝鸡渭河流域有 700 余处旧、新石器时代的人类遗存，仅市区清姜河流域就有 80 余处。炎帝为新石器晚期的人物，生活在距今 7000 ~ 5000 年左右，处于母系向父系的过渡时期，其考古学文化类型是属于仰韶文化。宝鸡市区清姜河流域和渭河流域的新石器时代遗址密布，大多为仰韶文化，与炎帝生活时代大体吻合。福临堡遗址、北首岭遗址和陈仓区双碌碡遗址中发现了陶祖或石祖，福临堡遗址和北首岭遗址中发现了无使用痕迹的精美石斧，说明当时不仅进入了父系氏族社会，而且已经出现了权威人物。

《易经·系辞》《礼·含文嘉》等史料记载，炎帝"始作耒耜，教民耕种"。2001 年 6 月，考古工作者在宝鸡关桃园遗址发现了 23 件骨耜，这是在黄河流域的第一次发现，而且出土数量之多、时代之早是黄河流域史前考古中罕见的。这

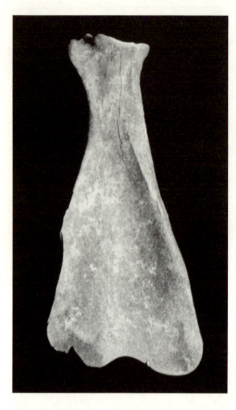

图 1 - 3　宝鸡出土的骨耜

些骨耜为耒耜的早期形态或雏形（图 1 -3），在一定程度上印证了炎帝"始作耒耜"的史料记载。在宝鸡的福临堡遗址和北首岭遗址中，还发现了粟粒的遗迹，粟粒的发现与炎帝"教民播种五谷"的记载相吻合。宝鸡史前遗址发现了大量的陶器，符合炎帝"耕而作陶"的史料记载。宝鸡福临堡遗址中发现了缸、瓮、罐等大型盛贮器和用于贮藏的子母坑等，北首岭遗址中已经出现了社会分工，并出土了榧螺和贝壳，说明当时的产品已经有了剩余，为炎帝在天台山"日中为市"的记载与传说提供了可能支撑。

从历史记载来看，《国语·晋语》云："黄帝以姬水成，炎帝以姜水成。"《竹书纪年》载：炎帝"育于姜水，故以姜为姓。"《史记》所引《补三皇本纪》载：炎帝"长于姜水，因以为姓。"《水经注·渭水》："岐水又东经姜氏城南，为姜水。"《通志·卷一》载："炎帝神农氏，……长于姜水，故为姜姓。"《路史·国名》载："炎帝后，姜姓国，今宝鸡有姜氏城，南有姜水。"《大明一统志》载："凤翔府宝鸡县南七里，有姜氏城，南有姜水，炎帝长于姜水……"关于"姜水"，现在学术界大多认为就是位于宝鸡市区西南的清姜河；近代学者郭沫若、翦伯赞等则认为，姜水在今岐山境内。关于"姬水"，有学者认为，姬与漆谐音，是指从今麟游向南流入渭河的漆水河；也有专家认为，姬与岐古为同音，姬水即今凤翔县与岐山县境内的横水河或小漳河，二者均在宝鸡市境内。姬水、姜水相邻，同在渭水流域，也印证了炎黄双胞族之说。

从姓氏渊源来看，炎帝为姜姓，后稷的母亲姓姜，二者之间不论是在姓氏上，还是农耕习俗上，都有一定的渊源。后稷封国为邰，在今陕西杨陵、武功与宝鸡扶风、眉县一带，与炎帝生活的姜水流域相距不远，同属渭水流域。周人为姬姓，与黄帝族姓氏相同，史载炎帝与黄帝部落互相联姻通婚，弃母为姜姓，也佐证了炎黄二族的联姻之说。也有学者认为古时，"姜"与"羌"为同一字，姜姓后来发展为羌族部落，宝鸡清姜河流域上游一带至今仍有羌族群众生活居住，陈仓区天王镇八庙村村民以姜姓为主。商代末期，姜子牙在宝鸡蟠溪隐居，演绎了一段"姜太公钓鱼——愿者上钩"的历史传奇。

从学者研究来看，郭沫若先生在《中国史稿》中说："传说最早的是炎帝，号神农氏。据说炎帝生于姜水，姜水在今陕西岐山东，是渭河的一条支流。"著名的史学家徐旭生在《中国古史的传说时代》中说："文献内的材料，考古方面的材料，民间传说的材料似乎完全相合，足以证明炎帝氏族的发祥地就在今陕西境内渭水上游一带。"著名考古学家邹衡在《漫谈姜炎文化》中说："现已查知，姜炎文化的中心分布地域适在宝鸡市区之内，这样，上述文献记载就在考古学上得到了印证。就是说，远古时代的炎帝族确实在此发迹。"著名历史学家翦伯赞在《中国史纲要》中说："在陕西一带有姬姓黄帝与姜姓炎帝部落，他们之间世代通婚。"中华民族史专家、湖南省炎黄文化研究会会长何光岳在《姜炎文化论》中说："我一贯研究认定宝鸡姜水是八个炎帝中最早的一位炎帝诞生地，在这里正式由神农氏的名称被尊为炎帝。"陈连开先生指出，"宝鸡是炎帝故乡，是中华文明的发祥地之一，在这里有神农与炎帝创造农耕文明的传说是很自然的。"并断言"陇山东西，泾渭流域是炎黄两大部落集团起源之区"。著名考古学家张光直先生认为，宝鸡地区应是新石器革命最理想的地区。

从民间传说来看，宝鸡民间相传炎帝生于蒙峪，长于姜水，沐浴九龙泉，崩于天台山。现在宝鸡市区渭河南有清姜河，古称姜水；清姜河边有姜城堡村，古时称姜氏城；渭河南神农镇浴泉村有九龙泉，传为神农皇帝洗三的地方，泉旁有乾隆十四年（1749年）所立"浴圣九龙泉"碑；峪泉村现有神农庙，并存乾隆十四年所立《修建神农祠庙宇碑记》；清姜河畔的蒙峪口常羊山上建有炎帝陵，为当地百姓祭祀先祖炎帝的场所。《春秋纬·元命苞》载："少典妃安登游于华阳，有神龙首，感之于常羊，生神农。"《帝王世纪》亦载："炎帝神农氏，姜姓也，母曰任姒，有蟜氏之女，名女登，为少典正妃，游华山之阳，有神龙首，感女登于常羊，生炎帝。"秦岭古代通称华山，不论是"华阳"还是"华山之阳"，都在渭水流域和秦岭北麓，而宝鸡常羊山也正好位于渭水流域和秦岭北麓，与史料记载相符。

从祭祀传承来看，除了黄帝曾在宝鸡祭祀炎帝外，秦灵公三年（前422年），曾在雍地的三畤原设吴阳上畤和吴阳下畤，分别祭祀炎帝、黄帝，这是我国历史上最早官方祭祀炎黄二帝的记录。西汉时期，汉高祖刘邦自称"赤帝之子"，在雍地增设"北畤"，祭祀"五帝"。至今，渭滨区神农镇浴泉村建有神农庙（图1-4），金台区神武路有神农庙一座，亦名"先农祠""先农坛"。此外，据清乾隆三十一年（1766年）《重修凤翔府志》载，今宝鸡地区各县均建有先农祠和火星庙。相传农历正月十一是炎帝的生日，每年此时，宝鸡当地群众就来到神农庙、先农坛、炎帝陵、炎帝祠等处，焚香叩拜，烧香山、耍火龙、唱大戏。传说炎帝是农历七月初七去世的，宝鸡民间便把这一天定为炎帝忌日，每年此时，当地群众都要带上祭品，到天台山的炎帝寝骨台去祭奠。时至今日，天台山上还留有炎帝采药时小憩的大石窟，"日中为市"的太阳市，炎帝去世后置放尸体的汉白玉寝骨台，炎帝子孙在此焚香祭拜的烧香台等。

从学者争议来看，关于炎帝的身世、称谓，以及炎帝与神农是否同一人，虽

图1-4　宝鸡浴泉村神农祠

然仍有许多争议，特别是关于炎帝故里，各地学者争议较大。但学术界普遍认为：炎帝并不是特指一个人，而是部落联盟首领的世袭称号，炎帝共有若干代，宝鸡是第一代炎帝的始生地，是姜炎文化的发祥地，湖南、湖北、山西、河南等地的炎帝遗迹和炎帝文化，是炎帝或其后裔迁徙的结果。也就是说，宝鸡的姜炎文化，与湖南等地的炎帝文化一脉相承，没有相互排斥性。

从文化认同来看，2008年，宝鸡炎帝陵祭典被列为国家第二批非物质文化遗产，从国家层面对宝鸡姜炎文化予以认可和支持。2009年，国家颁布的《关中—天水经济区发展规划》中又提出："以黄陵黄帝陵、宝鸡炎帝陵以及天水伏羲庙、卦台山为核心，建设华夏始祖文化园"，再次以国家正式文件的形式，把宝鸡炎帝陵建设提到了国家发展战略层面，提到了与黄帝陵同等重要的地位（图1-5）。现人教版初中教材《中国历史地图册》，认为"炎帝部落居住在今陕西姜水一带"，并将炎帝与姜水明确标注在渭水上游今宝鸡市区一带。2009年12月，《陕西省志·炎帝志》正式出版，全国人大常委会副委员长、中华炎黄文化研究会会长许嘉璐题写书名，国家文物局原局长、中华炎黄文化研究会第一常务副会长张文彬作序，体现了国家和学术界对宝鸡姜炎文化的认同和支持。2011

图1-5　宝鸡炎帝陵

年3月25日，中央电视台《炎黄大帝》剧组与宝鸡市人民政府签约，将宝鸡确定为大型电视连续剧《英雄时代》（原名《炎黄大帝》）唯一外景拍摄基地，再次通过国家权威媒体向世界宣告了宝鸡炎帝故里的定位。2013年3月9日，作为湖南人的国学大师文怀沙，在宝鸡炎帝陵出席文怀沙艺术馆奠基仪式时，郑重宣布"此生最大的光荣不是大师、专家等称号，而是炎帝忠实的守陵人，用自己的渺小，证明炎帝的伟大。"

在这些丰富的考古资料和研究资料作支撑的前提下，我们再来认识《史记·正义》："《帝王世纪》云：'神农氏，姜姓也。母曰任姒，有蟜氏女，登为少典妃，游华阳，有神龙首，感生炎帝。人身牛首，长于姜水。有圣德，以火德王，故号炎帝。初都陈，又徙鲁……'"的含义，恐怕就不那么神化色彩了。炎帝初都陈，就表明最早的炎帝部落就是以今日戴家湾地区的陈地为都。

三、黄帝都陈

黄帝都陈，见于《路史·疏仡纪》："有熊氏少典之子王，承填而土行，色尚黄，天下号之黄帝，身五十二战而天下大服，乃达四面，广能贤，精功务，法秉教，乘刚而都于陈。"

对炎黄的出生地虽有多种记载与传说。最有影响的还是渭水上游的陕甘交界或是宝鸡说。《国语·晋语》云："黄帝以姬水成，炎帝以姜水成，成而异德，故黄帝为姬，炎帝为姜。"姬水是指从今麟游流出而南流入渭河的漆水河。此河在今武功县境内，历史上属宝鸡市管辖。曹定云《黄帝部落"轩辕氏"图腾初探》载：姜水有二说，其一，在岐山下的周原一带。《水经注·渭水注》："岐水……又历周原下，水北即岐山矣。岐水又东经姜氏城南为姜水。"其二，为宝鸡市区的清姜河。明万历五年《重修凤翔府志》宝鸡县条谓："姜氏城，县南七里，城临姜水。《帝王世纪》云：'神农氏母有蟜氏，游华阳而生炎帝，长于姜水。'即此。"《史记·封禅书》说："中国华山、首山、太室、泰山、东莱，此五山黄帝之所常游，与神会。"《汉书·地理志上》说："陈仓，有上公、明星、黄帝孙、舜妻育冢祠。"从这里可以看出，黄帝起码到过陈仓。显然，姬水与姜水都在宝鸡，说明炎帝和黄帝作为兄弟二人，都生在宝鸡一带是合情合理的，也是有史料依据的。

他们兄弟二人都曾以宝鸡的陈仓为都，在这里作过短暂的守居。

记载黄帝都陈的《路史》是宋代人编辑的历史书。因感司马迁《史记》关于上古久远历史有缺而补。所取材料虽十分芜杂，但绝非作者个人独力臆造，而是搜集天下奇书佚文汇编而成。清代雍正本《陕西通志》就对黄帝"都于陈"注曰："今宝鸡故陈仓。姚睦云：黄帝都陈仓，非宛邱，故今陇右黄帝遗迹甚多。"

自司马迁写史记以来，包括郦道元《水经注》《史记正义》《帝王世纪》，以至于宋代的《路史》和明清的《陕西通志》等诸多史料，对于伏羲、炎帝、黄帝三位帝王，都曾都于陈仓的记载与注释，确实是在当时地下出土的考古资料极为缺乏的时代背景情况下做出的，存在许多聚讼甚至非议无可厚非。但近代以来，多次文物普查和考古发掘表明，戴家湾一带的古陈仓地区文化内涵十分丰富，特别是新石器时代到汉代的各类文化遗存众多而集中。所以，早在1957年，这里就被确定为陕西省重点文物保护单位。

近年来，历史与考古学界一般把炎黄二帝的文化年代，大体对应于考古学上新石器时代的龙山文化阶段。而这个阶段的文化遗存在宝鸡地区最为丰富，如发掘面积规模比较大的北首岭、福临堡、关桃园遗址中的文化内涵，就与炎黄二帝息息相关。

四、夏商之谜

夏初，天下分为九州，今陕西之地属于雍州之域，宝鸡一带的方国中就有陈。据《路史》云，时陈国即陈仓一带，系黄帝后人，姬姓。说明这一支自黄帝始，至商末尚栖居于陈仓一带。如果说这段历史还比较遥远的话，那么，自清代末年直至当代，诸多高规格的商周青铜重器接连在古陈仓所在地戴家湾出土，绝非偶然！

商末周初时的戴家湾地区之繁荣，是我们今天无法想象的，在学术上一直是一个谜。党玉琨盗掘出土的青铜器大多是商末周初这个时期的，且质量等级极高，颇具影响。这些青铜器中，有的只能是王室才能使用，有的直接涉及周王、周公及其家族成员，有的涉及周初的重大事件。1963年在戴家湾以北的贾村镇发现的何尊，也与戴家湾联系密切，唐兰先生曾推测，这里是西周虢国封地。但是，之后在戴家湾及其相邻地区又多次发现矢国遗物。有学者认为，戴家湾一带应是矢国辖区的重要地方。这就提出了一个新问题，商末周初，戴家湾这个地方为什么有如此高等级的贵族居住？这里到底发生了什么？

这不得不使人联想到商末周初，西周历史上的"太伯奔吴"与"周公奔楚"两件大事。从文献记载来看，这两件事件似乎都与戴家湾没有直接联系。但是戴家湾墓地出土的高规格青铜礼器的时代都在商末周初！如果再把历代宝鸡地区出土的商周青铜器进行梳理，就会发现商代末期乃至西周早期的青铜器，大都出土于宝鸡市区，延伸至贾村塬和陇县一带，而且这些墓葬大多保存完好，少有盗掘。这与周原地区出土的青铜器少有西周早期，多在西周中晚期，并且常常是十墓九空的情况形成了鲜明的比照。因此，我们不得不思考，商末周初在戴家湾居住的到底是什么人？他们为什么要居住在戴家湾？戴家湾墓葬出土的青铜器规格为何如此之高？

吴太伯、仲雍奔"荆蛮"，是周族发展史上的一件大事，这个问题不仅是西周史研究中的一个热点和难点，更是宝鸡地方史研究中的一个重大课题。自汉代以来，学界一直聚讼不休。争论的焦点是，太伯到底是奔到了南方建立了吴国，还是奔到了陕西宝鸡的吴山一带建立了吴国。《史记·周本纪》在谈及太伯奔吴时说：

> 古公有长子曰太伯，次曰虞仲。太姜生少子季历，季历娶太任，皆贤妇人，生昌，有圣瑞。古公曰："我世当有兴者，其在昌乎？"长子太伯、虞仲知古公欲立季历以传昌，乃二人亡如荆蛮，文身断发，以让季历。

这个太伯所去的"荆蛮"到底在什么地方？《史记》中并没有说清楚。自汉代以来一直到近代，多认为春秋时吴越之吴，就是太伯建立的吴国，地点在今江苏省无锡一带。唐代的张守节《史记·周本纪·正义》说得更加具体：

> 太伯奔吴，所居城在苏州北五十里常州无锡县界梅里村，其城及冢现存。而云"亡荆蛮"者，楚灭越，其地属楚，秦灭楚，其地属秦，秦讳"楚"改曰"荆"，故通号吴越之地为荆。及北人书史加云"蛮"，势之然也。

实际上，江苏的这个吴国在历史上被称为南吴，与此相对应的还有山西与河南交界一带的北吴，及陕西宝鸡的西吴。这三个"吴"之间有着密切的联系。

自 20 世纪二三十年代，许多学者就对太伯奔吴到江苏的传统说法提出了质疑，他们通过对古文献资料的研究，提出文王之伯父太伯、仲雍所奔之"荆蛮"（吴）不在南方之江苏，而在陕西宝鸡吴山一带。后来的考古发现和研究进一步支撑了这个观点。

卫聚贤先生 1937 年提出，"太伯的封国在陕西陇县的吴山"。差不多与此同时，何天行先生在《仲雍之国——释吴》一文中也提出"太伯仲雍所奔之吴，又明为雍之吴山"。顾颉刚先生也说，"吴者何？吴岳也，《史记·封禅书》记其山于岐山之西，明即《禹贡》之岍（千）"。蒙文通先生在《周秦民族研究》中提出，太伯、仲雍奔吴，就是陕西陇县西南之吴山。

张筱衡先生认为，考古中所发现的矢国就是吴国，矢国得名应与吴山有关，而吴山"在今陇县西，绵亘县南，则古代吴国必在山之附近。"张先生针对《史记·周本纪》中关于太伯奔吴的记载，认为荆就是楚，《说文》中说"荆，楚木也"。楚即《水经·渭水注》中所记的"楚水又南流注入渭"之楚，也就是《元丰九域志》中"凤翔府，虢，有楚山"之楚。

刘启益先生 20 世纪 80 年代初撰文，进一步肯定了张筱衡先生在这个问题上的观点，并指出，太伯奔吴是在古公亶父时代，那时，周的势力还不甚强大，古公受"薰育戎狄"之逼，刚迁到岐山，在这种历史条件下，说太伯为了让位于季历，率众人横跨陕中、陕东，穿越河南、安徽，最后在无锡安下身来，是很难令人置信的。刘先生认为，张守节的《正义》对"亡荆蛮"的解释不足令人置信。所说的"秦讳楚，改曰荆"，也不是历史事实，先秦文献中有荆楚连称的，这在金文中是比较常见的，因此，称荆并不从秦开始。早期的楚国势力是很小的，灭商以前，楚是依附于周方伯的，这时，周的势力尚局限在陕西，楚既依附于岐周，就不能离岐周太远，这时楚国占有的地域，与春秋战国时占有的地域不同，太伯不能奔到楚灭越。太伯当在岐周以西建立了吴国。

齐思和先生在《中国古史探研·西周地理考》一文中，针对太伯奔吴在山西平陆之说，认为"平陆距岐山，远在数百里之外，是时周室初兴，崇、墉未服，声威所及，恐不能若是之远。余考古吴本在今陇县境，汉之岍（千）县也。

《地理志》'吴山在西'。古虞、吴通。《水经注·渭水注》:'《国语》所谓虞也。'是古虞在雍州之证。《地理志》'芮水出西北,东入泾',是虞、芮同在陇县,地相毗连,地在岐山西北,古之虞、芮当即在是。"

著名历史学家田昌五先生在《对周灭商前所处社会发展阶段的估计》一文中十分明确地指出,周人在迁徙过程中,"兵分两部,太伯、仲雍为一部,前进到了'荆蛮';太王携少子季历为一部,中途折向周原。太伯兄弟二人未迁周原,也不是从周原窜入荆蛮的。这个荆蛮不在长江下游,而是西吴,在今宝鸡一带"。

这些学者所说的吴山的区域,诸如宝鸡、陇县也好,雍也好,岐山之西也罢,只是辖区隶属关系的变更而已,实际上都是指今日宝鸡市陈仓区之吴山。这一点是无须怀疑的。《汉书·地理志》载:"吴山在西,古文以为汧山,《国语》所谓虞也。"《辞海》说,吴山"古代又名岳山、岍(汧)山、吴岳、西镇山。在陕西陇县西南。两汉志谓吴山即岍山"。(图1-6)

图1-6 吴山楚水示意图

此外,"太伯亡荆蛮"中的"荆",先秦时荆楚连称或不分,这在金文中常见。从《水经注》中可知,金陵河就是楚水,又从《元丰九域志》中"凤翔府,虢,有楚山",这个楚山可能与吴山有关。这些历史地名都与太伯奔吴有关。

尹盛平先生通过对史料和考古资料的综合研究后，对这个问题进行了更为详尽的论述。他认为，《史记·吴太伯世家·索隐》说"荆者，楚之旧号"是正确的，西周时，荆、楚每每连言，楚就是荆，荆就是楚。楚国早期被称为"荆蛮"，是因为成王时将其分在荆山地区，荆蛮是指荆山之蛮。既然"荆蛮"是指荆山地区的蛮族，那么太伯、仲雍所奔之"荆蛮"，就不可能是吴越之地的蛮族，"句吴"是族名，而不是地名。把"荆蛮"解释为越民族，把吴太伯、仲雍奔"荆蛮"说成是跑到了吴越之地，完全是因为汉唐史家对"荆蛮"不得其解，加上考古资料的缺乏，遂根据吴国后来都于今苏州的史实，穿凿出来的附会之言，是不可信的。尹先生虽然认为，太伯、仲雍当时所奔"荆蛮"不在宝鸡一带，从考古资料上看，当在陕南的汉中城固一带，但后来到宝鸡的吴山一带建立了吴国。

近年来，宝鸡地区发现了大量与太伯奔吴有关的考古资料。这些资料是对近代以来关于太伯奔吴是否到了西吴，即陕西宝鸡地区的补充和肯定，为太伯奔吴提供了宝贵的实物证据。

如矢国遗存。矢氏不是西北原有的民族，而是商末由陕南进入宝鸡的南方巴蜀民族。《蜀王本记》上有一则"荆人鳖灵"的故事，故事中的"荆人"就是"荆蛮"，因为"蛮"在南方的本意是"人"，所以巴人就是荆蛮，矢氏自然也就是荆蛮人了。

强国墓地出土了一件人兽辕饰，断发披在脑后，背部有鹿纹，臂与小腿上也有纹饰；一件铜钺的内部也有一脑后断发的纹饰。这些无疑是"长子太伯、虞仲知古公欲立季历以传昌，乃二人亡如荆蛮，文身断发"的形象（图1-7）。南方出土的许多文身断发内容的文物说明，文身断发是荆蛮人的习俗。那么宝鸡矢国墓地出土的这些文身断发内容的文物，一方面说明强氏是巴族，巴人是荆蛮人，另一方面可证太伯奔荆蛮自然是到了宝鸡吴山一带建立了吴国的。

再如，与太伯奔吴有直接联系的是矢仲戈。这件戈出土于吴山下的陇县曹家湾南坡村矢国墓地。因虞、吴、矢相通，因此矢仲戈也就是"虞仲戈"了。文献记载有两个虞仲，这件戈的时代当是仲雍的曾孙、周章之弟虞仲，武王灭商后，虞仲被封到山西去作虞国的君长了。这件戈就是虞仲未分封到山西以前在陇县活动时的遗物。

矢器在宝鸡地区不光是在戴家湾地区有出土，扶风、岐山、凤翔、陇县等地均有出土。不仅如此，河南洛阳、江苏、山西等地也都有出土。矢到底是"姬姓国"还是"姜姓国"的问题到现在还聚讼不休。说矢国不是吴国，但每每出矢器的地方，不论是西吴、北吴还是南吴，总是离不开这些与吴国相关的区域，而且其时代特征又都和吴国的存去那样一致，这不能不让人感到疑惑。当然，"矢"这个学术问题比较复杂。殷盛平先生提出矢国是姜姓，不是姬姓，矢国不是吴国，也不是吴国的前身。吴国是太伯奔吴后所建，早期（康王之前）还活动在陇县、吴山一带，被称为西吴；康王时被改封到了江苏宜地，后世称为南吴。山西平陆之吴是周武王追封周章之弟吴仲之吴，它是矢氏分出去的一支，不是太伯奔吴后所建，后世称其为北吴。殷先生的这个研究成果对于研究宝鸡西周史中的吴国历史是一个突破。

背　　　　　　　　　　　　　　　正

图 1-7　人兽辕饰

然而，问题还不止于此。吴、虞、矢之争论一直被学术界所关注。一些学者认为古代吴、虞、矢通用，吴字省去口字又是矢，因此认为矢国就是吴国；也有学者认为，尽管矢字古音读吴，但是，商周时期，在汧水流域下游的矢国不是吴国。争论的问题虽然不是三言两语就能概括了的，但在太伯奔吴后所建立的吴国就是西吴，这个吴就在汧（千）山，也就是现在的宝鸡境内的吴山，已被绝大部分学者所接受。显然，太伯奔吴这个重大历史事件和宝鸡吴山密切相关。吴山一带在西周早期的地位不可忽视。戴家湾相继出土的高规格的青铜器应当与这个背景密切相关。

　　吴山在先周时期为什么如此神秘？这是西周历史研究中的一个重大课题，近几十年来，这个区域发现的与太伯奔吴时代相对应的商周时期的遗物就说明，研究西周历史，特别是西周早期历史，戴家湾、石鼓山、吴山、陇县应当引起密切关注。太伯奔吴恐怕也不像《史记》中所言，仅仅是为了让位给季历，继而传给文王之孙原因。太伯奔吴这个重大历史事件，牵涉到殷周朝代的更迭，不单单是一个王位的继承问题。商是一个大国，而周只是商的一个小属国，就是这个小国，能在一个早晨打败一个大国，其中肯定有复杂的历史背景。太伯奔吴既是太王的一个策略安排，也是太王的一个战略考虑。

　　首先，周人早有灭商的目标，为达此目的，他们把叛商和反商的势力联合起来，形成一个强大的联盟，而宝鸡吴山一带的姜姓部族，就是古公联盟中一个极为重要的力量。这个姜姓部族的军事实力和所处的地理位置都十分重要，巩固和扩大姬姜联盟，是古公亶父长期的战略考虑。为此，他与姜姓联姻，立太姜所生季历自在情理之中。因此，太伯、仲雍奔荆蛮绝不是权宜之计，这一点，太伯、仲雍应当是清楚的。

　　其次，太伯所奔之吴地所在的陈仓地区，不光自然条件优越，而且是通往西北西南的交通门户，利于周人向西南和西北地区发展。这是古公战略迁徙的一个重要部署，太伯到这里后建立的吴国应当先于季历继承君位后在周原建立的周国，可以说，从周分出去的太伯、仲雍在吴山一带建立吴国是太王古公亶父的旨意。吴国的建立对灭商，建立西周王朝、开拓领土方面的作用是举足轻重的。

　　总之，太伯奔吴是商末周初发生在宝鸡吴山一带的重大历史事件，这件大事数千年来被模糊和曲解，使其失去了"吴山真面目"。自20世纪以来，经过诸多学界前辈和当代学者的努力，吴山真面目渐露端倪。历史研究和考古发现都证明，太伯奔"荆蛮"到了陕西宝鸡的吴山一带，并在这里建立了吴国。这个吴国早期（康王之前）还活动在陇县、吴山一带，被称为西吴；康王时被改封到了江苏宜地，后世称为南吴。山西平陆之吴是周武王追封周章之弟吴仲之吴，它是矢氏分出去的一支，不是太伯奔吴后所建，后世称其为北吴。吴山的历史就是太伯奔吴的见证和象征，它不但为周王朝的建立和发展建立了不朽的功勋，而且为这个地区的后人留下了一笔极为宝贵的文化财富。

西周初年，还有一个"周公奔楚"的重大事件。《史记·鲁周公世家》："初，成王少时，病，周公乃自揃其蚤沉之河，以祝于神曰：'王少未有识，奸神命者乃旦也。'亦藏其策于府。成王病有瘳。及成王用事，人或谮周公，周公奔楚。成王发府，见周公祷书，乃泣，反周公。"这个事件中也涉及一个"楚"。《史记·鲁世家》和《史记·蒙恬列传》都提到周公奔楚之事。这件事在学术界也争论得沸沸扬扬。陕西省考古研究院王辉研究员认为："此楚也当是畿内之楚，而非江汉之楚。此时熊绎部族已迁至江汉，畿内楚地直属王室，周公之奔楚，乃回故地隐居，示无野心。此时贼臣正陷害他，说他'欲为乱久矣，王若不备，必有大事。'他若奔江汉之楚，不是令人觉得，他要依赖荆楚，以图不轨吗？这岂不是予贼臣以口实吗？作为大政治家的周公，绝不会出此下策。"王先生还在地图上明确标示，西周时期的"荆楚"这个地方当在现在宝鸡市区的西部一带。由此可见，发生在周初的"周公奔楚"事件，也应当与古陈仓大地息息相关。

诚然，斗鸡台之戴家湾处在吴山之东南的陈仓山下的二阶台地上，其地理环境、历史背景和文化遗存都可以证明，商末周初，太伯这一支周王室族人来到了这里。除此之外，吴山脚下这一带还没有一个地方能同当时的戴家湾地区相比拟，起码现在，还没有一个地方出土的青铜器的数量、时代、规格能与戴家湾墓地出土的青铜器相媲美。因为这是太伯奔到这里以后，周王室的一支成员遗留下的。因此，戴家湾出土大量的西周早期的高规格的青铜器就不足为奇了。

五、秦陈仓城

周平王东迁以后，戴家湾地区又成了秦文化的发祥地，这里成了秦人营建都邑、养精蓄锐，不断向东扩大领地的根据地和大后方。实际上，早在秦非子时，秦人便在这里开始活动。

西周初年，秦人还只是西周一支很小的附属氏族。秦人的先祖以畜牧为业。

造父就是一个放牧驯马的能手，他曾为周穆王养了八匹骏马，周穆王在征伐西部戎族的战争中，有一匹骏马死于戴家湾以北陈仓山北部的马迹山上，就葬在了那里，至今当地还有葬马塚及其传说。《辞海》中载，非子"受周孝王召使，主管养马于汧水、渭水之间"，这是说，周孝王知道秦人首领非子养畜驯马的本领很高，就召他来，把今宝鸡地区汧河与渭河交会的大片夹角地带交给他，让他为周王室养马。这里水源充足，气候温润，林草茂密，是养马的理想地带。秦人就这样凭借周王朝的依托，在这里不断发展壮大自己。

还有一件事，也与戴家湾为中心的宝鸡地区有着极为密切的关系，这就是平王东迁。平王东迁不但是周人历史上的巨大转折，而且也是秦人崛起的一个重要里程碑。秦襄公因护送平王东迁有功，被封为诸侯，并赐给岐以西之地，开始享国。秦文公三年，"以兵七百人东猎。四年至汧渭之会。曰：'昔周邑我先秦嬴于此。后卒获为诸侯。'乃卜居之，占，曰吉。即营邑之"。《史记》上的这段记述与非子在汧渭之间为周王室养马相呼应，表明秦人又回到了先人非子曾经居住过的地方，并且经过占卜，说这里是一个很吉利的地方，秦人成为诸侯就是从这里开始的。于是，便开始在这里营建都邑。

汧渭之会是秦人东进关中后建立的第二个都邑。但是，其具体地望在哪里？古今一直众说纷纭。《秦本纪》正文甚为简单，语焉不详。而这之前的考古资料涉及汧渭之会的极少，又多不能十分明确地加以直接肯定，多家注释和译文对汧渭之会相关问题意义分歧，甚至有些混乱。而且，这些史载、译文和注释，又多从文字到文字，和实际相差甚远，给研究工作带来很大困难。

尤以《史记·正义》引《括地志》的影响为最甚。云："眉县故城在岐州眉县东北十五里，毛苌云：眉，地名也。秦文公东猎汧渭之会，卜居之，乃营邑焉，即此城也。"《太平寰宇记》所记与《括地志》相同，只是文字简略而已，显然是《括地志》的翻版。颇具影响的《秦史稿》一书，亦持眉县之说。今人张大可《史记全本新注》虽然摆脱了眉县之说，但却更加含糊和自相矛盾，与事实出入很大。究其原因，主要有：

其一，历史上眉县地界从未到达汧河和渭河交会处或附近地区。《诗·大雅·崧高》云："申伯信迈，王饯于眉。"《水经注·渭水》又载："眉县有召亭，故召公之采邑也。"这都清楚地告诉我们，眉地在西周时就有，为申国故地，其地当在今眉县、周至一带。秦时，眉县的版图包括今眉县西北部、岐山县南部，其西北县界的最大范围不及今之岐山县蔡家坡和宝鸡县阳平一带。《括地志》中所指眉县故城，当指汉眉县故城，当在今眉县渭河北岸的眉县火车站以东附近。《括地志》是唐李泰所著，而唐时眉县地望略同今日之眉县，由此看来，李泰在历经一千几百年历史之后，又以汉眉县故址为方位，把汧渭之会的位置注释在其东北十五里，而那里距汧河入渭处最少也在百十里之上，其地望已接近或属于邰地了。再从地理环境的变迁上讲，由于受地势限制，汧水入渭处数千年来改动不大，不可能到达今眉县。所以不论是按字意的狭义还是广义来理解，将眉县故城东北十五里定为汧渭之会都邑显然脱离了当时的实际。

其二，眉城东北十五里，已向东超越了秦人的都邑平阳。1978 年，宝鸡县杨家沟乡太公庙村出土的秦公编钟以及附近春秋秦墓的考古勘探表明，平阳都邑就在眉县以西 50 里的今阳平镇至太公庙一带的二级台地上，虽然城址目前还没有发现，但大致范围已经确定。《史记·秦本纪》集解载："徐广曰，眉之平阳亭正义帝王世纪云，秦宁公都平阳、按岐山县有阳平乡、乡内有平阳聚。《括地志》云：平阳故城在岐州岐山县西四十六里，宁公徙都之处。"也支持此说。如果汧渭之会在眉县故址东北十五里，就出现了文公死后，秦宪公又将都邑向西回迁至平阳，这与秦人逐渐东扩的历史事实不符。

其三，秦人势力当时还未到达那里。秦文公三年率兵向东狩猎，四年到达汧渭之会，时在秦人因功而受封为诸侯之初，面临的形势仍然十分严重，平王封给秦人的"岐以西之地"实际是一纸空文，戎狄部落势力仍占据着那里，先公襄公在出击戎狄的战斗中又战死在岐地以西，汧河、渭河交会地以东不到十五里地，又是虢叔的封地西虢（今日虢镇以北），幽王之乱后，西虢虽随平王东迁至上阳，但留在西虢的支庶小虢尚在，其势力还相当强大。这就决定秦文公在没有收复岐西之地前，不可能在眉县故城东北十五里之遥建立都邑。显然，《史记·秦本纪》正义引唐《括地志》注释汧渭之会在眉县故城东北十五里，是与《史记》的本意和实际不相符的。

综上所述，汧渭之会在眉县故城东北十五里可能性非常小。那么汧谓之会都邑具体地望在哪里？为了弄清这个问题，我们不得不再次回到《史记·秦本纪》的原文："（秦文公）四年，至汧渭之会。曰：'昔周邑我先秦嬴于此，后卒获为诸侯。'乃卜居之，占曰吉，即营邑之。"

这里我们可以看出，《史记·秦本纪》的原文并未说秦文公四年到达汧渭之会后所建立的都邑名叫"汧渭之会"。我们认为，其一，汧渭之会可能不是文公所营邑之名，而是这个地域性的笼统称呼。《史记·秦本纪》以"汧渭之会"来记载秦事，正是当时无名的体现。在荒芜的生僻之地始建据点，历史上没有地名的情况有很多，像秦人处陇右时期，其所居的"西犬丘"，原来就没有这个名称。既然邑居的形态渐次形成了，相对于原来非子所居的"犬丘"（今陕西兴平），就取了这个名称。同样的例子，像秦始皇在上林苑里建造"朝宫"，在未正式命名之前，就采用了"阿房宫"这个临时性称呼。不料想，这个代号竟成了久享盛名的"阿房宫"之名。古人取名是很慎重的，不像今人故弄风雅地一窝蜂似地借用或套用。"汧渭之会"作为名称，也许不是秦人命名的，而由司马迁为了表述的需要才按地域范围浓缩而成。其二，封地与驻地的区别，比照今日，岐山是县，凤鸣镇是县府所在地；陈仓是区，虢镇是区政府所在地一样。所以我们认为，"汧渭之会"并不是一个具体的城邑之名，只是一个从汧河到渭河这个大夹角地理范围的统称而已。秦文公到达汧渭之会这个地方后，所营筑的城邑就是陈仓城。

陈仓城的地望，据《元和郡县图志》载：宝鸡夏商时为雍州陈国，战国时秦设陈仓县。秦文公筑陈仓城，史称上城。《元和郡县志》也载，陈仓城"有上下二城相连，上城是秦文公筑，下城是郝昭所筑"。上城，是秦城，因以后有了三国时的魏城，才有了上、下相对的称呼。作为上城的陈仓城，原址当在今戴家湾附近。

《水经注》说渭水东经陈仓县南，再对照杨守敬的《水经注图》，陈仓城约在汧河与金陵河入渭处的中间地带，它包括了陈宝祠在古陈仓城北的陈仓山（当指今日贾村塬）。这不但与今戴家湾位置相当，而且大体也同《元和郡县志》《太平寰宇记》的记载相符。

对于秦文公所筑之陈仓城的确切地点，千百年来有不少推测和调查，但是都没有一个令人信服的结论。在意大利与我国合作在戴家湾进行的考古发掘报告中，公布了几张航空拍摄的地面照片，为确定陈仓上城的地点提供了线索。

照片上部中间的黑色部分，当是航空扫描出的地下夯土迹象，当年发掘时即已经发现，这一发现，我们感到非常重要，故曾对其地进行了再次考察。发现当地土质异常，特别坚硬，与周围自然土质结构层理、色泽完全不同，当为人为工程，由于地层坚硬，该处农作物生长不旺，与周边有一定差别。这处工程遗址平面呈现出较规则的方形，但周边少有建筑瓦砾，结合多方情况遂疑其为祭祀之坛。当时从断崖上寻找得其东西边界，粗测其东西宽度为 50～60 米规模。这一显著的黑色区域，在更晚时期的卫星照片上也有显示，但其地与 20 世纪 50 年代航空片上的地表相比，地形已经发生很大变化，卫星片上可以看到修筑了更多的田阶。田阶使遗址的南侧受到侵削。（图 1 - 8）

图 1 - 8　陈宝祠航拍扫描图

图中上部最大的较黑色调方块，当为古陈宝祠之祠坛遗址，系一夯土台基。其东西长度经校正为 50～60 米左右。其南北长度未能校正，因其北侧还有一条东西向的暗色长带与黑块相叠，同时也受阶地改造的干扰，所以边界不清。推测完整的大黑块当为正方形。也就是说，这一古代祭坛，最大可能就是边长为 50～60 米的方坛。

从一东西断面的南侧北视，可见其筑土体西边缘出露，颜色发暗灰，比较细匀，土质纯净坚硬，但夯层不明显。这些特征与当地原生的黄土完全不一样。其上部因修建田阶，不知被破坏多少，存留最小厚度 5 米。其筑上西侧边缘清晰，下部向东内收，外侧底部可清晰见被打破的两三个地层。被打破之地层：上部为一较厚的黄土层，再下又打破 1.2 米厚之红土与红土底部的一层礓石，再下打破一黄土层约 0.2 厘米，即到筑土之底。其工程是先行向土中下掘一坑，口大底小，然后填土夯筑，超过红土地面，则向外伸出一小段，向上收夯。红土上的黄土与夯土间的上下关系，因未做正式剖面，当时天燥土干，这一部分并不是很清晰，我们暂定其为夯土打破。

我们曾以大黑块为中心，以其左右边界所夹中线为轴，向南北寻找相关遗迹，发现北部塬顶平坦部分，似乎还有东西向延伸之建筑遗迹，且规模很大。该处地表发现少量秦汉瓦砾。祭坛中轴线正南田阶，从地层结构上看，似乎古时存有一道南北路沟，但为后代填平，路沟宽度约 15 ~ 16 米。而紧邻大黑块的北侧，从航空照片上看，亦有一条暗色的带，东西横列，长于黑块数倍，或许即为堂址。

依据旧航空照片与实地地形，我们在航片上也勾画出陈仓上下城之位置。看来以前认为，陈仓上城或在陈仓下城之东北，或在陈仓下城之西北。此二说皆误。从实地勘察看，《元和郡县志》所说，上下二城相连，最符合历史。因为在陈仓下城之北的山坡上，发现的这处规模巨大的坛址，应当就是历史上著名的陈宝祠之核心建筑（图 1 - 9）。

《史记·封禅书》记载："（秦）文公获若石云，于陈仓北阪城祠之。其神或岁不至，或岁数来。来也常以夜，光辉若流星，从东南来，集于祠城，则若雄鸡，其声殷云。野鸡夜雊。以一牢祠，命曰陈宝。"这里明确记载，文公获若石，"于陈仓北阪城祠之"，则城在陈仓北，祠建于其内先有陈仓城，然后才于城中建祠。建祠之年为公元前 747 年，则陈仓城当建于其前，今坛位所在，必处古陈仓城内，即所谓秦文公陈仓上城之内。将这一区域定为上城，也符合上下二城相连之记载。

陈仓上城之西北有沟，和陈仓下城一样，古人会充分利用沟壑之险，构建城垣，故定西侧之城垣，与陈仓下城相接，南北一线。陈仓上城东侧，当与陈仓下城东墙相接，今陈仓下城南有路沟西岸残存夯土墙一段，顺此沟向北延伸，直至与刘家沟距离最近处，这一线，左右田坎亦有高差，此沟当为城墙东侧防御之

图 1-9　陈仓上下城位置判析图

沟。陈仓上城北部边界，疑在刘家沟与路沟最接近处的南段。旧航空照片上，有东西平行暗色条纹两道，距离甚近，疑即北墙基址。

　　陈仓上城南部边界，从旧航空照片上，发现小城堡东北角，有一条东西向暗色条带，其西段自小城堡东北角向东北曲折延伸，延伸一段后与一道南北向的暗色条带相接，然后向北不远，垂直折向正东，交于路沟而止。这处暗色条带将刘家沟与路沟间的地域横分为南北两部分，疑即上城南墙基址。也就是说，这道墙垣，当初横向于陈仓上下两城之间为一共用之墙。

　　2007 年 6 月和 8 月，地处戴家湾和长乐塬之间的团结村基建中两次发现两件西汉时期的青铜鼎，上有铭文"陈仓"二字，这就进一步证明了陈仓上下城的位置之所在。因此说，对陈仓城的位置并没有多大争议（图 1-10）。

　　至此，我们可以清楚，秦文公所筑陈仓城，当为戴家沟以西路沟到刘家沟，北至路沟、刘家沟距离最近处，南至与小城堡东北相连的这条暗灰色条带。与陈仓下城相比，上城比下城面积略小。

　　陈仓上城是不是秦文公建立的陈仓城？如是，正史中为什么不称徙都陈仓而要称徙都汧渭之会？

图 1-10　西汉陈仓铜鼎

　　在《史记·秦本纪》中没有提到"陈仓城"，而说文公"至汧渭之会"的"汧渭之会"也只是个地理范围的统称而已。所谓"卜居之""营邑之"，是指在"汧渭之会"这地方营建城邑。而"陈仓"之名最早见于《汉书·地理志》，是因为它是右扶风的一个县。汉陈仓县同秦文公所营之邑似乎还不是一个地方，因为汉代人按秦的历史，实际把那个城邑专称为"陈仓北阪城"（《史记·封禅书》《汉书·郊祀志》）。司马迁在这一点上，把秦汉的称呼分得很清楚。即使到了晋代，"陈仓"和"陈仓北阪"也绝不混淆。至于把"陈仓北阪城"称作"陈仓城"，当是唐代人了。《括地志》载："宝鸡祠在岐州陈仓县东二十里故陈仓城中"即是。由此而后，"陈仓北阪城"与"陈仓城"混称，演变的痕迹随之逐渐淹没。后来，"陈宝故事"把"陈仓北阪城""陈仓城"与秦文公给关连了起来。

　　据《史记》记载，秦人在汧渭之会度过了48个年头。那么，秦文公所筑的陈仓城是否为所营之初邑？

　　首先，在秦人受封立国的初年，军事形势、经济形势都十分严峻，秦文公从西垂宫来到汧渭之会，既经过占卜，就开始筑建陈仓城。如果这个陈仓城不是都城而是另一座城邑，史料中为什么没有记载？在此范围内的实地考察中也找不到一座能与陈仓城相媲美的古城。不仅文公期间根本不可能再存在一座陈仓城以外的城，就是在文公以后至近代，除汉代郝昭在秦文公所筑陈仓城下方再筑一座陈仓下城之外，在汧河汇入渭河的这个大夹角内，也不存在一座能超过陈仓城影响的历史名城。显而易见，文公所筑的陈仓城不是一般性质的城邑而是都城。

其次，还应该看到，文公在到达汧渭之会后的 48 年中，有许多重要建树，包括营筑新邑陈仓城；十年（前 756 年），建立鄜畤；十三年（前 753 年），初有史以纪事；十六年（前 750 年），以兵伐戎；十九年（前 747 年），得陈宝；二十年（前 746 年），置史立法；二十七年（前 739 年），伐南山大梓，丰大特；四十八（前 718 年）年，文公太子卒，赐谥为竫公，竫之长子为太子，是文公孙也；五十年（前 716 年），文公卒，葬西山。这些不但构成文公时期的主体内容，而且其中的陈仓城、鄜畤、陈宝祠与都邑建筑都密不可分。况且从秦国早期的历史看，都邑与畤相对应。在西垂有西畤，在汧渭之会有鄜畤。在鄜畤祭祀白帝活动和在陈宝祠祭祀陈宝活动，也是紧密围绕陈仓城而展开的。

第三，有学者认为"汧渭之间"与"汧渭之会"没有多大区别，这是不对的。因为《秦本纪》中提到的这个"汧渭之间"非常符合这个区域里的地形。渭河基本上呈东西向，自西向东流经宝鸡。汧河虽有许多支流，但均源于陇山大阪东麓，在山脚下汇合后是西北东南走向，后汇入渭河。在视觉上看，陇县到宝鸡这一区间，渭河同汧河之间成为一个约 50 度的夹角，这即是正史上所说的"汧渭之间"。这个夹角从陇县到千阳是汧河河谷。汧河左岸，从千阳至凤翔塬是崇山峻岭。东北有千阳岭（亦称箭括岭、冯家山）相隔，西南有金陵河切开的陵塬和贾村塬，使"汧渭之间"形成汧河河谷、陵塬和贾村塬三个富足的地理板块。而这三个板块中，与秦在甘肃礼县大堡子山的地形相比较，唯贾村塬及其南坡下的渭河以北二级台地为最适合营筑都邑的地理环境。戴家湾村就处在这个台地的中央。民国时期村民多住在北坡下二阶台地的崖边一线，现在大多搬到了铁路以南。1983 年，由于铁路的扩建，村子南边凸出的一大块平台，即陈仓下城下的"斗鸡台"隧道被挖掉，现在的村址已不是原来的面貌。原来村子所处的二阶台地地势平坦，土质肥沃，坡根下有泉水流出，灌溉方便。台地与渭河河床高差约20多米，所以又无水患之忧，是古代先民十分理想的居住场所。秦文公经过占卜就在这里营筑陈仓城。而在汧渭之间这个有限的范围之内，秦文公不可能再建一个独立于陈仓城之外的都邑。

因此，汧渭之会都邑与陈仓城可能就是同一座城池。就都邑名称本身而言，一地两名的问题古今相通，犹如今日岐山县城所在地，称凤鸣镇或岐山。

宗庙固然是都邑的组成部分，但在秦人雍都之前的都邑中无宗庙遗迹的发现。秦人的祭祀是勤谨的，活动是频繁的，甚至比周人有过之而无不及。在汧渭之会立都后，就设有鄜畤和陈宝祠。

襄公在西垂立西畤，文公十年（前756年）在汧渭之会"初为鄜畤"，都在祭祀白帝——实际是秦人的先祖少昊。尽管没有近祖的宗庙之设，而祭祀远祖在秦人的文化观念和政治影响中，不是胜似宗庙？

祭祀是当时秦公贵族阶层施行政治的主要内容和统治的重要手段。自秦文公置鄜畤后至德公徙都雍，在鄜畤祭祀白帝的活动非常盛行。虽然鄜畤的遗址至今很难找到，但从"文公梦黄蛇自天下属地，其口止于鄜衍"（《史记·封禅书》）的历史背景看，必在都邑附近。考古工作者在金陵河西岸后稷桥故址旁的太白庙进行考察时，发现了一通清代重修太白庙的碑文，文中有"文公作鄜畤祠白帝……太白之神意即所谓白帝"的内容，这可能与鄜畤有关，说明太白庙的名称来源于鄜畤。查证《宝鸡县志》，发现宝鸡县原有两个太白庙，除了这座之外，另一座在今十里铺中学院内。十里铺中学就在戴家湾西长乐塬的西南隅，距我们推测的陈仓上城不足300米。这所中学是20世纪40年代在太白庙旧址上建立起来的。至于此庙宇是何时所建，由于被学校建筑物全部压在了下面，周围也已被大型水利工程——引渭渠改变了现状，已无法考证。不过，前面碑文中提到的太白庙是"文公作鄜畤祠白帝"的内容不可忽视，因为它不但距秦文公修建的陈仓城很近，而且历史背景和地理环境都相符，唯一缺少的是考古学的认定。

《史记·秦本纪》载："（文公）十九年得陈宝。"《史记·封郸书》："作鄜畤后九年，文公获若石云，于陈仓北阪城祠之。其神或岁不至，或岁数来。来也常以夜，光辉若流星，从东南来集于祠城，则若雄鸡，其声殷云。野鸡夜雊。以一牢祠，命曰陈宝。"《正义》引《括地志》云："宝鸡神祠在岐州陈仓县东二十里故陈仓城中。"很明确：陈宝祠就设在秦陈仓城之中。

从陈仓城的军事地位上考虑，先秦时期，都邑的军事功能是首要的，实际上就是一个军事性质的城堡。汧渭之会的选择，陈仓城的建立，伐戎扩土的进程，都验证了此处秦都的历史作用。

秦人受封享国之后，仍然承受着西戎的巨大压力，能否生存下去，还是一个未知数。秦襄公"备其甲兵，以讨西戎"，最终战死在岐地。秦文公接任三年后，率兵七百人东猎，四年才到达汧渭之会。陈仓城的建立，实际上在与戎、狄势力争夺岐以西之地的军事背景下进行的。当时的军事态势是，汧河以东的凤翔塬直至岐地，还被强大的戎、狄势力所占领，雍城以南至汧渭之会处东夹角是小虢。这样，汧河自然成了一道天然屏障应该充分利用。而斗鸡台以北以西之西平原乃至汧河谷地大片土地，是秦人长期定居经营的大后方，斗鸡台西侧有一道天然的壕堑，斗鸡台西南是通向大散关，直达陕南、四川的驿道。斗鸡台紧靠西平原的坡下，有一小溪流入渭河，《水经注》图中称陈仓水。因此，斗鸡台的军事地势相当有利，尤其便于防守，从军事上考虑，此处营建都邑，其条件十分优越。

秦文公十六年（前750年），对戎人发动了一次战争，并取得了胜利，才"地至岐"。这里的"岐"是指岐山周围的广大地区。可见到这时，岐以西之地（即今关中西部的广大地区）才为秦所有。

陈仓城在军事战略位置重要，也得到秦汉历史的证明。《史记·高祖本纪》："汉元年……八月，汉王用韩信之计，从故道还，袭雍王章邯，邯迎击汉陈仓。……遂定雍地，东至咸阳。"《三国志·魏志》："真以亮惩于祁山后，出必从陈仓。仍使将军郝昭、王生守陈仓。治其城。明年春，亮果围陈仓。已有备，而不能克。"考古工作者在斗鸡台地区的多次发掘，虽然只是局部的，但出土了大量兵器，如铜戟、铜戈、铜矛、铜剑、铜箭头、铁箭头、铜弩机及车马饰等器物。这些兵器有西周和春秋的，大部分是汉代的，足以看出古代陈仓城在军事上的重要性。

从考古线索上看，作为一个都邑，本应有确切的地点。但考古工作者曾在戴家湾一带苦苦寻觅了几十年，至今未发现都邑城址。客观上，这一地区自 20 世纪 30 年代开始，大大小小的基本建设工程不断。先是抗日战争时期荣氏工厂的迁入和铁路建设，后有 50 年代的宝鸡峡水利工程又从遗址腹地通过。限于当时的文物考古调查工作跟不上，加上二三十年代军阀党玉琨纠集军民数千人在此持续三个月之久的盗掘文物，城址遭破坏和掩埋的可能性很大。《宝鸡县志》记载的"前凸后凹"的地形地貌已被国家大型建设工程所改变，长乐塬也被民居和厂址所占压。

1996～2003 年，考古工作者在蕲年宫遗址附近的孙家南头村西南侧汧河东岸上的台地上发掘出大型墓地。在 70 万平方米的范围内分布着 200 多座古墓葬，除少数系先周和西周墓葬外，其余皆为春秋早期偏晚阶段到春秋中期的秦墓、窑址和古井等。其中多数为小型墓葬，一座墓葬形制较大，墓圹深达 11 米，为二椁一棺，墓圹五个洞龛内各有一个殉人。墓室头箱内放置数量可观的随葬器物，其中铜器有五鼎、四簋、二壶、一盘、一盉、一甗、一盆，还随葬一组陶器和其他小件。有车马坑陪葬，坑内有两车，分别以两马和四马栓套。所有秦墓均为屈肢葬，少数墓有腰坑，随葬陶器均为典型的秦人风格，说明墓主人都是正宗的秦人。发掘者认为孙家南头村与汧渭之会都邑有关，很可能就是汧渭之会都邑之所在。但这处墓地所反映出的时代，在春秋早期偏晚阶段，也就是秦德公从平阳徙雍这个时间段以后。

凤翔县长青村孙家南头村一带紧靠汧河，是德公徙都雍后历代的水陆交通枢纽。《史记正义》引《括地志》说，秦始皇时的"回中宫在岐州雍县西四十六里"。《宝鸡古代道路志》载："回中宫约在凤翔长青村附近"，说明此处交通地位十分重要。此处还曾发掘西汉时代大型漕运码头基址。因此，秦穆公十二年的"泛舟之役"可能就是从那里开始的。秦始皇加冕的蕲年宫建筑也可能与这个交通枢纽有关。

秦文公在汧渭之会一带仅仅活动了 48 年，从文献记载看，他与儿子静公死后又都没有葬在这里。即使留有一些墓葬等文化遗存，数量与等级有限。同时，也不可把当时的都邑之功能想象得高大全，所谓都邑，也仅仅是一个军事性质的城堡而已。因此，不可在考古发现上寄予太大的希望。

六、秦陈宝祠

《史记·秦本纪》载:"(秦文公)十九年(前747年),得陈宝。"《史记·封禅书》进一步解释说:"文公获若石云,于陈仓北阪城祠之。其神或岁不至,或岁数来,来也常以夜,光辉若流星,从东南来集于祠城,则若雄鸡,其声殷云,野鸡夜雊。以一牢祠,命曰陈宝。"意思是说秦文公得到了一块质地像石头、形状颜色似肝肺的东西,文公认为是宝物,把它供奉在陈仓北部山坡上的祠庙里,称之为陈宝。今宝鸡市金台区戴家湾村内有两座陈宝祠,与历史典籍记载相符。关于"陈宝"的神话传说,历史上主要有以下两种说法。

一种是"若石"说。认为陈宝为野鸡精所幻化而成。郦道元《水经注·渭水上》载:陈宝来时,"野鸡皆鸣,故曰鸡鸣神也"。晋人在注杨雄的《羽猎赋》时也说:"陈宝,鸡头而人身。"再往后陈宝便衍生出"得雄者王,得雌者霸"的故事,这个故事在《搜神记》《博物志》《述异记》《太康地志》和《宋书·符瑞志》中都有记载。故事大意为:秦文公(一作秦穆公)时,陈仓人捕得一只怪兽,似猪非猪,似羊非羊,不知其名,准备献给秦文公,走在半路上碰见两个童子,二童子对陈仓人说:这个怪兽名叫"媦"(一作媪),经常在地下吃死人的脑子,要想杀死这个怪兽,必须拍打它的头。怪兽听了二童子的话一下子就急了,开口说道:"二童子名陈宝,得雄者王,得雌者霸。"于是陈仓人丢掉怪兽去追二童子。二童子化为雉,飞入山林。秦文公听了陈仓人的报告后立刻去围捕野雉,结果雌鸡化而为石,秦文公就于陈仓北阪设立陈宝祠进行祭祀。后来,秦穆公得到了雌鸡,成为"春秋五霸"之一。雄鸡后来飞到了河南南阳,被刘秀得到,于是刘秀成为东汉开国皇帝(汉世祖光武皇帝)。

第二种为"陨石"说。著名考古学家苏秉琦先生认为:"然则所谓'若石',所谓'陈宝',原不过'流星''陨石',特神乎其说也。"另据北魏郦道元在《水经注·渭水上》中记载说:"(陈仓)县陈仓山,山有陈宝鸡鸣祠。昔文公感'伯阳'之言,游猎于陈仓,遇之于北阪,得若石焉,其色如肝。归而宝祠之。故曰陈宝。其来也自东南,晖声若雷。野鸡皆鸣。故曰'鸡鸣神'也。"此说认为,所谓陈宝,只是一块陨石,它在某晚从东南方向坠落在陈仓北阪,陨石在寂静的夜晚坠落，惊起了一山的野鸡乱叫，人们不理解这一自然现象，故曰"鸡鸣神"。第二天，有个叫伯阳的人给秦文公出主意，要文公利用这一祥瑞，来说明他在建城之初就已得天之助，所以秦文公才带人以游猎为名，在陈仓山上去寻找。后来果然在北坡找到了这块陨石，"归而宝祠之，故曰陈宝"。此说是先有"陨石"，后有"陨石坠地，惊起野鸡乱叫"，这一自然现象被秦文公所利用。

秦人之所以崇奉陈宝，并把陈宝与野雉联系起来，与秦人原始的鸟崇拜有关。鸡是鸟类的一种，古人对鸟还没有明确的分类分科，一般把这一类长有羽毛的动物统称为鸟。秦人盛行鸟崇拜，对包括鸡在内的鸟有着崇高的敬意。古人认为鸡有文、武、勇、仁、信五种美德，可谓至善至德的德禽。春秋时鲁国大夫田饶曾对鲁哀公说："鸡乎，头戴冠者，文也；足傅距者，武也；敌在前敢斗者，勇也；见食相呼同伴，仁也；守夜不失时，信也。"（西汉韩婴《韩诗外传》）唐至德二年（757年），正在凤翔指挥平定安史之乱的唐肃宗"以其地有秦时宝鸡祠故也"（胡三省《资治通鉴》注），将陈仓县更名为宝鸡县，从而留下了一个吉祥有趣的地名。

此外，还有一个原因，就是秦文公利用这样的奇物异兆来统摄人心，提振信心，进而加强统治。由于当时的人们无法理解陨石坠落这一自然现象，所以就把这块陨石奉为天石、神石，尊为陈宝。而且陈宝在秦人的心目中有着非常崇高的地位，虽然秦人祭祀的对象很多，如上帝（天）、黑帝、白帝、青帝、黄帝、炎帝、黑龙、怒特等，但"光景动人民唯陈宝"，只有陈宝才是当时秦人趋之若鹜、顶礼膜拜的对象。关于"陈宝祠"的历史价值，著名考古学家苏秉琦在《斗鸡台沟东区墓葬》中说："第一，（陈宝祠）此祠在我国古代的神祇祀典中，恐为最富于浪漫色彩的一个。第二，此祠在海内古神祇中，除天、地、龙王之类，似建立最早。第三，此祠自秦文公初建至现在，虽史料残缺，不尽可考，然期间存续之迹，大半可辨，享祀之久，海内无二。"《汉书·郊祀志》载："及陈宝祠，自秦文公至今七百余岁矣，汉兴世世常来，光赤黄，长四五丈，直祠而息，音声砰隐，野鸡皆雊。每见雍太祝祠以太牢，遣候者乘传驰诣行在所，以为福祥。高祖时五来，文帝二十六来，武帝七十五来，宣帝二十五年，初元元年（前48年）以来亦二十来，此阳气旧祠也。"从上述文字记载来看，对陈宝的祭祀，秦汉之初列为国家祀典。汉代时延用秦制，对陈宝依旧行国祀之礼。

秦人自文公十九年（前747年）"得陈宝""于陈仓北阪城祠之"后，曾掀起了大肆祭祀"陈宝"的热潮。后来随着时代的变迁，祭祀内容的不断引申更改，历史上也曾几度易名。秦文公十九年（前747年）至西汉初元元年（前48年）祠名"陈宝祠"，东汉名"陈宝鸡鸣祠"，唐代又名"宝鸡神祠""宝夫人祠"，以至于再后来称"娘娘庙"等等。特别是晋唐期间，许多史料对此都做了各自不同的解读，但围绕"陈宝"衍生的故事已经不是最初的意义了。

"光景动人民唯陈宝"，陈宝祠不仅是国祭场所，在民间也有非常崇高的地位，老百姓很热衷于祭祀陈宝祠，并在祭祀中不断地演化传承她的神奇，关于陈宝的故事也就在民间广为流传，经群众反复加工，越传越广，越传越神奇。由最初的陨石演变成了神鸡，后来又演变成了陈宝夫人，虽然这已经不是秦文化的内涵了，但却是普通老百姓的美好愿望与想象，却总是缘于陈宝最初的传说。也就是说陈宝夫人祠也就是陈宝祠。

图1-11　斗鸡台陈宝祠（1934年摄）

陈宝祠的地望在宝鸡市金台区戴家湾村，即今宝鸡市行政中心西北坡一带。此说几乎没有什么争议，已经被学者们所普遍认同（图1-11）。

清乾隆四年（1739年），宝鸡知县乔光烈于陈仓古城南崖下重建陈宝祠，共修建大殿三间，献堂五间，凿窑洞三孔。正殿前悬挂有"祀鸡台"牌匾，立石狮一尊。

民国时期，修建陇海铁路时，为保护陈宝祠，特意修建了斗鸡台隧道。隧道匾额由杨虎城与邵力子亲笔题写，现藏金台区文化馆。当时，陈宝祠成立有庙管会，有公地10亩，以地养庙。祠内有方丈住祠，僧人长期居住。

20世纪80年代修建陇海铁路复线时，为提高铁路安全系数，斗鸡台隧道被拆除，陈宝祠也随之被拆。可以说，在陇海铁路建设前，陈宝祠的位置相对固定，没有大规模的迁移记载，而且其所在位置也符合"陈仓北阪"的记载。

陈宝祠被拆后不久，附近村民在团结村铁路涵洞口北，异地重建了一座新的陈宝祠。新建陈宝祠依北坡而建，西距故址不到千米，有院落一座，大殿一间，窑洞三孔。大殿前悬挂有"陈宝祠"和"陈宝福神庙"牌匾，殿内东西壁间彩绘有 20 多幅关于陈宝的传说，以及历代修建陈宝祠史实的壁画（图 1 - 12）。

图 1 - 12　团结村陈宝祠

1994 年，戴家湾村村民集资筹劳，在陈宝祠原址东北不到 100 米处，凿窑洞 5 孔，建殿宇 3 间，又异地重建了一座陈宝祠。两座陈宝祠均位于故址附近，坐北朝南，东西呼应，为市民凭古吊今、休闲观光的一大好去处。2013 年，因蟠龙塬上塬路修建立交桥，戴家湾村北陈宝祠大部分场所被占。2015 年底，戴家湾村北陈宝祠仅存的一座主殿毁于火灾（图 1 - 13）。

关于秦文公所建陈仓城的争议也不大，学者们大多认为在陈宝祠附近，即今宝鸡市行政中心北戴家湾村一带。但在陈仓城与秦文公所建汧渭之会都邑关系上有较多争议，一些学者认为，秦文公所建汧渭之会都邑就是陈仓城，二者同在戴家湾村一带。《元和郡县志》载："陈仓故城在今县东二十里……有上下二城相连，上城是秦文公筑，下城是郝昭筑。"《史记·封禅书》和《汉书·郊祀志》

图 1 - 13 戴家湾村北陈宝祠（2011 年摄）

均载：秦文公十九年（前 747 年）获若石后，"于陈仓北阪城祠之"。也有学者
认为，秦文公所建陈仓城与汧渭之会是两座不同的城邑，不仅建设时间不同，地
点也不同，作用也不同。陈仓城为秦文公十九年（前 747 年）所建，地点在戴
家湾村一带，主要用于祀陈宝；汧渭之会为秦文公四年（前 762 年）所建，地
望在凤翔县长青镇孙家南头村一带，是秦人的一座都邑。

七、刘邦遂平古陈仓

秦汉以后，随着陈宝祠灵魂的消失，旧日的"福祥"和"阳气"逐渐地摆
脱出了秦文化中天神主宰意识的束缚，对陈宝祠的祭祀也就时存时废，日渐衰
落，祠址也就日渐荒凉。

然而，秦以后，以陈仓城为标志的戴家湾地区在军事战略上的位置更加突
出。楚汉时期，著名的"明修栈道、暗度陈仓"的典故就发生在这里。故事中
的"陈仓"具体的就是指汉代郝昭所筑的陈仓下城。

汉陈仓城的核心遗址就在当年戴家湾村四队南崖上比较宽阔的台地上。1936

年，陇海铁路向宝鸡延伸，为了保护古陈仓城的文化遗迹，铁路从台地下穿洞而过，并由杨虎城将军亲笔题写"斗鸡台隧道"。1958 年，陕西省考古研究所王家广所长在这里调查时，发现了古代墙基，北墙残长 200 米，向西北拐角的一段略成弧形；西墙残长 100 米，东墙残长 60 米，均见零星夯土；南墙已毁无遗；在墙基范围内有西周、战国及汉代墓葬；墙基确定为汉代遗存。1983 年，由于铁路的扩建，"斗鸡台隧道"上方的那片台地要挖掉。经宝鸡考古工作者抢救发掘，发现了道路、水井等遗迹，清理出秦汉房址 4 座，灰坑、窖穴 175 个，出土了形制巨大的汉代陶罐（仓）等生活日用品以及大量的兵器，如铜戟、铜戈、铜矛、铜剑、铜箭头、铁箭头、铜弩机、车马饰及印章封泥等器物（图 1 – 14、15）。遗憾的是，由于种种原因，陈仓下城的发掘报告资料至今未能公布。1936 年，北平研究院在此考古发掘时，就发现"各种箭头甚多"。党玉琨当年在戴家湾的盗挖文物中，就出土了大量汉代的兵器。此后的几次考古发掘中，也经常遇到此类兵器。这些都是当年战事的见证。

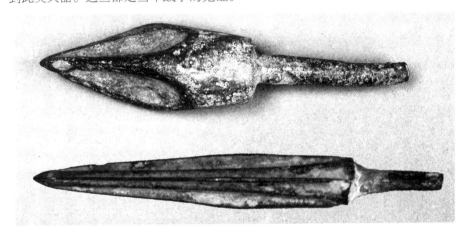

图 1 – 14　戴家湾出土的箭镞

秦末汉初，楚汉相争之初，刘邦势穷力弱，只好接受汉王封地，退居汉中，积极采纳张良与韩信计谋，并以韩信为大将、曹参为前锋统兵数万，部署还定三秦的战斗。这场在中国战争史上具有重要意义的成功战例，除了刘邦能抓住战机，善于用人外，"明修栈道、暗度陈仓"的战术策略与陈仓的战略地位，起了非常关键的作用。

图 1 - 15　戴家湾附近出土的弩机

《史记·高祖本纪》记载："汉元年……八月，汉王用韩信之计，从故道还，袭雍王章邯。邯迎击汉陈仓……遂定雍地。东至咸阳。"说的就是汉王刘邦拜韩信为帅后，采纳韩信"明修栈道、暗度陈仓"策略，派出樊哙、周勃率领万余士兵修筑褒斜栈道，摆出向斜谷关进攻的佯攻态势。项羽部将章邯得到这一消息后，就派兵在斜谷关地区加强防守。韩信则令萧何在汉中贮调粮秣，支援前方，自己率兵西出勉县，转而北上，顺着陈仓小道，突然围歼了章邯派驻今凤县留凤关的守军，直逼散关。章邯闻讯，惊慌失措，立即和其弟章平率军赶到陈仓城（上城）。这时，韩信的兵马已抵达陈仓城西，对陈仓城形成了兵临城下的威胁。双方经过激烈的战斗后，章邯最终失利，丢下陈仓城东逃，困守废丘，后被迫自杀。从此，刘邦遂平定三秦。古陈仓城所在地戴家湾及其关中地区，成了刘邦打败楚霸王、统一天下、建立汉王朝的基地。

魏晋时期，魏军以陈仓城地区为中心，沿渭河布防，构成南来蜀军可挡，渭河上游可守的军事要冲。《三国志·魏志》卷九记载："（曹）真以（诸葛）亮惩于祁山后，出必从陈仓。乃使将军郝昭、王生守陈仓。治其城。"便命郝昭在秦文公当年所建陈仓城的下方又新建了一座防御功能更加完备的陈仓城，这就是后来人们所说的陈仓下城。魏军事先做了充分准备，他们利用戴家湾的有利地形，修筑了非常坚固的城堡工事。第二年春天，诸葛亮向陈仓城发起了进攻，魏蜀双方争杀极为惨烈。诸葛亮出动蜀兵八万人马围攻陈仓，而陈仓城当时只有千余魏军把守。尽管诸葛亮绞尽脑汁，云梯、冲车等当时最先进的手段都用上了，仍无法撼动郝昭。最后不得不采取填壕堑、挖地突的办法实施硬攻，但陈仓城内堑壕纵横交错，使诸葛亮举步维艰。双方激战二十余日，陈仓城依旧在魏军郝昭手中。诸葛亮最终未能拿下陈仓城，以失败而告终。

经过这次战役，陈仓城遭到了严重破坏，几乎只留下了躯壳，户口无几。自晋末一度废县，后便存废无常，治无定所。隋时的迁治，唐时的易名，以及后来陈仓山在一些资料上被人为地"搬家"，把渭河以南的鸡峰山当作陈仓山，使以古陈仓为标志的戴家湾地区那段极不平凡的历史被改变了原貌。

八、王国围陈仓

王国，凉州狄道（今甘肃临洮）人，汉末凉州军阀之一。

汉灵帝中平元年（184年），山东爆发黄巾大起义，湟中（今青海）先零羌起义，推边章、韩遂为帅，势力直达三辅（今陕西关中）。中平二年（185年）攻美阳（今扶风法门镇），包围了张温、董卓步骑10万。次年冬某夜，流星如火，边章、韩遂认为是不祥之兆，退回金城（今兰州）。

中平四年（187年），汉末凉州（今甘肃）军阀王国，自称"合众将军"，联合韩遂反叛于西州，被马腾（东汉末年凉州刺史耿鄙的司马，扶风人）、韩遂（东汉末年军阀、将领，汉末群雄之一）等人推举为首领，进攻汉朝属地。中平五年（188年）十一月，王国率众围攻陈仓，汉灵帝拜皇甫嵩为左将军，董卓拜前将军为副，各率两万人前往抵抗叛军，救援陈仓。

在采取何种策略解救陈仓城的问题上，二人意见相左。董卓主张急速进军的"速决战"，理由是："智者会抓住时机，勇者会当机立断。眼下形势，速战速决能保全城池，否则城池会被敌攻破。"皇甫嵩主张"持久战"，理由是："陈仓城虽小，但防备坚固、防守严密，凉州叛军必然无法攻克，我军须按兵不动、以逸待劳，待王国一干叛军久围不下、兵力疲惫之时，我军再进攻便可获得全胜。"皇甫嵩是左将军，为正职，拒绝了董卓提出的策略。

王国低估了围攻陈仓城的艰难程度，中平六年（189年）春二月，虽围攻陈仓城80多天，却因城池坚固而无丝毫进展，士兵疲惫不堪，人困马乏，军队战斗力锐减，便下令撤退。

这时，汉军两位大将又发生了分歧。董卓认为"穷寇勿追，归众勿追"；皇甫嵩则认为："如今的叛军疲惫不堪，早已丧失了斗志，绝不是归众、穷寇。"

皇甫嵩令董卓负责殿后，自己率军出城进攻，连战连胜，斩首万余级，叛军首领王国战败。在退往陇西的途中，叛军内部发生严重分裂，王国的首领地位被韩遂等人共同废掉。不久，性情暴烈的王国就病死了。此时，陇西氐羌纷纷起义，各路起义军相互争权夺位，各自为政，残杀迭起。

"陈仓之战"后仅仅只隔了一个月，汉灵帝驾崩。董卓受大将军何进、司隶校尉袁绍所召，率军进京讨伐十常侍，却借何进被杀之机，得以掌握朝政，成为东汉王朝新的实际统治者。

九、郝昭与陈仓城

郝昭（生卒年不详），字伯道，今山西太原人，东汉末年至曹魏初年著名将领。少年从军，屡立战功，逐渐晋升为"杂号将军"，后被派去镇守陈仓城（今宝鸡市金台区陈仓镇戴家湾村北），防御蜀汉。

古代在关中与汉中之间，主要有四条通道：一是子午道，关中长安——汉中洋县；二是傥骆道，关中周至——汉中洋县；三是褒斜道，关中眉县——汉中褒城；四是陈仓道，关中宝鸡——汉中阳平关。当时，子午道侧背受西城（今陕西安康）司马懿威胁，而翻越傥骆道则十分艰难。尤其是子午道和傥骆道均直通关中腹地，大军一出秦岭山脉就会暴露在渭河平原上，极易被魏军发现而受包围。同时，褒斜道虽稍微好走些，却也无法避免被发现和包围。只有翻越陈仓道，出山后依据陇上和秦岭地形之复杂险峻，进可攻、退可守，进退自如。

太和二年（228年）初，诸葛亮在第一次"北伐"失败，撤回汉中休整。魏国统帅曹真认为，诸葛亮不久必进攻陈仓，就派郝昭和王生守陈仓，并修筑陈仓城。

果然，是年十二月，诸葛亮开始了第二次"北伐"。当时，他考虑到魏军加强了陇西守备，自己已无可乘之机；加之子午道、傥骆道与凉州相去甚远，大军北出秦岭山脉后极易被魏军发现而围歼；而褒斜道在第一次"北伐"失败撤退时又被赵云烧毁了。如此一来，可供诸葛亮选择的北出之路就只有陈仓道了。陈仓道须经略阳、青泥岭、凤县、大散关，其走向与现在的宝成铁路阳平关北段大致相同。此外，诸葛亮选择陈仓道还有如下考虑：一是陈仓城扼控着陇上与关中的咽喉，依秦岭而临渭河，地势复杂而险峻，易守难攻，陈仓又是驰援凉州的重要通道。蜀军若能扼守住陈仓，等于扼住了曹魏驰援凉州的脖子，使其上邽一带与中原后方间断而无后踞之力，便于蜀军将其吞没。二是当时陈仓城不算大，在此防守的郝昭部仅千余人，西蜀精锐大军拿下其不会太费事。

对于郝昭，诸葛亮有相当的了解，此人在河西杀伐征战、镇守河以西地区十余年，当地人民和外族都服从他，威名世人皆知。所以，诸葛亮先让郝昭的同乡靳详前去陈仓城外远远地喊话劝降，郝昭在城楼上对靳详说："魏国律法你是熟悉的，我的为人你也是了解的。你就不必多说了，回去捎话给诸葛亮，叫他来攻城吧，鹿死谁手还不一定呢。"靳详回营将郝昭的话一五一十学给诸葛亮听，诸葛亮不死心，再派靳详二次劝服郝昭说："双方兵众如此悬殊，你是无论如何也抵挡不住的，又何必白白送死呢！"郝昭厉声对靳详说："不必废话！我认识你，箭可不认识你！"靳详只好返回。

诸葛亮仗着几万兵马之众，把郝昭的一千余兵力没有太当回事儿，心中还盘算着东来的魏军救兵未必能及时赶到，便下令进军攻打陈仓城。谁知蜀军架起云梯（一种很高的攻城梯）欲上城，却被魏军射下火箭，云梯燃烧，梯上的人不是被烧死就是掉下来摔死。诸葛亮无奈，只好又用冲车（一种非常高大的攻城塔）。郝昭又下令，魏军用绳子连起来很多石磨，掷击汉军的冲车，冲车被击毁。诸葛亮急令军士做出百尺高的井字形木阑（井阑是一种移动的箭楼），以向城中射箭，箭矢如雨，守城魏军无法登上城墙抵抗。诸葛亮又下令以土块填塞护城壕沟，想让士兵直接攀登城墙。但与此同时，郝昭却在城内又筑起第二层城墙，叫作重墙。诸葛亮又令人速挖地突（类似地道），想从地下进入城里，被郝昭及时发现，魏军又在城内横向挖了一圈壕沟对蜀军进行拦截。

就这样，兵来将挡水来土掩！双方昼夜攻守相持了二十多天，诸葛亮仍无法攻下陈仓城。这时，曹真派遣费曜率援军赶到，而诸葛亮大军的粮草将尽，唯有退军。在退军之时，魏将王双恃勇率部追击，被诸葛亮设计伏杀。陈仓之战至此结束。值得一提的是，这场战争是中国历史上记载的首次使用点火的箭的记录，于是，汉语"火箭"一词在历史上首次出现。

对于郝昭在守卫陈仓城中英勇机智的表现，魏明帝曹叡下诏褒奖，并赐爵郝昭为关内侯。郝昭回到洛阳后，魏明帝还亲自接见了他，并对中书令孙资说："你的乡里居然有这样豪气冲天、侠肝义胆之人，倘若我魏国为将者均如此的话，朕就没有什么可忧虑的了！"决定对郝昭委以重任。不料想天妒英才，郝昭不久病重，不治而亡。

据史料记载，郝昭临终前告诫其子郝凯说："我作为将领，杀伐过重，并且数次挖掘冢墓，取其木做成攻战器械，心内常常不安。我也明白，厚葬对于死者并无益处，你要谨记我的话，在我死后用平时服饰敛葬我。"

清《宝鸡县志》载："（汉陈仓城）沿东十五里塬坡中，自下视之，一望坡地，浑无区别。傍塬而上，至其地则豁然宽平。后倚塬麓，前横高岸，据势建筑，可容兵马数千，诚异境也。"城西约一公里处有陈仓峪。城址已建成现代化工业福利区。《三国志·蜀书·诸葛亮传》有蜀汉后主建兴六年（228 年）冬，诸葛亮兵发祁山，兴师伐魏，军过散关，筑石鼻寨，兵围陈仓，与魏将郝昭争夺陈仓城的记述。此处的几次考古发掘中，曾出土了大量汉代弩机、铜矛、箭头等兵器，均为当年战事的见证。

十、杨虎城与斗鸡台隧道

金台区文化馆保存有一块青石匾额，长 160 厘米、宽 50 厘米，上面赫然写着五个刚健方正、雄厚有力的大字"斗鸡台隧道"，而落款处则是"杨虎城"的署名。

1936 年初，陇海铁路向宝鸡延伸，在修建方案中要求，需要从汉陈仓城遗址上开挖壕沟通过。这份文件放在时任民国陕西省政府主席杨虎城的案头上时，为了保护这块历史深远的古陈仓城遗迹，他毅然决定从遗址下方挖隧道通过，并亲笔题写"斗鸡台隧道"匾额，被刻成石额镶于隧道口上方。

1983 年，由于铁路扩建，"斗鸡台隧道"上方的汉陈仓城遗址不得不挖掉。经宝鸡考古工作者抢救发掘，发现道路、水井等遗迹，清理出秦汉房屋遗址 4

座、灰坑、窖穴 175 个，出土形制巨大的汉代陶罐（仓）等生活日用品及大量兵器，如铜戟、铜戈、铜矛、铜剑、铜弩机、车马饰及印章封泥等器物。

民国时期，修隧道所耗的人力、物力、财力一定是挖壕沟的数倍，在不确定是否存在出土文物的情况下，杨虎城将军保护古文化遗存的魄力，令人钦佩。而那块他亲书的"斗鸡台隧道"石匾，正是那段历史的最好见证（图 1 - 16）。

图 1 - 16 杨虎城题写的斗鸡台隧道拓片

如今，杨虎城将军亲笔题写的石匾额，与近代教育家邵力子先生亲笔题写的另外一块斗鸡台隧道口石额一起，保存在金台区文化馆内。可惜两块石额中间均有断裂的痕迹。两块石额大小一样，均长 160 厘米、宽 50 厘米、厚 10 厘米，上刻"斗鸡台隧道"5 个大字，上款刻着题款时间，下款分别是杨虎城与邵立子的署名。虽然二人都为楷体书法，却稍有区别：杨虎城字刚健方正，颇有大将风范；邵立子字圆润厚重，彰显出大家气度。

二 党玉琨盗宝始末

一、盗宝起因

民国时期，军阀挖掘古墓盗取财宝的窃案层出不穷，著名者有三人：一个是举世皆知的军阀孙殿英，在 1928 年 6 月间挖掘了清室东陵乾隆皇帝墓和慈禧太后墓，盗窃了无法估价的珍贵财宝；另一个是北洋军阀靳云鹗，在 1921 年前后任第八混成旅旅长驻防河南新郑时，挖掘过新郑一带所有战国时代的古墓葬，盗窃了无数的历史文物；第三个就是宝鸡土著军阀党玉琨，在他盘踞凤翔一带的 12 年间，先后把关中西部地区上自周秦下迄汉唐各个朝代的古墓葬几乎挖掘一空，盗窃的古代文物更是不可胜数。其中规模最大、影响深远的莫过于 1927 年秋至 1928 年春夏之交，发生在宝鸡戴家湾的盗宝事件（图 2 - 1）。

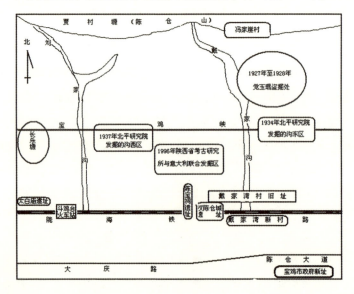

图 2 - 1 党玉琨戴家湾盗宝示意图

戴家沟在原戴家湾村北的坡上，据《宝鸡县志》记载，沟形成于明代的一场大雨，后来经过雨水逐年冲刷逐渐加宽加深。戴家沟顶端是蟠龙镇的冯家崖村，沟下正对着戴家湾村的第六村民小组。1958 年修建宝鸡峡引渭渠时，在戴家沟下端东西穿过，形成十字交叉，将戴家沟拦腰斩断。戴家沟的上半部呈西北东南走向，宽度约 5~6 米不等。沟的半坡中央原先有一小溪流出，中间以下偏东处，由于当年党玉琨的大规模盗掘，最宽处达百米，远看像是一个盆地。这条沟既是当年党拐子盗宝的地方，亦是北平中央科学院 1934~1937 年先后三次进行考古发掘时所谓宝鸡斗鸡台戴家沟的"沟东区"和"沟西区"的分界线。

戴家沟东西两侧的缓坡地上，密集地分布着上至仰韶、下迄周秦汉唐的文物，各个时期的古文化遗存堆积相当丰富。

据当地村民讲，党玉琨盗宝之前，每逢雨季，戴家沟东西两侧的坡体经暴风雨的冲刷剥蚀，常有古代文物暴露在沟沿的断崖上。农民在犁地时，也常常发现文物，当地老百姓把这些出土文物称作"宝"。因为凤翔当时是西府的政治和经济文化中心，古董商铺也大多集中在那里，因此，这些出土的宝物多被卖到了凤翔。这些古董店铺也就成了西府军阀党玉琨经常光顾的地方和猎取文物信息的重要场所，一旦哪里出了文物，消息很快就被党玉琨知道了。

党玉琨也叫作党毓琨，部分资料记载又称党玉坤、党玉昆、党雨昆等，字宝山、宝珊，乳名根宝，因排行老四，故又称根宝老四。因械斗中伤及右股，所以又称"党拐子""党跛子"。党玉琨为民国时期西府地方的土著军阀，他虽然是郭坚的部下，但才能、人品远不能与郭坚相比。之所以臭名远扬，充斥在各种资料中，主要是因为其在戴家湾盗宝的缘故，因此，其恶名也就随着国宝而臭名远扬！（图 2-2）

党玉琨生于 1871 年，祖籍陕西富平美原党里村。自幼性格暴烈，但又江湖气甚浓，

图 2-2　党玉琨

常打家劫舍，杀人越货。曾以经营毒品烟膏而敛财暴富，后混迹于东府大刀客杨生娃手下。党玉琨的父母都是老实巴交的庄稼人，兄弟姊妹六人，除二哥党炳儿后来做过秦陇复汉军大统领张凤翙的贴身马弁以外，其余全是农民。党玉琨自幼厌倦读书，不愿从事家务和生产劳动，整天和一帮地痞流氓混在一起，吃喝嫖赌，无恶不作。他为人狡黠奸诈、刁钻善变，尤其喜欢聚众赌博。党玉琨虽不学无术，但在同乡却有个莫逆之交武观石。武观石为民初关中奇士，于右任的好友。此人知识渊博，对书画、碑碣、金石等古物鉴别能力较强，在关中有较大的影响。他与党结为拜把兄弟，朝夕相伴。因此党玉琨对他很是崇拜。在他的熏陶和影响下，很快喜欢上了古玩这一行，并逐步学会了辨识古董的一些常识，掌握了一些识别铜器真伪的本领。后来，一向极不安分的党玉琨弃商从戎，混入军队，成了靖国军首领郭坚的旧部，并当上了小头目。当郭坚任陕西靖国军第一路司令时，党玉琨已升为第三支队长。郭坚是一个很有文才的武将，他不仅字写得好，而且也喜爱古董，这也在很大程度上影响了党玉琨。

党玉琨毕竟不是古董商，而是一个妄想拥兵自重、雄霸一方的地方军阀。所以，他对古董的喜好，更多的是出于为自己谋夺更大利益的实际需要——他知道古董能卖大价钱，换回各种各样的军需物资。20世纪二三十年代，陕西也和全国其他地方一样，处在军阀混战、地方割据的混乱时期。这些大小军阀各自为政，扩充势力，而又军费严重不足。在此情况下，这些军阀们大肆盗掘古墓葬，以筹集军饷，这几乎成了当时社会的一大顽症。军界的三大"盗宝枭雄"靳云鹗、孙殿英、党玉琨就是在这个时候出现的。

1917～1928年，党玉琨盘踞在凤翔、岐山一带，他不但以横征暴敛的手段搜刮民财，操纵市场，扰乱金融，对人民进行残酷的统治，而且在各派军阀之间展开了激烈的角逐争斗，军饷自然就成了当务之急。当时陕西境内驻军人数多达十万以上，而且大部分都是独霸一方，各自为政。这就造成了财政上的极大困难。各方只管扩充人员，上司只管封官，不给经费，军饷粮秣远远不能适应实际的需要。1921年8月10日，郭坚被冯玉祥按照陕西督军阎相文的手谕诱杀于西安西关讲武堂，陕西局势遂陷于僵持状态。后阎相文迫于压力自杀，冯玉祥遂取得了陕西督军的地位。

郭坚被杀后，则由党玉琨代领其众，编为省防军的一个旅，由党任旅长。党玉琨就是在这种军阀混战的局面中夺得军权，自封师长，号称司令。驻扎凤翔期间，他肆无忌惮，不管谁任陕西省的军政首领，一切军令政令他概不听从，俨然是一个独立王国的土皇帝。在这种情况下，别说寄希望于上司能给他拨付军费粮饷了，还得不断扩充实力，随时应付来自西安方面的围剿。因此，筹措经费自然就成了头等大事。一心想称王称霸的党玉琨心里当然明白，钱财才是打造实力、扩张势力和巩固权力的真正基础。但同时他也深知，在国困民疲、人穷财尽的现实情况下，仅仅凭借横征暴敛、搜刮民脂民膏是很难达到目的的，故而还必须另辟蹊径，广开财源才行。

盗掘、抢劫、贩卖古董，是党玉琨的拿手好戏。他在从军初期的一次战事中，企图进至西安南院门古董市场抢劫，后来因为战局逆转，才不得不敛手告退。党玉琨驻扎三原当团长时，与一些古玩商关系更加密切，经常通过这些人在西安、三原、凤翔一带觅购字画、玉器、瓷器、铜器等珍宝，并将所得之一部分分送军界上司，一部分变卖。其中一件售于上海大古玩商吴启周，得现洋五千余元。有一次，礼泉城北泔河岸边农人掘地得商周铜器卣、簋、爵三件，品相极好，器盖与器身均有铭文。事为党玉琨知晓，遂派县知事陈锤秀、税务局长樊培伙同第八连连长党昆生以征税为名，强行劫获。后几经辗转售于河南南阳某驻军，得子弹一万发、机枪两挺、手枪三支。他驻扎的老巢，经常有古董商来来往往，有的是来送消息，有的则是买卖古董。在他卧室经常摆放着许多铜器、瓷器、玉器等。党玉琨盘踞凤翔、自称司令后，更加肆无忌惮！因此，也就不犯愁没有经费开支了。他时常说："古董为天下之宝，以之馈赠，可以讨对方欢心；以之出售，可换回枪支弹药。"在党玉琨看来，掘墓盗宝实在是不必费心劳神而又可一本万利的事情。

党玉琨为了壮大实力，扩充军饷，一方面搜刮民财，操纵市场，开设"宝兴成"钱庄，以聚积钱财；另一方面则勾结古董商张九太，四处搜觅宝物，大肆进行盗卖文物的生意。他把司令部设在城内周家巷周家大院。周家为凤翔巨富，广有收藏，藏品中以清光绪二年赠送陕甘学政吴大澂愙鼎为著名。党部驻此后，也不放过，尽劫所藏；又疑地下另有宝货，继而纵兵大肆掘挖，致周家大院墙倒房塌，一片狼藉。

党玉琨还四处探听文物出土信息，得知在凤翔的灵山、陈村，宝鸡的竹园沟、斗鸡台、贾村塬东坡的老虎沟和麟游等地常有商周时的青铜宝器出土，就把注意力放在这些地方，把主要目标集中在了宝鸡的戴家湾地区。一有文物信息，就出动兵力并征派民夫盗掘，大发文物古器之财，以解决军饷、粮秣之不足。对党玉琨在这些地方的盗宝活动，我们在上述地区的调查寻访中，凡八旬上下的老人无人不知晓，并且记忆犹新，深恶痛绝。

为什么党玉琨能把注意力集中到宝鸡斗鸡台之戴家沟，并在此展开大规模的盗掘活动？现在能看到的各种资料对此说法不一。但总体上看，都没有超出上述背景之范围。

当年，戴家湾村村民戴宏杰、戴宏芳两位老汉曾参加过党玉琨在戴家沟的盗宝，后来还跟随苏秉琦先生进行过斗鸡台发掘。我们曾与他们进行过多次交谈，明显地感到党拐子在戴家沟的盗宝事件实在是一种必然的巧合（图2-3）。

图2-3　见证党玉琨盗宝的戴宏芳 戴宏杰兄弟俩

这是因为，党玉琨盗宝是他的秉性、爱好和权势所决定的，不是一时之念。他对宝鸡地区哪里有宝物心中大概也已有了一个谱。而且这之前不久，他已和军佐幕僚、驻守在虢镇的范春芳，多次谈及在斗鸡台戴家沟挖宝以筹措军饷的事。正在这时，斗鸡台一个名叫杨万胜的陈宝乡乡长，在当地欺压百姓，私加税款，引起民愤。杨怕把事情弄大，不好收场，便抓住党拐子爱好古董的心理，通过党的部下张志贤找党拉关系，寻求保护。同时，让张向党拐子传递信息，说戴家沟村北的窑洞中经常出古物，用镢头轻轻一刨，便能刨出珍宝。这对党玉琨来说，无疑是一件特好的消息。党拐子得到这个消息后，在众随从的簇拥下，迫不及待地来到斗鸡台戴家湾，并由杨万胜亲自带路，到经常出宝物的地方进行查看。这是促成党拐子在斗鸡台戴家沟大肆盗宝的直接起因。

戴宏杰老人家就住在戴家湾村，在旧社会还算是一个有文化的人，新中国成立后曾在新疆公安厅工作过一段时间，以后由于种种原因回家务农。他在1927年曾被强征参与了党玉琨的盗掘，1934年又参加了苏秉琦先生主持的考古发掘。苏秉琦在斗鸡台发掘时，他被当作民工中的技术骨干，干些抄抄写写等活计，所以对考古中的一些常识有所了解。我们找到他时，他已八十高龄，但记忆力特好，对当时的一些主要人名都记得很清；对一些考古术语用得比较准确；对苏秉琦先生很崇拜，多次表白希望在有生之年能见一次苏秉琦先生。因此，我们认为他对党玉琨为什么要在斗鸡台盗宝的缘由说得比较符合情理，他说的杨万胜在整个盗宝过程中和党的关系，以及所起的作用和角色，与我们在调查中所听到的都基本一致。

面对得天独厚的文物资源接踵遭到蹂躏与破坏，大批弥足珍贵的国宝凄然流失海外，无数至为重要的历史文化迹象瞬间毁于一旦的惨痛现状，在世界舆论以及国内有识之士的强烈呼吁下，民国政府相继颁布《保存古物暂行办法》以及《古物保护法》等一系列法令。但并没有对以土皇上自称的土著军阀党玉琨产生遏制作用。

二、盗宝经过

1927年秋至1928年春夏之交，党玉琨纵兵千人，于国法公理而不顾，公然在戴家湾进行大规模的古墓盗掘，将关中地区的盗宝活动推向极致，导致"渭北坟墓悉被掘，狼藉满地不忍视。平津估客竞相趋，金玉珠翠争利市"的惨痛局面。

1927年秋收后，大规模的盗宝活动在戴家湾全面展开，盗挖的主要地点在戴家沟以东的坡地上。

这次盗挖组织严密。党玉琨首先组织了一个精干的指挥机构，派遣贺玉堂为挖宝总指挥。贺玉堂虽有权势，但不大懂古物，因此又找来时任凤翔"宝兴成"钱庄经理的范春芳具体负责。范春芳曾在汉口坐过庄，对买卖古董颇有门路。又买通经常活动于宝鸡一带的西安古董商郑郁文的父亲，并请来郑郁文为指导。派遣其卫士班长马成龙（绰号大牙）、刘差官长（当地人称呼他为柴官长）和蟠龙人张福、八鱼乡乡长白寿才为大小监工头目，主持挖宝活动。并对登记和记录的人员都做了具体分工，要求把每个墓出土的器物件数登记准确。指挥部就设在陈宝乡乡长杨万胜家中。挖宝期间，党玉琨并不常在，只是隔三岔五地来现场查看，现场主要由贺玉堂总管。

贺玉堂是党部驻扎在虢镇的旅长，字春轩，陕西省富平县小惠乡田村人，16岁时为大户人家拉长工，摇辘辘浇地时，被郭坚部队抓了壮丁，后在党玉琨部下任连长、营长。此人非常残暴，当地老百姓把他称作"活阎王"。他在党玉琨的纵容、庇护下，更是为所欲为。调查中，我们发现虽然时间已过去了半个多世纪，但当地上了年纪的老人一提起这个"贺阎王"，无不深恶痛绝！

党拐子队伍的士兵多来自东府一带，口音和凤翔西府一带不太一样，凤翔人叫"省哒缘口音"，这些士兵并不是挖宝的主力。前来挖宝的人主要从戴家湾周围几十里的乡村强行派遣，由于挖宝规模逐步扩大，劳力不够用，后来就扩大到了凤翔、岐山、眉县，最多时日上民工约千余人。这些人，密密麻麻地分布在戴家沟东西两侧的坡地上，由大小监工头目分片负责，轮流挖掘，使戴家沟上上下下到处都成了挖宝的人。挖宝期间，戴家沟热闹非凡。据当地老人讲，贺玉堂为了图个好运，挖到好宝物时，光大戏就唱了三个月，请西安、岐山、眉县等地的秦腔戏班子和皮影戏在戴家湾村接连演出。会场上卖吃食的、摆山货摊的好不热闹，足见盗宝之猖狂、规模之宏大。（图2-4）

寶 雞 鬥 雞 臺 全 景

图2-4 斗鸡台全景（1934年）

挖宝初期，上的劳力并不多，按当时参与的乡长杨万胜提供的线索，他们先在沟东边坡体靠下的一个窑洞中进行。挖了不多大工夫，便挖出青铜器，还有陶灶、铜镜等，似是一个汉墓。后来在另一处又挖出 1 件器物，经郑郁文辨认，说是西周的酒器——觯。继续挖掘，又挖出 1 件鼎和 1 件簋等。还在一个坑内挖出 1 件大鼎，内置一个小羊羔的完整骨架。

约在古历十一月底，党部挖出一个大墓。这个大墓是我们在调查中一直关注的重点。它与戴家湾盗宝资料中的说法不一，但其"大"这一点却是共同的。这一点还被当年参与盗挖的村民所证实。

这座大墓位于戴家沟东的一处台地上，顶部呈穹隆状，墓室基本上为正方形，边长约有二丈六七，深约一丈五六。墓室已经坍塌。棺椁置于墓室正中偏北，长约六尺，宽约三尺左右，棺下的四角隅饰有蹲虎铜座，底部铺有芦苇席，芦苇席底部有一层很厚的朱砂。棺内置放有玉璧、玉璜、玉瑗等玉器，椁外两侧有殉人。棺椁四周堆满青铜器，约有六七十件之多。从当时负责记录的马午樵先生的记录来看，这座墓被编为十六号坑（墓），为六鼎三簋等级大墓。出土鼎 6 件、簋 3 件、鬲 4 件、甗 2 件、尊 1 件，爵 2 件、觚 1 件、卣 2 件、方彝 1 件、觯 1 件、盉 1 件、盘 2 件、大小禁各 1 件、铜铃 9 件、大刀 1 件，共计 38 件。另外，还有戈、矛等兵器和玉器未计算在内。著名的"周公东征方鼎"就是出在这座墓中。从担任记录的另一位杨紫梁先生的记录看，这座墓似乎是七鼎四簋，两个记录员的记录略有不同。

总之，这座墓是党玉琨在戴家湾墓地的盗掘中发现器物最多、规格最高的一座西周贵族墓葬。从提供的这些情况看，不但符合西周墓葬考古的常规迹象，而且这座墓葬早期未遭盗掘，保存状况较好。

特别需要关注的是，在这座墓室南部发现了两件青铜禁。其中一件铜禁体形很大，有四尺多长，样子很像桌子，所以当地老百姓都把它叫作"铜桌子"，大家对其印象也最深。这件"铜桌子"出土时上置有方鼎、尊、觯、觚、爵、卣等铜器十多件。另一件较小的"铜桌子"长 1.26 米，上置三件铜器，中间放的是一件卣。

据郑郁文先生回忆："党玉琨在斗鸡台先后盗掘铜禁三件，均在当时依次送回凤翔城,由我来清洗登记。三件铜禁中最大一件出于圆形大墓,陈放于墓室棺椁之南部,大致长约四尺,高约一尺,其上陈放有鼎、罍、壶等。另外两件铜禁虽形制较小,但色泽远胜过大铜禁,出土时间在 1928 年之春季,其中一件被塌坏变形,颇难修整。这两件铜禁均长约三尺,高约一尺,上面放有罍、爵、圆鼎三件器物,圆鼎外施夔龙花纹。上述三件铜禁桌案上均有凹下之套隼,用以搁放器物的足部,各器物内部均有铭文,尤以大禁之上为最。"

还有知情人说,铜禁在出土时正中放着一个方鼎,两侧是两个觚,觚的两旁是两件有梁的卣。

在墓室的东侧有一壁龛,内置青铜车辇,器高 4 尺左右,四轮的前两只较小,后两只较大,车辇的后部插一伞。这种辇车不但在周墓考古中有发现,而且在秦人墓葬中发现更多,如秦人早期的活动区域——甘肃礼县的秦公墓地和陕西陇县边家庄秦墓地都曾有发现。甘肃张家川发现的战国墓地中也有发现。岐山周公庙的一处周墓发掘中也发现过这种文物。

特别值得一提的是,这座大墓内有用朱红色颜料画成的壁画,壁画虽然有脱落,但大体完好。壁画的内容,有的说是在连绵重叠的大山脚下有一群羊,在大路旁边放有陶鬲、陶罐;有的说为一群牛,牛有的呈卧姿、有的呈立姿,牛群中似有一人。山为整齐的大小三角状,牛羊为粗线条勾勒出轮廓,身体部位也不大协调,但头部神态逼真。郑郁文在回忆材料中说,这些壁画是先把水牛角劈成四片插入墙壁中,再用竹根横绑成骨架格子,以生丝编缚。继之于骨架上用灰漆涂抹成凸出墓壁的悬塑。西侧的墓壁上为宫殿、楼阁、房舍以及人物故事等,宫殿阙门外依次有跪坐站立的人,跪坐者身边有伞盖之物。东墓壁和北墓壁绘有山峁、绿草图案,并有骑马及车辇队伍,前后有狗、羊、牛等动物。壁画和壁塑均设色,以朱红为主调,墨、白、紫各色次之。

对这个墓的壁画我们很是怀疑,因为从墓葬出土的器物来看,时代当为周墓无疑,但周墓发现壁画的情况在考古中还未见到。山西绛县横水一西周大墓葬中曾发现荒帷,"北壁的画面保存较为完整,至少可观察到 3 组大小不同的凤鸟图案"。据此,这个大墓的壁画也可能是荒帷的痕迹。咸阳发掘的个别东周墓葬中似有这种情况,但这座墓出土的器物时代都在西周早期,时代相去甚远。另外还值得注意的是，带有穹隆顶的周墓也不曾发现。总之，从考古学上看，疑点很多。但当时担任记录的杨紫梁先生的记录中确实是这么说的，当时参加盗挖的民工，包括戴宏杰老先生在内都这么说，这是我们在调查中百思不得其解的。（图2－5）

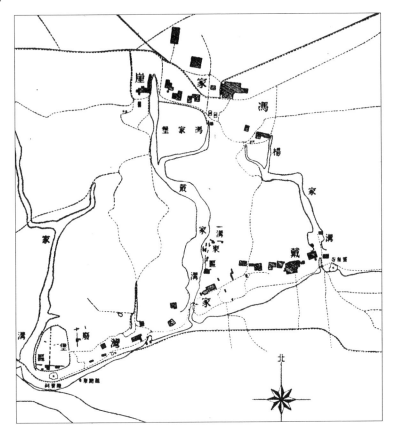

图 2－5 戴家湾位置示意图

不仅如此，从杨紫梁先生的记录中还看出，这座墓还有墓道。但墓道的详细情况未作描述记录，看不出来。后来我们在与戴宏杰老汉交谈中，反复核实这一点，他的记忆中，这座墓确实有墓道，在墓的南边。这点从郑郁文先生的两处不同记录中都可以得到比较一致的佐证。一是从他对这座墓室壁画的描述中可以看出，墓室的西、东、北三面均有壁画，唯南面没有交代，说明南壁没有壁画，当有墓道。二是 1965 年他在与刘安国先生关于铜禁的一次谈话中说，"铜禁中最大一件出于圆形大墓，陈放于墓室棺椁之南部"。说明铜禁是置于墓道入墓室的地方。如是，这座墓的规格就相当高了。现在所能看到的考古资料中，西周墓葬中带墓道的大墓非常少。在殷墟考古中有这种情况，但那是"王"一级才能有的墓葬等级。岐山周公庙墓地的考古发掘中，首次发现了西周墓地有墓道，但墓地在早期被盗扰，很难确定墓主。从斗鸡台戴家湾墓地出土青铜器的时代和等级来看，出土器物的等级和墓道的等级是一致的，也就是说，戴家湾西周墓地不是一般的贵族墓地。

这座大墓的旁边还发现车马坑和祭祀坑各一个。从罗宏才先生调查到的资料来看，车马坑内挖出一体形较大的青铜车马，车辕的长度达 1.5 尺左右，上饰有半圆形回纹。按照这种描述，其大小不逊色于秦俑的铜车马。马骨已经扰乱，数目不清。马坑的北边有铜戈、矛等兵器十多件，戈上有"父口"铭文。祭祀坑内发现有一大鼎，内置羊一只，羊的骨架保存完整，黑毛依稀可见。鼎高 17.5 寸，口径 12.5 寸，有铭文五行，每行八字，有"毛伯丙（入）门"等字。同出的还有玉圭、玉璧、玉琮等玉器。

这次盗挖中发现的车马坑和祭祀坑，与出土高规格的青铜重礼器的情况是一致的。从商代晚期以来的墓葬制度来看，往往在诸侯、贵族墓地附近设有"车马坑"，其规模视墓主人的身份而定。在商周考古发掘中，也发现许多墓葬等级较高的贵族墓葬附近，都有车马坑。如位于长安马王镇张家坡村附近的沣西车马坑，就是西周初年成王、康王时代奴隶主墓葬的车马殉葬坑。1959 年以来，考古工作者在这里先后发现为数共达 18 处的西周殉葬车马坑群，证明这一带是周文王创建的丰京遗址。还有虢国墓地发现的虢太子墓的车马坑埋车 10 辆、马 20匹，还有两座"五鼎墓"的车马坑各埋车 5 辆、马 10 匹。说明这些有车马坑的墓非同一般。从对党玉琨在戴家湾的盗挖调查来看，虽然对挖出车马坑的情形说法不一，但可以肯定的是，在戴家湾墓地确实挖出了车马坑。从我们与戴宏杰老人的了解情况来看，发现的车马坑还不止一座。

至于说这座大墓旁边还有祭祀坑，而且毛伯鼎就是出在这个坑里。祭祀坑的现象在商周考古中虽不如车马坑那样多见，如三星堆出现的祭祀坑，同样说明它不是一般的墓葬。

由于党拐子纯属掠夺性的盗宝，
严重地破坏和扰乱了文物的组合关系，
给如此重要的高等级贵族墓葬性质的
确定造成了极大的困难。经过把我们
调查所得的资料与郑郁文提供的最原
始的资料对照，可判断党这次在斗鸡
台戴家沟所盗挖的墓葬至少有 50 多
座，时代绝大多数处在西周初年。(图
2 - 6)

这些墓葬的盗掘中，虽然有人作
记录，但他们并没有多少考古知识，
目的主要是为了控制所盗文物的流失，
使所盗挖的宝物有一个数字，便于向
党玉琨交代。而且由于当时的群众文
化程度均不高，没有多少文物方面的

图 2 - 6　戴家湾出土的雨方罍

知识，他们无法做到准确登记，乱记错记漏记的现象无法避免。尽管如此，在当
时情况这批资料已属非常难得，而且是第一手的珍贵材料。这些材料中，把
"墓"记作"坑"，而且均有编号。与现代考古发掘的编号方法有许多类似之处，
如现代考古中往往把"墓"简称为"M"，M1 就是 1 号墓，M12 就是 12 号墓。
从马午樵和杨紫梁的记录来看，这 50 多座墓葬中大概能看出器物组合的有：

六鼎三簋墓一座，M16，杨紫梁记录中记作 M15。

四鼎一簋墓两座，M7、M10。"白作宝彝"出自 M7；"雨"氏器出自
M10。记录说此墓器物不全。

三鼎二簋墓两座，M9、M11。以鸟和树作族徽标识的器物出自 M9；
"爻"氏器物出自 M11，此墓还出有白玉圭。

二鼎一簋墓一座（或两座）M5、M12。"∧"氏出自 M5；戈氏出
自 M12。

一鼎一簋墓四座，M6、M3、M4、M13。"亚"氏出自 M6；其他三座均

无族徽和铭文。

一鼎墓两座，M1、M2。

上述墓中出土的鼎合计只有 28 器，可从照片册中收录的鼎就有 34 件，显然，不论是墓葬情况还是器物数字，肯定有不少遗漏。按照郑郁文先生的说法，这次共挖出青铜器就有千余件之多，其中完整的达 740 多件。马午樵和杨紫梁的记录不同，很可能"六鼎三簋墓一座"就是两座大墓。

这些墓大多集中在沟口东西两侧的缓坡地与比较平坦的二阶台地接壤的地方，尤以沟东近坡根处较为密集，再向上和向东的范围处已不多见。这些盗掘的地方，在修建宝鸡峡引水渠工程时多已改变原貌。

由于系掠夺性的盗掘，使得一些珍贵文物一出土便被人为损坏。当时挖到的铜器和玉器等都给予保留，但挖出的陶器，不是随手扔掉，就是故意打碎。苏秉琦先生在《斗鸡台发掘报告》中记述："陕西地下如仰韶期之红陶、灰陶，虽不少概见，而带色陶片在考察范围之内尚不多有，而斗鸡台则因前数年党玉琨之发掘毁弃，地面上石器碎块、带色陶片却时时可遇。"

党玉琨在戴家湾的挖宝活动，既要破坏当地农民的耕地，又要强征大量的劳动力。因此对戴家湾及其周边人民群众的生活造成了很大影响。当时戴家湾本地人民的经济状况，本来就非常困窘。没有 50 亩田以上的地主。陈宝祠所在的戴家湾，全村约 60 户，耕地不足四百亩。占地最多的也不到 50 亩，普通人家只有三五亩地。村子所在的台地紧靠北坡，"原地"和"坡地"占耕地的大半，所以常患雨量不足。村子南边台地下的"滩地"只占一小部分，比较耐旱。有的还可以引水种稻，不过面积不大，有时河水改道，淤上一层泥沙，膏壤便立刻变成了不毛之地。

加之当时的关中一带种植大烟（鸦片）成风，戴家湾村也不例外。这不但占去了最好的麦田，造成食粮不足，而且造成烟价低廉，吸食方便，平民普遍吸食大烟，严重影响了群众的身心健康和农业生产。人口虽然稠密，劳动力反而严重不足。闹旱灾的时候，许多灾民都卖掉了自己的亲生儿女，以维持生计。在这种社会背景下，即使丰收之年，也是一片贫乏景象。（图 2－7）

当地村民大多住窑洞，戴家湾处于半坡地带，到处是细密坚实的断崖，他们

图 2 – 7　戴家湾附近的村庄（1935 年）

可以不需要任何材料，只要上 20 来个劳力，就可以在断崖面上挖出一个约两方丈大小，十来尺高的窑洞。窑洞里边半截是土炕，洞口拿土坯垒一堵墙。留下一个小门和小窗洞。再有一个窑洞堆积一切农具粮食柴草和杂物等等，这就是一个五六口的家庭的住宅。两个窑洞前边，再用土坯垒一堵墙，围成一个院落，加上一个板门的就是少数了。这种居所，虽然缺乏阳光，空气不便流通，但冬暖夏凉。比较富裕一点的人家，虽然有土木结构的房屋，但他们也喜欢住窑洞，房子的建筑，多用土坯墙。除了庙宇，很少用砖墙。屋顶却多半用瓦，有时候也用泥和茅草，厢房屋顶的样式，都是像天井一面倾斜。

　　由于党玉琨的盗掘规模相当大，戴家湾村的劳动力自然满足不了挖宝的需要。那些挖宝的农民大都是从周边村庄抓来的，甚至有岐山与凤翔一带的村民。他们自带干粮、工具。家距戴家湾稍近一点的，还允许回家食宿，那些远道来的都是星夜启程，日暮而归。再远的，只得带足干粮，夜里或借宿在村子的庄户屋檐下，或露宿在崖根的破窑洞中，日子相当艰难。他们非但拿不到工钱，动不动还要挨监工的打骂。特别是那个绰号叫"大牙"的监工，他是从党玉琨的警卫队派来的，所以狗仗人势，十分凶残，稍不留神或不顺他意就要遭殃。据戴宏杰老汉说，一次，他上工晚去了一会，大牙就叫他头顶胡基（土坯）跪在地上，这还不算，后来又打了他一顿才放了他。蟠龙村一农民被怀疑私藏宝物，被大牙打得头破血流。长寿村一位叫杨武的村民一次未出工，被关押了 10 天，后来亲友托人说情，送给监工张福 200 斤油菜籽，才被放回。当时挖宝的群众编了一个顺口溜："大牙来催工，鸡犬不安宁，壮年顺墙溜，老人发叹声。"足见党拐子为了挖宝弄得宝鸡不得安宁，群众怨声载道。

党玉琨的盗宝活动，不仅给当地的老百姓带来了深重的灾难，而且因为所盗宝物的丢失和被盗、被抢，很多人成了嫌疑对象遭受严刑拷打。当时，这么大的盗掘场面，挖宝的人都来自周围十里八乡，互不认识，宝物的安全自然就成了一个大问题。尽管党玉琨严加防范，将挖出来的宝物临时集中存放在乡长杨万胜的家中，不许人随意观看，夜间又有专人看护，但是还免不了不出问题。转移私藏的，偷盗的，抢劫的时有发生。

一次，因挖出的宝物被土匪抢劫，好多人因此招致嫌疑，还差点冤死人命。据戴宏杰老汉讲，杨万胜家中有个雇工叫杨冬满，他也参加了挖宝，自然就有他亲手挖出的宝物也放在杨万胜的家中。后来，这些宝物被一个叫杨根深的夜间看守偷走远逃他乡。党拐子的手下怀疑是杨冬满干的，于是便将他活埋。幸亏杨冬满的哥哥及时赶到，把杨冬满从土中刨出，才幸免一死。还有一农民对党拐子的盗墓行为极为不满，讲了些发牢骚话，被党拐子知道后，便命令贺玉堂极其残忍地把这位农民的额面肉皮剥下垂遮眼睛，用铁钉钉在了宝鸡县东城门上，被活活折磨死。这个事件在宝鸡周边产生了极为恶劣的影响和震动！所以当时在挖宝的群众中广为流传："凤翔范春芳，宝鸡贺阎王（贺玉堂），杀人不眨眼，倾家又荡产。"

三、珍宝辗转

党玉琨从戴家湾盗挖出土的珍宝陆续被送到他的大本营凤翔后，围绕这些珍宝的明争暗斗也就迅速地拉开了序幕。各方唯恐吃不到这块肥肉！包括党玉琨妻妾之间，僚佐、朋友之间都在虎视眈眈，弄得党拐子是焦头烂额，疲于应付。

党玉琨把挖出的文物先在杨万胜家中暂存，尔后陆续运回驻防司令部所在地——凤翔周家大院，放置于二道院内的厢房及阁楼上。由于党是一个文物惯盗，对这些刚出土的珍宝如何处置非常熟悉。他安排由郑郁文负责鉴定和筛选，按类排列，分别清洗除锈、造表登记和照相。

有的资料说最初的照相是1927年九十月间在凤翔进行的，这完全有可能，但当时盗挖才刚刚开始，整个挖掘是次年麦收前结束的，那座大墓也才是当年十二月发现的，因此这个时间的照相可能只是一小部分，与后来流传于世的照片关系不大。

出于对古物的嗜好，器物出土后党玉琨有时亲自上阵，有时就干脆把一些精品拿到自己的卧室，亲自进行清洗除锈，遇极精之品，往往通宵达旦。一次因全神贯注地在清锈，以致油灯烧着他头上戴的水獭皮帽子竟全然没有察觉。对带有铭文的铜器，党玉琨更是情有独钟，常择一二置于床头案几，一边吸大烟，一边用烟签刻划铭文，与《西清古鉴》等古籍对照识读，没多久水平大大提高，凡生僻之器，他皆能一一辨识无误。

与此同时，党玉琨也为这些已得到的珍宝忧心忡忡！为防止再次发生抢劫、偷盗事件，他从卫队中特意选派亲信随儿、番儿、李顺儿、党景铭等人轮流带班，昼夜守护，严加防范，并规定除郑郁文外，其余闲杂人员一概不许入内。

1. 妻妾分赃

在对这些挖出的珍宝进行初步整理的同时，围绕这些宝物的倒卖和分赃的争斗也就开始了。

尽管冯玉祥、宋哲元对党玉琨十分头疼，无法直接约束他的行动，但是也不能让他为所欲为，独立于编制之外。1927年4月，冯玉祥任命岳维峻为国民联军南路军总司令，统辖陕军各部，因而党玉琨所部被编入南路军第二军。面对当时错综复杂的势力纷争，党玉琨心中十分明白，为了保全自己的势力和地盘，不敢把人都得罪完，因而不得不巴结岳维峻。他听从参谋长曹耀南的建议，积极与远在南阳的岳维峻拉拢关系，求其庇护。让郑郁文从挖出的宝物中挑选出鼎、簋、卣、斝各1件（图2-8），并附信派人给岳维峻送去。岳维峻收到党玉琨送来的宝物后，心知肚明，立即指派一名副官率一排武装化装成便衣，经河南卢氏县、陕南商洛一带，沿秦岭进至宝鸡，送给党玉琨手提机关枪20挺、水机关枪

图2-8 戴家湾出土的夔纹卣

10挺、山西造圆盘机关枪及各式子弹若干，南阳产丝绸数十匹。来人并带岳维峻致党玉琨帛书一封，缝在副官身上所穿的烂棉衣领子内，拆信时党玉琨部高级军官等人均在场。据郑郁文回忆，信系用毛笔书写在一方白绸上，字大径寸，内容如下：

宝珊师长我兄大鉴：

别来无恙？春轩、耀南、怀芝并各兄均好。前送古物鼎、簋、卣、斝并手札一纸均收悉，谢谢。

兄于戎马之中，酷爱鉴古。闻斗鸡一地多有古物出现，此皆吾兄之功矣。今弟率各部盘桓出关，实皆不得已之事。望兄万勿轻举妄动，死守凤翔以御外侮！如能为陕军保一食之地则万幸也！

弟岳西峰拜启

党玉琨收到岳维峻送来的武器及书信物品后，为了进一步加深感情联络，又把斗鸡台挖出的一部分古玉和银圆五千，装在五口皮箱内，让岳维峻的副官顺原路带回南阳，交给岳维峻。

党玉琨还把一小部分古物送给部属、好友以及上司。如送给贺春轩玉戈1件，送给刘乐天料鱼片两个，送给韩清芳白玉炉1件。贺春轩在接受党玉琨的馈赠后，还劝说党玉琨把挖出的铠甲、戈、矛、鼎、彝之器送给冯玉祥一部分，遭到党玉琨的严词拒绝。党玉琨与冯玉祥的这种不和，后来成了招来杀身之祸的根源。

与此同时，全国各地的古董商也把目光放在了凤翔。如西安的古董商苏少山、上海的古董商钱锦涛等，他们得到党玉琨在斗鸡台戴家湾挖出大量宝物的消息后，最先赶到了凤翔进行交易，至于是否成交，不得而知。

由于党玉琨频频给僚佐和上司馈赠古物，这又引起了妻妾和亲属的不安。

党玉琨有三个老婆。二姨太张彩霞为蒲城武店人。不满 30 岁，人长得很漂亮，因她经常穿着一双白色的鞋子，所以绰号"小白鞋"。这位二姨太还是一员女将，担任党玉琨的卫队队长。虽女辈之流，但是女中豪杰，骑马持枪，悍同其夫。二姨太行为放荡不羁，与党玉琨长期分居两处，与随从佣人等住在周家巷的另一处院落。她与党玉琨军中秦腔剧团秦贵社社长张贵民长期私通，党玉琨拿她也没法子。据给二姨太当奶妈子的刘老婆子讲，党玉琨很少与二姨太住在一起，只是在二姨太生病时才来看看。

三姨太马彩凤是凤翔人，党玉琨平时住在三姨太处。三姨太的哥哥是党玉琨的副官，马彩凤之父马应珍，对党玉琨挖出的珍宝早就垂涎三尺，但他深知党玉琨的脾气，不敢正面索取，就唆使女儿想方设法，串通并收买负责在斗鸡台盗宝的刘差官长，把四件铜器，包括 1 卣、2 鼎、1 觚装入一个木箱，偷运至娘家。这件事很快就被党玉琨知道了，他大发雷霆，但又不便处理三姨太，就对刘差官长拘押并严刑拷打，派人至三姨太的娘家将珍宝全部拉回。

三姨太马彩凤偷拿古物的丑闻暴露后，张贵民立刻差人告知暂居高陵的"小白鞋"张彩霞。于是，二姨太来到周公馆与党玉琨大闹，也逼党玉琨给她一部分古物。虽都是妻妾，但是党玉琨更是不敢惹怒"小白鞋"。无奈之下，他不得不背着三姨太又给"小白鞋"一些珍宝。二姨太得到这些宝物后不久，由于情夫张贵民不幸病故，无处保管，她便将这批古物连同银圆、烟土，分别藏匿在高陵、富平等地，还有人说"小白鞋"把极其珍贵的古物藏于张贵民的墓中。

后来，凤翔城被攻陷，党玉琨被击毙，"小白鞋"张彩霞被俘，宋哲元逼迫她交代出高陵通远坊天主教堂、富平到贤镇西仁义坊东王堡、界首北堡等藏宝密地，并顺藤摸瓜，皆有所获。其中天主教堂青铜方罍、隋代玉佛等藏于一地下室内，启掘时另发现满装银圆的板箱十余口。在东王堡与界首北堡，主家王宏模与张新胜均系党玉琨夫妇之密友，埋藏时曾指天发誓，场面颇为壮观。今见事败，遂抢先下坑，各自指点密室，启掘满装古物、银圆并烟土的板箱 50 余口，这些板箱外底盖均用木板垫支，然后再用麻绳来回绑缚，每口板箱顶部均用白纸书写名称、号码，其上加盖"国民革命军南路第三军第一师司令部"大红方印。在

图 2 - 9　戴家湾出土的雨甂

确认小白鞋所知全部藏宝线索被供出后，宋哲元即命军事裁判处公开审刑了这位女匪首，并以盗挖圣贤坟茔等罪判其死刑，在西安北门外立即执行，这些宝物全部落到宋哲元的手中。（图 2 - 9）

宋哲元攻入凤翔城之后，虽然缴获了党玉琨盗挖的珍宝，但这些数字与其大规模的盗掘很不相称，很多人也怀疑党玉琨在固守期间对珍贵古物有所埋藏，但多系猜测，没有确凿证据。尽管如此，宋哲元还是责成留守凤翔城的赵登禹用心寻觅，不得有误！赵登禹接命令后，压力颇大。为完成任务，他派人捉拿在戴家湾挖宝的技术顾问郑郁文，想从郑郁文身上打开缺口，岂料郑郁文对党玉琨秘密埋藏之事一无所知。在严刑逼供下，郑郁文只是一味信口开河地胡乱指点，致赵登禹部四处开掘，白费了很多力气，军佐兵士恼怒异常。幸而其后于凤翔城内一家鱼姓住户的石榴树下挖出一个特大的铜鼎以及其他器物，大家才算交得了差。

此外，宋哲元还派员在党拐子的老家党荔堡也进行了搜查和挖掘，因党的家人早已得知消息，致使搜查无果而终。据说过了几年之后，党玉琨的养子党天成通过其岳父李世奇之手，将一件铜匜卖给胡景铨，得价现洋 2000 元。1949 年后，党玉琨的表弟又将宫灯一幅、玉器数件售于古玩商，获款购得土地数十亩。

事实上，党玉琨对于妻妾和家人在古物上的纷争忧心不已，为妥善行事，他一方面在积极寻找买主的同时，又多次和心腹贺春轩密谋，大约在 1927 年的冬季，遂把一些最精致之器物秘密埋藏于凤翔城内某地。贺春轩后来回忆中说，这次埋藏是在一个大雪纷飞的深夜中秘密进行的。地点是在一处空院内的防空洞内，该洞长约百米，在最深处一侧洞壁上再凿暗洞一处，将斗鸡台所掘大铜禁上 11 件珍贵器物全部藏于此，次日黎明后再命兵士把这处防空洞全部用土塞实，不留任何蛛丝马迹。

显然，宋哲元所缴获的并不是党当初在戴家湾所挖出青铜器的全部。发生在凤翔城里的这些分赃角逐，只能算作是党玉琨所盗戴家沟墓地珍贵文物流传经历的序幕。围绕这批文物的真正战斗和趣闻是从冯玉祥和宋哲元围攻凤翔、聚歼党玉琨开始的。

2. 夺宝之战

党玉琨在宝鸡大肆盗宝，聚敛财物，势力逐渐扩大，很快就引起了冯玉祥的注意。加上在盗掘古墓的过程中，党玉琨等人残酷欺压百姓，作恶多端，引致天怒人怨，民愤四起，更使冯玉祥感到必先除之而后快。

经过精心准备，1928 年 5 月，时任国民革命军第一军总司令的冯玉祥，命令第四方面军总指挥宋哲元率领所部 3 个师、1 个旅，共约 3 万人马，围剿凤翔城并收缴党玉琨所盗的大量珍宝。（图 2 – 10）

图 2 – 10　凤翔县城古城墙

战斗一开始，宋哲元采取攻心战，他在城外对守城的党玉琨军队说："我这次来攻城，只限三天，究竟是降是守，由你们自己选择。"三天后，双方开战。由于凤翔自古以来就是一座著名城池，是关中西部的重镇和府治。凤翔城内地势远远高于城外，城墙既高且厚，坚固异常，城壕宽在 3 丈开外。城北有一"凤凰泉"，流出碗口粗的一股泉水，长年不息地流入城壕之中。由于城壕积水既满，泄入城东洼地，形成一个湖泊地区。因而军事地位相当优势，是一座易守难攻的

图 2 - 11　宋哲元

城池，向来为兵家必争之地。加之党玉琨在这里做了 12 年的土皇帝，把这座城池经营得异常坚固，城内的囤粮可供城内驻军和居民食用 3 年，武器、弹药也十分充足。因此，宋哲元虽用了 3 万多人的兵力，持久攻击了两个多月，官兵伤亡约有四五千人，却始终未能攻克凤翔城。

虽然如此，自宋哲元（图 2 - 11）兵临城下后，还是给党玉琨造成了很大的压力。党玉琨忧心忡忡，进退维谷，便派参谋长李怀芝等人出城言和，提出宋哲元部队一旦后撤，愿奉上至好古物财宝以表诚意，并准备改编。宋哲元在凤翔东南部的一个村子会见了使者，但丝毫不给情面，要贺玉堂把党玉琨缚来见他。李怀芝等面对咄咄逼人的宋哲元，谎称党玉琨已携大量文物古器去了上海多日，城中军事由贺玉堂主持。宋哲元听到这里，大发雷霆说："城中古物宝器既已运走，还有什么资格来求和？让贺玉堂自缚手脚，举白旗前来投降！"足见宋哲元和党玉琨的凤翔之战，争夺宝物是一个至关重要的原因。李怀芝等人见宋哲元态度如此强硬，只得告辞回城，将议和经过告知了党玉琨。见求和无望，党玉琨遂下定决心，严防死守。

宋哲元见党玉琨不肯束手就擒，就对兵力部署做了调整，遂恳请冯玉祥把远在山东和河南的张维玺所部主力调回陕西，以加强对党匪围剿的态势。经过冯玉祥批准，8 月初，张维玺率领全军 3 万多人开赴凤翔东郊，参加攻城之战。这时，为了统一军令，宋哲元部也拨归张维玺统一指挥。但宋哲元每隔三五天必从西安到凤翔来看看，所以凤翔的攻城战名义上虽然是由张维玺负责指挥，而实际上却还是宋哲元在当家做主，指挥全军。

张维玺认真总结了前面攻城失败的惨痛教训，认为面对凤翔这样的坚固城防，正面硬攻不仅牺牲太大，而且徒劳无功，乃决计立即采取挖掘坑道从地下进攻的战术。坑道是从县城东门外东湖西北角喜雨亭附近一家民宅开始掘进的，距城墙约 200 米。先从地面向下挖约四丈多深，再向城墙方向掘进。坑道顶部和两壁均用坑木支撑，以防塌陷，有渗水或稀泥处，则用棉花、被盖等物铺垫。约半个月时间，就把这条坑道顺利地挖到城脚之下，在此挖出一座约一间房子大小的洞室，然后堆置 7 棺木炸药，共约 4000 公斤，并接通了电线。一切准备就绪，宋哲元于 8 月 31 日亲由西安赶到凤翔指挥，同时部署 1500 门野炮、山炮、迫击炮，每门向城内发射 100 发炮弹；500 挺轻重机枪，每挺对准城墙垛口发射 500 至 1000 发子弹。

9 月 3 日凌晨，总攻开始，宋哲元亲自引爆预埋的炸药，只见往日那坚固的城墙上一股浓烟直冲云霄，像火山爆发似的发出雷鸣般的轰隆巨响，飞向天空的砖石纷纷落到一两千米外的地方。等到灰消尘散之后，定晴再看，只见城墙上出现了一个约有 20 丈宽的大豁口。喊杀声、嘶叫声此起彼伏！在城墙爆破的同时，万发炮弹遮天盖地般向城内飞去，机关枪震耳欲聋地向城内疯狂扫射。炮声、枪声、冲锋号声和喊杀声搅在一起。攻城部队潮水般冲进城内，与党玉琨的守城部队展开了肉搏战！党玉琨的防线瞬间被击溃，城内的守军惊慌失措，如呆如痴，很快陷入瘫痪状态，溃不成军。零星断续的巷战持续了不到一个小时，攻城战即获全胜。党玉琨走投无路在乱军中被击毙。

据党玉琨家的佣人刘老婆子讲：记得破城那天，天气已经很暖和了，好像槐花已经开了。之前，党玉琨经常更换住所，别人很难弄清他住在哪里。但在这次战斗中他还是在劫难逃，死于非命。攻城开始后，二姨太就带着我们搬到了西街监狱，因为那里墙又高又厚，还有个地下室能藏身，城外飞进来的炮弹轻易伤不着。破城那天早晨，突然听到大街上有人喊，"一军进城了，一军进城了！"二姨太平时走路都要人扶着，爱耍架势。那天听到喊叫声，不要人搀也不叫人扶，连颠带跑地就钻进了地窖里。不大一会儿，一军的人就撵到我们藏身的这个院子，对着地窖口喊："里面的人出来，不出来就朝里面扔炸弹！"二姨太害怕了，就乖乖地举着手，一出来就被一军的人绑着押走了。刘老婆子说："二姨太被捉走后，我们这些下人也没人管，赶紧往外跑。大街上乱得不成样子，开铺子摆地摊的东西撒得到处都是，水果干果满街乱滚，洋线洋布整捆整捆地就撂在地上没人拾，人全跑了。"

宋哲元在破城之后，率亲信抢先占领了党玉琨存贮古物最多的周公馆。因为党玉琨盗墓所获的宝物，大部分精品放在他卧室的万宝架上，光在这里就搜出珍贵的青铜器40多件，有鼎、簋、彝、壶、卣、尊等，这些全部落入宋哲元之手。另一部分放在二姨太张彩霞的居室，还有一部分重要的器物藏于一个秘密库房里，由卫兵看守。这座库房建筑非常坚固，未被炮火摧毁，其中摆列着上百口大板箱，每口箱子里边都存放着许多异常珍贵的历史文物。这些珍宝也全部被宋哲元缴获。（图2－12、13）

图2－12　戴家湾出土的高卣　　　　图2－13　戴家湾出土的用征卣

张维玺见状颇为不满，也率所部占领了堆藏大量银圆、烟土与部分古物的另一处仓库。在宋哲元忙于报捷、追赃、收俘之际，张维玺暗自将所控制的古物、银圆、烟土等财物秘密私运山东老家。却不小心被宋哲元察觉，告状到在西安的冯玉祥，冯玉祥命省东驻军在通往潼关的各处要道严密缉查，将张维玺偷运之物一概截获。冯玉祥证据在手，即召张维玺来华山见他，对其严加指责，课以处分。

张维玺事件发生后，舆论大哗！纷纷要求宋哲元开箱亮宝。大约在9月下旬，十余名重要军佐又联名再见宋哲元，要求观宝。宋哲元无奈，遂于9月末的一天，将这批古物对外不公开地展览过一次，但参观者却只限于团长以上的高级军佐。曾有幸见过这些珍宝的十三军二十师五十九旅旅长王赞亭，事后曾眉飞色舞地讲道："由于自己是外行，只见好些古物是五光十色、琳琅满目、光怪陆离、美不胜收。现在依稀记得其中有周朝的大铜鼎，有秦穆公时的车、盖、碗、筷以及金马驹子、如意石（古代镜子）等等。"

处理完凤翔战事后，宋哲元留赵登禹师驻守凤翔，令军法处长萧振瀛率兵，动用近百辆汽车、骡马车装载古物、银圆、烟土等，浩浩荡荡地回归西安。

宋哲元剿灭悍匪党玉琨胜利班师回省的消息迅速传开后，西安城内数万市民以无比崇敬的心情站立在西大街、钟楼、西华门、新城一线，翘首等待十万义师凯旋，各大新闻媒介纷纷派出得力记者前往采访，宋哲元以陕西省主席身份代表省府首次向外界正式公布凤翔战事消息：

> 攻凤翔之部队，最初为韩占元之第一军及地方军队，嗣添派张维玺的十二军（应是十三军）。余于 8 月 31 日前往督攻，于 9 月 3 日早六时，两地同时爆发。奋勇队冒烟而入，不及一点钟功夫，即完全解决。党拐子由城墙逃下，已被炮弹击毙，其遗尸十人均能辨认之……除此以外，另缴获党拐子古物、银圆、烟土颇多，其中古物约计四十余件。此四十余件古物，大多数均为铜器，现存省政府，编号封存，拟以半数送中央，半数保存西安。

除战况外，他所说的"另缴获党拐子古物、银圆……"的消息，令西安民众目瞪口呆。因为市民们亲眼看见宋回归西安时的车队盛况，不相信缴获党拐子的宝物只有四十多件。于是，擅长鞭挞阴暗、抨击时政的报纸《小言》，立即在第四期上发表孟园梧先生撰写的《党跛子的古董癖》一文，对宋哲元的谈话进行了针锋相对的批驳。文章说："党跛子所掘的周秦古董，其中宝鼎就有二十多个；里边有一鼎上铸有一千七百多个字的长文，名贵极了。外国商人只看了一下拓片，就愿出七千元收买。后来党跛子只卖了一小部分，换了一些枪炮，余下最珍贵的一百二十多件，宋哲元打开凤翔，把这些宝物装了三四十个大木箱，由一百多名民夫抬到西安来了。"

这些新闻虽然带有炒作和不实之处，如说"一鼎上铸有一千七百多个字的长文"显然是不可能的，但其他的情节恐怕不是空穴来风。差不多与此同时，

大学院古物保管委员会北平分会也为党玉琨在宝鸡斗鸡台所盗文物之事向陕西省政府发出急函:

> 顷据报载党玉琨在凤翔境内掘出古代铜器甚多,现尚有完整者四十余件,已由贵府保存并拟俟整理事竣将一部分送京陈列等语,具见维护国家文物之至意。惟查上项古物出土既属同时同地,品类或相连属考据,可资互证。虽古物之征往往足补史乘之阙,具完整者固宜保存,即残毁者,亦不宜弃置。务望贵府饬属妥为保存,勿使分散。并请将该项物品目录暨拓片、照片惠赠□□全份以备查考。是所切盼。顺颂公绥!

大学院古物保管委员会是民国时期设立的文物管理机构,全称中央古物保管委员会,相当于现在的国家文物局。面对大学院古物保管委员会北平分会的急函,宋哲元有点坐不住了,他怕把事情弄大,不好收场,便指使省府秘书处主任毛昌杰代表省府于12月3日复函,声称:"准此查此项古物,现已妥慎保存,不致损失。至嘱寄该项物品目录暨拓、照片一节,容俟编印就绪,再行奉赠。"

为配合陕西省政府之决定,《陕西国民日报》等报纸不惜篇幅,连续以"省府对党玉琨古物妥慎保存,呈覆北平古物会之一函"为题发布消息,制造舆论,应对来自中央的压力和追究。

《陕西国民日报》等报也围绕宋哲元缴获党玉琨在戴家湾所盗宝物纷纷发表消息,这实际上是为宋哲元独吞这批珍宝制造舆论。

3. 珍宝流失

这批珍宝到达西安之后,其去向包括相关资料的传播就成了焦点。据罗宏才先生所获取的资料记载,这批文物到了西安之后,宋哲元请了当时西安最有名的一位姓黄的照相师为这批文物照了相,并三令五申地嘱咐老黄不得向外泄露任何秘密。从这段记述中可以看出,宋哲元是在这批文物上做了手脚和下了功夫的,这自然包括所缴文物数字的隐匿。

宋哲元围剿党玉琨、收缴所劫掠的国家珍贵文物的行动,自然受到了社会和民众的广泛好评。但他也经不起珍宝的诱惑,后来虽然被国民称为爱国抗日将领,但利用职权窃取珍宝一事,本质上与党玉琨并无多大区别,甚至有过之而无不及。他一边攻克凤翔城,就一边开始谋划自己的如意算盘。这批文物到了西安后，并不意味着就回到了人民手中。他又照相，又取拓片，并积极地找人辨识，客观上为保存这批资料并为后人的研究创造了条件。但其目的实际上都是为以后侵吞这些国宝作准备，当中央古物保管委员会给他发来急函，让他对这些国宝妥为保管时，他便利用权势制造舆论，欺上瞒下，躲避了追查。(图 2 - 14)

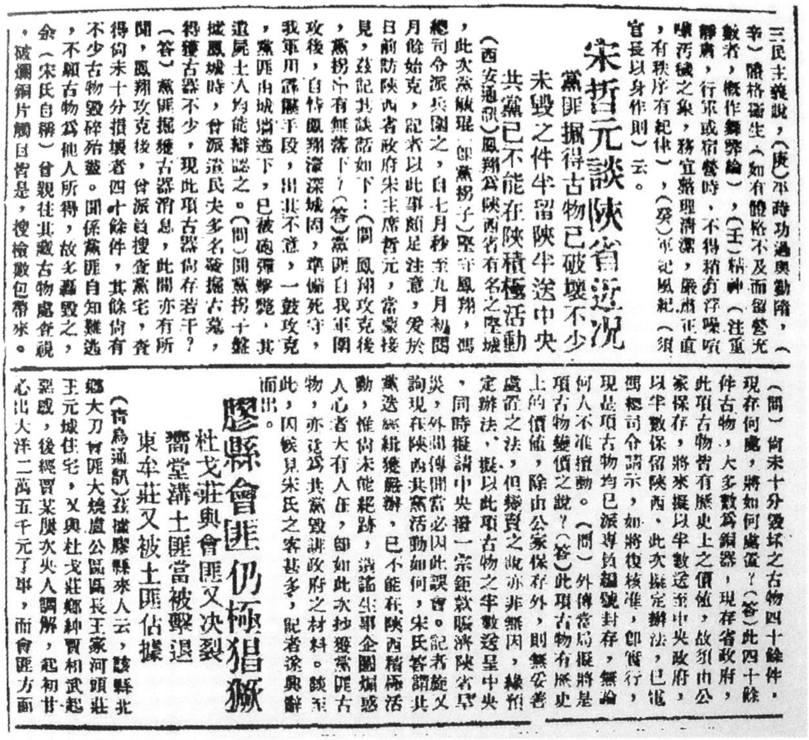

三民主義說，（庚）平時功過與勤惰，（辛）體格衛生（如有體格不及而留營充數者，概作舞弊論），（壬）精神（注重靜肅，行軍或宿營時，不得稍有浮噪喧嘩汚穢之象，務宜整理清潔，嚴肅正直，有秩序有紀律），（癸）軍紀風紀（須官長以身作則）云。

宋哲元談陝省近況
黨匪掘得古物已破壞不少
未毀之件半留陝半送中央
共黨已不能在陝積極活動

（西安通訊）鳳翔爲陝西省有名之堅城，此次黨賊琨（卽黨拐子）堅守鳳翔，馮總司令派兵圍之，自七月秒至九月初圍月餘始克，記者以此事頗足注意，爰於日前訪陝西省政府宋主席哲元，當蒙接見，玆記其談話如下：（問）鳳翔攻克後，黨拐亦有無落下？（答）黨匪自我軍開攻後，自恃鳳翔濠深城固，準備死守，我軍用霹靂手段，出其不意，一鼓攻克，其黨匪由城牆逃下，已被砲彈轟斃，其遺屍士人均能辯認之。（問）聞黨拐子盤據鳳城時，曾派遣民夫多名發掘古冢，掘獲古器不少，現此項古器尚存若干？（答）黨匪掘獲古器消息，此間亦有所聞，鳳翔攻克後，曾派員搜查黨宅，查得尚未十分損壞者四十餘件，其餘尚有不少古物毀碎殆盡。聞係黨匪自知難逃，不願古物爲他人所得，故多蠢毀之，余（宋氏自稱）曾親往其藏古物處查視，破爛銅片觸目皆是，搜檢數包帶來。（問）尚未十分毀坏之古物四十餘件，現存何處，將如何處置？（答）此四十餘件古物，大多數爲銅器，現存省政府，此項古物皆有歷史上之價值，故須由公家保存，將來擬以半數送至中央政府，以半數保留陝西，此次擬定辦法，已電馮總司令請示，如將復核准，卽實行，現是項古物均已派專員編號封存，無論何人不准擅動。（問）外傳當局擬將是項古物變價之說？（答）此項古物有歷史上的價値，除由公家保存外，則無妥善處置之法，但變賣之說亦非無因，緣預定辦法，擬以此項古物之半數送呈中央，同時擬請中央撥一宗鉅款賑濟陝省旱災，外間傳聞或必因此誤會。記者旋又詢現在陝西共黨活動如何，宋氏答謂共黨迭經緝獲嚴辦，已不能在陝西積極活動，惟尚未能絕跡，造謠生事企圖煽惑人心者大有人在，卽如此次抄獲黨匪古物，亦造爲共黨毀謗政府之材料。談至此，因候見宋氏之客甚多，記者遂興辭而出。

膠縣會匪仍極猖獗
杜戈莊與會匪又決裂
薔堂溝土匪當被擊退
東卒莊又被土匪佔據

（青島通訊）玆據膠縣來人云，該縣北鄉大刀會匪大燒盧公區區長王家河頭莊王元城住宅，又與杜戈莊鄉紳賈相武起惡感，後經賈某屢次央人調解，起初甘心出大洋二萬五千元了事，而會匪方面

图 2 - 14　1928 年《中央日报》关于党玉琨戴家湾盗宝情况的报道

与党玉琨一样，宋哲元在得到这批珍宝后，为笼络人情，他把一部分送给了他的上司冯玉祥。后来证明他送给冯玉祥的是一件雨鼎，这件雨鼎 1957 年由冯玉祥的夫人李德全捐献给了北京故宫博物院。其余部分，宋哲元离任陕西时，由小老婆和当时赴天津任市长的萧振瀛带到了天津，存放在英租界他的家里，成了宋哲元的私人财产。

宋哲元抢夺这批珍宝的主要目的是倒卖赚钱。据西安古玩商刘汉基回忆说，宋哲元让心腹萧振瀛给这批珍宝寻找出路，曾有京、沪的古董商前来看货。但从

此后这批文物陆续从天津出现来看，天津是这批珍宝的重要聚散地。因为宋哲元的家不但在天津，而且直接接管并运送这批珍宝的萧振瀛后来也去天津当了市长。这批珍宝中的青铜禁也就是在天津出现，才被天津博物馆收藏的。（图2－15）

图 2－15　戴家湾出土的父乙鬲

除过青铜禁外，宝鸡斗鸡台戴家湾出土的这批青铜器大部分从天津贩卖到了国外。日本学者梅原末治先生在《东方学纪要》一书中说："据住在美国的日本白江信三氏说，宝鸡出土的铜器乃是在纽约的中国古董商戴运斋姚氏（叔来）从天津买来。姚氏说，党玉琨在宝鸡盗掘的铜器，首先归于天津冯玉祥之手。又闻，曾为波士顿希金森氏藏的告田觥（现藏丹麦哥本哈根国家博物馆）及簋，也是通过在纽约的日本古董商山中商会森多三郎氏购自天津，再卖给波士顿的。"梅原末治说的"党玉琨在宝鸡盗掘的铜器，首先归于天津冯玉祥"的话，显然是把冯玉祥和宋哲元搞混了，但也从一个侧面印证，党玉琨所盗的宝物，大部分就是由宋哲元及其亲信萧振瀛运抵天津后，才开始流失出去的，包括现在在美国、日本、英国及香港的许多珍贵青铜器。

4. 珍宝相册

宋哲元离任陕西时，将装订成册的文物照片并未带走。这就是党玉琨在戴家湾盗宝所遗留下来的唯一的珍贵资料，虽然不是戴家湾出土文物的实物，但却成了寻找和研究党玉琨这次盗宝活动最为可靠的依据，同时也是证明现在散失在海内外的一些与照片有关联的青铜器就是戴家湾出土的最有力的证据。这批文物照片自从西安出现后，一波三折，其流传经历，也颇有戏剧性。

现在我们所获得戴家湾出土文物的铭文和照片资料，基本上都是来自宋哲元当时装订的那本册子。这批文物照片共五本，都像字帖一样裱糊。1945 年春，由一位农民在西安市北关捡到，并拿到钟楼北边一个叫王子善的汉中人开设的古董店出售。王子善嫌其要价太高没有收下，又推荐给南院门一家古玩店。这时，被从此地路过的时任西安中山中学教师的刘安国碰到，刘安国当时还顺手翻看了一下，对里面的恐龙蛋化石印象很深，但是他当时犹豫不决，没有买下。回到家中，他有些后悔，思来想去一夜没有睡好觉，深为白天没有购得这些照片而遗憾。第二天，刘安国得知王子善的儿子在中山中学上学，就让他打听这些照片是否还在。当听说南院门那家古玩店尚未将照片出售，刘安国即通过王子善介绍，以八十万元把这些照片买了下来。

1945 年 4 月 24 日，刘安国请刘自读先生在照片册上题写《右辅环宝留珍》。同时还请了当年曾对这批文物逐器鉴定，并保留有文物拓片的薛崇勋先生前来辨识。薛崇勋先生辨识后在照片册卷首留下叙记："彝器景本五册，乃富平党郁坤（玉琨）驻凤翔，迫发民夫在祀鸡台发掘者。戊辰（1928 年）党败死，器为陕西主席宋明轩（哲元）将军所得，邀余至新城光明院注释者，去今已十五年矣。……不意，乙酉春，依仁兄在长安市得之，即当日照本，原题皆余所作。……乙酉（1945 年）夏四月二日，三原薛崇勋识。"

薛崇勋先生这次对当年党玉琨在戴家湾所盗文物的照片认定至关重要。因为他是当年宋哲元所邀，去对这批文物进行鉴定的关键人物。薛崇勋在为文物作鉴定时，颇为细心，临时用墨盒里的墨汁还对一些有铭文的铜器打了拓片。这些拓片共27器，35纸（其中有重复者），铭文大多为一至三字，最多的十几个字。这些照片和拓片的相互补充，使得这份资料更加完善，其考古价值比所有社会上的传闻，包括当时新闻界的炒作，要准确得多，其价值不言而喻。

图2-16　文父丁举觥（现藏美国普林斯顿大学美术博物馆）

　　这里需要提及的是，还有一部分照片，不知道通过什么途径流入美国，约在1935年或1936年的时候，青铜禁的照片及其余15件铜器的照片又从美国传回中国。而且证实这件青铜禁的照片就是在西安拍照的，但五本图录《右辅环宝留珍》中确实没有禁的照片。这个情节可能与吉鸿昌将军当时去美国有关。

　　刘安国先生虽然酷爱文物并潜心研究，但终因种种原因，没有机会对这批资料进行整理。直到1954年，他才根据薛崇勋先生的意见，将五本文物照片中的铜器部分择出，撰成《雍宝铜器小群图说长编》，并油印成册，考虑正式发表。这期间，他曾先后两次分别托石兴邦、郑振铎、武伯纶等人把油印册带到北京，请故宫博物院的唐兰先生、中国科学院考古研究所的陈梦家先生过目，设法编辑出版。第二次，刘安国还从薛崇勋那里征得原始拓片30张，一同带到北京。不巧，此后"文革"开始，这批资料不但未能正式出版，而且下落不明。

　　幸亏在北京期间，唐兰和陈梦家两位先生对这些照片进行了翻拍。而且陈梦家先生民国时期在美国讲学时，曾看到过党玉琨在宝鸡戴家湾盗掘的一些青铜器，已经开展了相关调查，做了详细笔记。虽然"文革"期间，刘安国和薛崇勋两家均被抄，这些珍贵的原始照片和拓片不幸遗失，但唐兰和陈梦家两位先生当年保存的笔记和翻拍的照片仍然存在。1983年，刘安国先生对这批照片资料有一段回忆：

> 抗战期间，我于西安北大街见乡人王子善持五大套照片图册出售。略一翻阅，除大量铜器、石雕佛像、少量石瓷之外，鸵鸟卵化石赫然夹杂其中，注为神话之蛟卵，并由刘自读先生题册签曰："右辅环宝留珍。"余曾请杨钟健先生过目，经鉴定为鸵鸟蛋化石。1949年后，余在陕西文教厅文化处担任文物工作，始析出铜器百余件，并辑此《长编》。后由武伯纶转郑振铎、王冶秋两位看过，并证得薛定夫先生保存之原始拓片三十张，一同带到北京，临行时告我："稍加整理即予出版。"之后，郑出国逝世，即由文化部将原件发还。不久，唐兰先生来信又索去，经段绍嘉先生托人口头转余：此物已全部照了相，出版后不付稿费，只送余与薛先生一二十部图册，当时薛已去世，余亦不多计较。跟着，"文革"开始，此议即作罢论。且将图（拓）片还我。不幸的是"文革"中，连同原有的照片被全部抄去，后累经索取，均未发还。

5. 古董玩家

现在，我们经常可以从各种媒体上发现，世界上许多著名的博物馆都收藏有中国的珍贵文物，特别是商周时期的青铜珍宝。而这些青铜器中相当一部分又是从宝鸡辗转流失出去的，特别是自清光绪至民国年间的半个多世纪里居多。

这一时期，由于关中地区天灾人祸的接踵发生，加之国体变更，清王朝土崩瓦解，门户洞开，国宝四方流散，是古董市场最红火的时期。很多王公贵族、八旗子弟失去生活来源，把祖先遗留的或从宫里偷出的古董拿来典卖。东西方列强纷纷涉足，实施文物劫掠。陕西为西北咽喉，文物流失在所难免。这一时期最大的受益者仍是海外各大公私博物馆以及颇具实力的富商大贾。据有关资料记载，清末民初于陕西一地利用"游历""探险""考察"等名义频繁进行文物古籍收购者，主要有法国的沙畹及弟子伯希和、法占、拉狄格、色伽兰、格鲁尚、戈兰兹等人，日本的关野贞、橘瑞超、吉川小一郎、足立喜六、松吕正登、田资事、福地秀雄等人，英国的纽满和丹麦的荷尔姆，德国的阿道夫·沃什、马塞尔·宾、达尔美达等人。日本的江藤涛雄、早崎梗吉氏等人则公开袒露其古物"收藏"与"买卖"的双重身份，采取种种手段展开对陕西地区文物的收购与掠夺。

英国的纽满与日本的早崎梗吉氏，为陕西官方聘请的外国专家。纽满在光绪二十八年（1902年）后长期出任西安邮务管理局局长，与陕西政界官员及西安回坊古玩商接触甚密，热衷于中国文物的收藏与鉴赏，凡三代铜器等珍稀之品皆以廉价大肆购藏，逶迤经天津、上海码头载轮而去。早崎梗吉氏当年在陕西关中大肆劫掠文物珍宝的种种丑行令人发指！还有长期居留中国，往来东京、北京、西安之间数十年之久的"日本浪人"江藤涛雄，所表现出的刻意收购陕西文物的坚强耐心与咄咄力度，绝不逊于早崎梗吉氏。这些人的作为遭到当时关中大学堂学生的强烈抗议，他们联名呼吁有关当局立即驱逐早崎梗吉氏等。据刘安国先生回忆，戴家湾的珍宝流失，皆与早崎梗吉氏和江藤涛雄等不法日本古玩商相关。

宝鸡戴家湾出土的许多珍宝，包括清末被端方收藏的和后来党玉琨所盗的，之所以流落到美国，与卢芹斋和姚叔来两位古董商密切相关。

卢芹斋为美籍华人，祖籍浙江湖州，青年时移民法国谋生，后来定居美国，一个不到20岁的小伙子在短短几年内变成了国际知名的大古董商（图2－17）。

图2－17　卢芹斋

1911年，他伙同姚叔来与上海古玩业巨头吴启周和北平祝续斋、缪锡华四人合伙开设中国近代史上最有名的私人文物进出口公司——卢吴公司，总部设在巴黎泰布特街34号，并在北京、上海设立分号。1915～1920年，卢芹斋在美国纽约和英国伦敦又设立分店。卢芹斋驻巴黎，精通英语的姚叔来驻纽约。上海的吴启周、北平的祝续斋给他们进货，缪锡华在南京和苏杭收购古玩，然后在上海将古玩集中由吴启周发往巴黎或纽约，吴启周的外甥叶叔重来回送货、联络接应。

第一次世界大战后，欧美经济复苏，文化上痴迷东方古国的文明，东方热一时成为时髦，赏玩中国古董成为有身份、有教养的象征。特别是对中国的三代青铜器、古玉、明清瓷器及法琅器、北宋钧窑瓷器、北魏浮雕、字画玉雕等中国文物更是收藏热门。这些国际藏家的胃口非常大，只要是老东西，就肯出高价购买，而且愿意和古董商保持长期合作关系。所以卢芹斋在美国赚到了很多钱后，就又联合国内一流的古董商高价购进艺术珍品，再转售欧美各大博物馆和私人收藏家。卢芹斋的经营范围几乎涵盖中国古董的各个方面：青铜、古玉、陶瓷、文玩、家具。卢常在纽约举办展览，边展边卖。于是，各大博物馆争相买他的东西。现在，这些售出的古董，许多已经成为欧美各大博物馆的镇馆之宝。收藏在私人手中的，更是不计其数。目前存在于海外的中国古董，约有一半是经过卢芹斋之手售出的，不夸张地讲，经卢芹斋过手的文物完全可以装备一座中国古代艺术博物馆，而且是世界一流的。现美国各地博物馆收藏的中国文物，包括戴家湾的这些珍宝，绝大部分是经过卢芹斋之手流失出去的。由此可见，他当年生意之红火，收入之丰厚。据说北京分店的小股东祝续斋每年可分得银圆十几万两，相当于当年琉璃厂一间古玩铺的全年流水。

图 2 – 18　戴家湾出土的乳钉纹四耳簋

20 世纪二三十年代，上海城隍庙附近和天津、香港、北京琉璃厂是中国最大的古董市场，古董交易也相当繁盛。宋哲元从党玉琨手中夺得这些珍宝后，抓住机遇，经过天津把一部分卖给了卢芹斋的卢吴公司，后在卢芹斋等人操持下，旋即成为这些西方列强博物馆的镇馆之物。随着日本铁蹄的侵入，留滞在敌占区的一些珍贵文物或为日军劫掠，或被日本学者及浪人贪婪觊觎。

卢芹斋在戴家湾出土珍宝流失海外过程中的作用显而易见。卢芹斋晚年承认自己使不少国宝流失海外，他在一本著名文物目录中的序言中写道：我的确感到非常羞辱，因为我是使这些国宝流失的源头之一。同时他也为自己辩护：使许多人类珍宝遗产保留了下来。

就戴家湾的这批珍宝而言，我们今天之所以还能知道这些珍宝的下落，还是应当感谢卢芹斋。是他在陈梦家先生 1944～1947 年去美国讲学时，利用自己当时在国际上的影响，与美国人多方周旋，才使陈梦家先生顺利地完成了调查，看到了流传出去的戴家湾珍宝。更为重要的是，作为这批流失文物的经手人和见证人，他毫无保留地把取得的第一手资料和商务秘密，包括收购这些文物的来源、去向，都向陈梦家先生全盘端出。1947 年，应陈梦家所请，卢芹斋向清华大学捐赠了一件战国青铜重器嗣子壶。1952 年，卢芹斋委托在沪代理商叶叔重将存货 3075 件文物捐赠给上海文物管理委员会。20 世纪 40 年代，林语堂为发明"明快中文打字机"耗尽家财时，向赛珍珠告急，赛珍珠作壁上观，卢芹斋则是有求必应。抗战时期，卢芹斋将纽约分号的二楼借给纽约中国妇女战时救济会做办公场所，因为林语堂夫人廖翠凤时任救济会的主席。具有讽刺意味的是，林语堂此前曾撰文对贩卖古董颇有微词。

从某种意义上讲，卢芹斋还是让西方认识中国文化的启蒙者。2007 年 2 月《人民日报海外版》的一则报道中就提到："卢芹斋不仅是中国文物的贩卖者，也是教育外国藏家接受真正中国古董的启蒙者，他让欧美收藏家学会了欣赏中国墓葬文物。"他以精湛的文物专业知识和天才的商业眼光逐渐征服了欧美收藏者。卢芹斋在古董行的地位可谓是呼风唤雨、一言九鼎。在巴黎，法国当时最有名的汉学家和古董商赛佳澜、沙畹、拉锡格、白佑等先后成为他的朋友，通过卢芹斋的说教使他们改变了以往的收藏观念，对中国的出土文物也开始感兴趣，最后发展到如获至宝爱不释手，甚至在巴黎的上流社会、文人圈子里掀起了一股"东方热"。

卢芹斋也是一位文物鉴定内行，他经手的文物，往往由死变活，由冷变热。

经他手出售的中国文物最为收藏者所信服，所以每年卢芹斋到美国，马上就有收藏爱好者赶来先睹为快，把自己最中意的文物抢购下来。卢吴公司当年财大气粗，大量收购青铜、古玉、瓷器、字画，只要是好东西，一概接收，其中不少文物属于天下孤品、珍品与精品，极有价值。

新中国成立后，政府开始回笼流失海外的国宝文物。许多文物爱好者也都殷切盼望戴家湾的这些珍宝能回归。但这是一件十分复杂的历史问题，被美国各大博物馆收藏的这些戴家湾青铜器，多是通过买卖手段流落出去的。要尽数收回，难度非常大。

戴家湾墓地出土的珍宝主要有两批，一批是 1901 年出土的，另一批是党玉琨 1927～1928 年所盗挖的。这些铜器面世后，立即吸引了美、日等国的古董商目光。而使这批珍宝流入海外的另一个关键人物就是端方。1901 年出土的青铜禁等十三器，就是最先被端方占有，后才流落美国。

端方是晚清重臣，也是近代有名的藏书家和金石收藏家。他于 1882 年中举人，后受到慈禧赏识，曾出任陕西按察使、布政使，并代理陕西巡抚。光绪二十六年（1900 年），八国联军占领北京，慈禧和光绪帝出逃陕西，端方因接驾有功，先后任河南布政使、湖北巡抚、代理湖广、代任两江总督，湖南巡抚。在历任上述封疆大吏期间，端方鼓励学子出洋留学，被誉为开明人士，"奋发有为，于内政外交尤有心得"。光绪三十一年（1905 年），端方被召回北京，升任闽浙总督。同年，清政府派端方等五大臣出使西方考察宪政，预备制定宪法。回国之后，端方总结考察成果，上《请定国是以安大计折》，力主以日本明治维新为学习蓝本，尽速制定宪法。端方还献上自己所编的《欧美政治要义》，后世认为此乃中国立宪运动的重要著作。宣统元年（1909 年）端方调任直隶总督。十月被命筹办慈禧太后梓宫移陵及相关事宜，但在慈禧出殡之时因拍照惊扰隆裕皇太后，被罢官。宣统三年（1911 年）入川镇压保路运动，端方为起义新军所杀。清廷赠端方太子太保，谥忠敏。（图 2 - 19）

端方从政之余，醉心于古玩收藏，他的收藏入门可以说是起始于陕西，更确切地说是始于戴家湾，是这个藏宝之地成就了他成为中国著名的收藏家之一。他还同伯希和等人保持着良好的关系。在出洋考察期间，他还收集了古埃及文物，

图 2 – 19 端方与戴家湾出土青铜禁器

是近代中国收藏外国文物第一人。他一生嗜好金石书画，大力搜集收藏青铜器、石刻、玺印等文物。他的收藏中最为重要、最有影响的就是陕西宝鸡戴家湾出土，属历代青铜器中上乘佳品的西周青铜禁，以及禁上陈列的卣、觚、爵、角、尊等 12 件青铜酒器。宝鸡岐山县董家村出土的著名青铜重器毛公鼎，原由著名文物收藏家陈介祺收藏，后也归端方所有。他的主要著作有撰于光绪三十四年（1908 年）的《陶斋吉金录》八卷、《陶斋吉金续录》，书中收录了自商周至六朝隋唐时期的青铜礼器、兵器、权量、造像等 359 件。1909 年又作《陶斋吉金续录》二卷附补遗，共收铜器 88 件，包括沇儿钟、克钟、太保牙鼎、虢文公鼎、龙节等重器。两书均附有器物图形与铭文拓本，并注明尺寸，在中国的文物考古上参考价值极高。此外，还著有《陶斋藏石记》《陶斋藏砖记》等著作。

端方在四川被新军杀死后，其家境日渐衰败，以至于穷困潦倒。其子弟因生活拮据，于 1924 年将其最著名的收藏——戴家湾出土的商周青铜器，以约 20 万两白银的价格出卖给了端方的至交，美国传教士福开森。现在，该套青铜器存放于美国纽约大都会艺术博物馆（图 2 – 20）。卢芹斋给陈梦家先生提供的资料上说：这批青铜器"于光绪辛丑（1901 年）秋在陕西凤翔府宝鸡县三十里斗鸡台出土"。器物上都注明为从中国陕西宝鸡斗鸡台一个叫戴家沟的地方掘出。

图 2 - 20 美国纽约大都会博物馆藏青铜禁器

三　享誉海内外的珍宝

一、戴家湾墓地出土文物的基本概述

党玉琨在宝鸡戴家湾墓地所盗掘器物的具体数目，由于已过去近百年，加之这批文物流传经历的复杂性，宋哲元所获得的器物既不可能是党玉琨所盗器物的全部，也不可能全部都是从党玉琨手中所获。因此，时过境迁，已无法弄清党玉琨在戴家湾所盗文物的详情，包括器类、数量、组合等等。就数目而言，各种资料、记录、传说众说纷纭，与党玉琨盗宝事件有直接关系的郑郁文、党晴梵、张万扶等人的说法，认为在 1500 件左右。党玉琨所盗墓葬总共有 50 多座，主要是西周墓葬，也有少量东周和汉代墓葬。

基于党玉琨所盗器物流传经历的曲折和复杂性，我们以陈梦家先生的笔记为主要依据，对戴家湾墓地出土器物，且保存有照片、尺寸和部分拓片，并能对这个墓地的文化属性的研究有所帮助的，已在三秦出版社 2006 年出版的《宝鸡考古撷萃》一书中做了较详细的介绍。由于这部分虽对考古研究人员非常重要，但对于广大普通读者来说，还是显得枯燥和冗长，这里就不一一列举。

对有些虽然没有照片和尺寸，但所记这些器物的时代特征符合戴家湾墓地的考古学面貌，并且与党玉琨在戴家湾所盗这批文物的风格一致，或在这个地区以后的考古中有望能够证实，或为这个地区的历史研究能够提供线索，我们则按所获材料的原貌在调查报告中做了披露。对有的传记所述器物虽然很精美，如有的调查资料说有一件高约一尺的玉人，似乎和斗鸡台墓地无多大关系，或者说就不可能是斗鸡台墓地出土的，则予以舍弃。

这两批流失海内外的青铜器共 186 件（组）。其中党玉琨所盗者约有 173 件（组），其他为 1901 年出土。这些铜器绝大多数是商末周初的青铜礼器。

这些青铜器中有鼎 37 件、簋 28 件，其他多是鬲、尊、卣、爵、觥、壶、

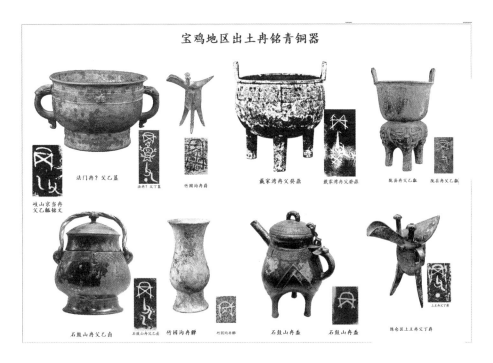

宝鸡地区出土冉铭青铜器

法门冉？父乙簋   竹园沟冉鼎   戴家湾冉父癸鼎   陇县冉父乙瓿   陇县冉父乙瓿

岐山京当冉父乙瓿铭文   法门冉？父乙簋   竹园沟冉鼎   戴家湾冉父癸鼎

石鼓山冉父乙卣   竹园沟冉觯   石鼓山冉盉   陈仓区上王冉父丁爵

石鼓山冉父乙卣铭   竹园沟冉觯   石鼓山冉盉   上王冉父丁爵

图 3 - 1 宝鸡地区出土冉器

盘、盉、盂、斗、禁等（图 3 - 1）。其质量之高前所未见，种类之全几乎涵盖了商周青铜器的全部。其中鼎类最著名者有周公东征方鼎，现存美国旧金山。雨鼎现藏北京故宫博物院。与毛公鼎齐名的毛伯鼎也很引人注目，但是至今下落不明。"冉父癸"圆鼎开始并未引起我们足够的关注。直到2012年石鼓山墓地出土了两件带有"冉"字铭文的冉父乙卣和冉盉，才引起了我们对这冉器的注意。宝鸡地区陆续发现的8件"冉"器看，"冉"可能就是《史记·管蔡世家》中所记载的周文王的小儿子"冉季载"或后裔。簋中最著名者为甲簋，被上海博物馆收藏。鬲中最著名者是鲁侯熙鬲，现存美国波士顿。还有酒器鸟纹卣、告田觥也都是海内外非常著名的青铜器艺术精品，现在丹麦哥本哈根国家博物馆。特别是夔纹禁这件器物是第一次从戴家湾出土，更是令海内外学者所关注，现被天津博物馆收藏，被定为国宝级文物。

　　还有乐器、车马器等，但从调查到的资料来看，这部分器物当时未引起足够重视，没有根据器类进行区分，都与其他杂件混在一起进行了拍照，现在已很难进行区分整理了，给研究造成了一定的困难。我们在对这些照片资料进行放大和技术处理后，发现这些器物中有许多珍品。

党玉琨所盗青铜器中还有不少兵器，从照片上看，这些兵器由于器形较小，当时也未引起重视，只是乱七八糟地堆放在一起，草率地进行了拍照。有的还和车马器、铜钱之类摆放在一起。

由于这些青铜兵器时代普遍偏早，有的十分罕见，具有很高的学术价值。这些兵器的种类有戈、戟、矛、刀、弩机、矢镞等。戈多为三角援等宽内式，援末较宽，援体近似等边三角形，前锋钝圆，援末两侧有穿，末端和内中有圆孔。这类戈流行的时代都较早。其次是条形短胡戈，这类戈的时代也很早，且与巴蜀文化有关。如编号为145号的戈援内部有夔龙纹，龙口似咬一个人头，这种纹饰不是夔龙纹，当是虎纹，是巴蜀文化青铜兵器上最为常见的。这类纹饰中原和关中一带的西周早期墓葬中较为常见，宝鸡地区的扶风和宝鸡县博物馆藏品中也有，但数量不多，宝鸡以北的甘肃灵台白草坡西周早期的墓地曾有出土。青铜戟有三件，其中两件较常见，从照片上看有残缺，一件极为鲜见。还有一件编号为149号的兵器，考古中也极为罕见，至今无法辨识，刘安国先生当年整理资料时将其称为干头。特别需要提及的是一件非常独特的西周早期兵器——钩戟！台湾学者陈昭在法国巴黎吉美美术馆的库房里考察时，意外发现了这件青铜钩戟与我们调查资料（D·28·138）上的完全吻合！苦苦寻觅了半个多世纪的戴家湾这件独一无二的青铜兵器，却躺在了异国他乡的法国巴黎吉美美术馆的库房里，不得不让人兴奋！

另外，还有十多件青铜釭。有方形、长方形、直拐角形，形体较大，体表饰有夔龙纹、回纹。这种器物1974年在凤翔姚家岗先后发现了三批共计64件，发掘者称其为金（铜）釭（图3-2），是一种宫殿建筑物上用的建筑构件。其气势之宏大，制作之精美，设计之别致新颖，充分反映了当时宫殿建筑的豪华气派。罗宏才先生在调查中，对这种器物出在斗鸡台地区感到"令人惊异"！实际上，这种器物是秦人的东西，出土于斗鸡台可能包含有极其重要的意义在里面。因为这里曾是秦的早期都邑所在地。然而令人不解的是，不管是民国时期的苏秉琦先生，还是后来的国内外许多考古工作者，在这个范围内苦苦寻觅了几十年，至今

也未在这个地区或附近发现与这个高
等级贵族墓地相对应的居住遗存和城
址。这不能不让人有点遗憾!

图 3－2　金釭

值得关注的还有两件顶饰虎钮的
青铜錞于，这在北方文物中较为少见。
这类器物纯属巴人器物，时代都在战
国，多出土在长江流域的湖北、湖南和
四川、重庆。出土于关中斗鸡台戴家
湾，完全是巴文化的流入。关中地区只有陕西长安发现过一件。前年韩城梁带村
的周墓中也出土了一件，也是从巴蜀地区传入的。戴家湾出土的这两件錞于，对
于研究中原文化与巴蜀文化的交流传播至关重要。

除过这些青铜器之外，还出土有一些玉器，器种有玉璧、玉琮。这种玉礼器
在西周早期的墓葬中有出土，但不多见，特别是玉琮。贾村塬的桥镇和斗鸡台以
东的南坡村前几年曾有出土，后来也流失了。西周以后如汉代的墓葬中几乎很少
见到，见到的也多为后世仿制的赝品。还有圭、璋等礼器约 30 多件。其中有一
件圭长约 65 厘米，宽约 10 厘米。这些玉器色泽多为青中泛白玉质。另外，还有
许多小件玉器，如玉鱼、玉蚕、玉蝉、玉鸟及玉制兵器戈、矛、钺、剑首等。同
时还有绿松石、料珠、玛瑙石及蚌料所做的鱼、龙、鹿、鸟等数十件。这些都是
西周考古发掘中，在周墓中最为常见的随葬器物。

引人注目的还有一些金器，数量不多，与青铜器共出，器形较小，有凤鸟
形、虎形饰和兽形饰。这个细节是我们调查中最为关注的。因为根据宝鸡地区近
几十年所获考古资料来看，这种金器多出在春秋时期的秦国墓葬中，西周墓葬中
不曾见到。然而戴家湾墓地出土的器物几乎清一色的都在西周早期，很少发现有
秦的器物，所以这种现象不得不让人们深思!另外，还有制作精美的错金银壶、
鎏金卧羊灯、错金带勾等。鎏金卧羊灯的器身可与灯座分离。这些器物的时代特
征，明显的都在战国以后和汉代了。

罗宏才研究员的调查资料中，提到党玉琨所盗珍宝中还有竹简，这些竹简置
放于两个长方形的青铜箱内。铜箱底座为四个蹲兽。箱内置放竹简数百根，两端

有穿绳圆孔，简上的文字当时未能识读。还有陶范 36 件，完好者 21 件，出土于一窖藏，可辨者有鼎、簋、彝、罍等器物之陶范。这种陶范前几年在河南孝民村的考古发掘中曾有发现，而且与戴家湾所出青铜器联系非常紧密，可惜只有这段文字记载，无法将两地出土之陶范进行对比研究。还有商周考古中不常见的铠甲，这些铠甲从文字记述中分辨不出是什么质地，不好归入铜器或是铁器之类，只好单独列出。与我们考古发现中的铠甲不同的是，这些铠甲上有夔龙、夔凤纹，并有颜色图案和油漆。

这个数字不是党玉琨在戴家湾所盗器物的全部，只是保留下来的照片上所能反映出的极少一部分。现在能看到的已收藏在国外的这部分铜器，明确地记载为党玉琨 1928 年在斗鸡台戴家湾所盗，但是照片册子中却没有收录。这一点本身就是最好的证明。

调查到的这些器物和资料虽然不能反映戴家湾墓地的全貌，但却是最重要、最可靠的。因为这批青铜器照片被发现后，曾请对这批文物逐器鉴定并保留有文物拓片的薛崇勋先生辨识并认定，证明就是当年宋哲元所获取的党玉琨在戴家湾所盗的铜器。这些资料后来经刘安国、石兴邦、唐兰、陈梦家、唐福年、王世民先生之手，保存了下来。

戴家湾出土的这些铜器的时代上迄商代晚期，下至秦汉，其中不乏商代晚期和西周初期的重要铜器。这些珍宝除一小部分流落到海外，少量被北京、上海和天津国家博物馆收藏外，大部分至今未出现，还下落不明。

二、戴家湾出土文物的研究与影响

戴家湾出土的商周青铜器精品有明确收藏地点的，多收录在陈梦家先生（图 3 - 3）编著的《美帝国主义劫掠的我国殷周青铜器集录》一书中，这是一部在海内外有着广泛影响的巨著。

1944 年，陈梦家由哈佛大学费正清先生推荐，赴美国芝加哥大学东方学院教授古文字学，直到 1947 年才回国。他到美国去主要是要编一部全美所藏中国铜器图录。在美国三年中，他就是为了这个目标而努力奋斗的。令人难以置信的是，陈梦家在那里居然遇到了有同乡情结的卢芹斋。虽然一个是搜寻流失欧美的

中国青铜器并打算将其公布于众的青年学
者，而另一个却是为了自己赚钱使不少国宝
流失海外的老牌古董商人，但因为卢的祖籍
在浙江湖州，陈的岳父家也在湖州，两人都
和湖州有着千丝万缕的关系。加之两人都是
对商周青铜器颇有研究的行家，交流切磋，
各取所长，在许多方面有着共同语言，因而
很快成了好朋友。

　　卢芹斋虽长期侨居美国，但对故乡湖州
的绿水青山还是倍加思念。陈梦家的到来，
使他感到倍加亲切。多次交往后，卢芹斋不
仅不隐瞒自己贩卖中国文物的情况，还向陈
梦家夫妇和盘托出自己毕生经营过的所有商

图 3 - 3　陈梦家先生

周青铜器记录，提供并介绍关系密切的私人收藏者、博物馆名单，使陈梦家受益
匪浅。

　　在卢芹斋的帮助下，陈梦家尽力搜集流散在他乡的青铜器资料，几乎访遍欧
美收藏中国青铜器的博物馆、私人收藏家、古董商。多数私人收藏家都是富贵之
家，否则谁能买得起一件、两件，乃至数件精美绝伦、价值昂贵的中国青铜器
呢？陈梦家是无所顾忌的，只要是有器之家，他是必然要叩门的。他足迹遍及
英、法、丹麦、荷兰、瑞典，甚至还登门拜访过酷爱中国文物的瑞典国王。

　　由于得到了卢芹斋的热情帮助，陈梦家最终圆满完成了完全私人性质的搜寻
考证工作。这期间，他不辞辛劳，对看到的每件中国青铜器都细致观察，做好记
录，拍摄照片。在美国的三年，陈梦家用英文撰写了《中国铜器的艺术风格》
《周代的伟大》《商代文化》《白金汉所藏中国铜器》等研究文章，受到了许多
美国东方学者的关注与赞许，甚至邀请其永久居留美国做研究工作，但陈梦家还
是义无反顾地踏上了归国之路。

　　我们现在看到的《美国所藏中国铜器集录》，最初叫《流散美国的中国铜器
集录》，这本书虽然为陈梦家先生编著，但实际上凝结着不少卢芹斋的心血和汗

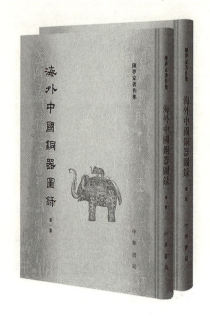

图 3-4　陈梦家先生《海外中国
铜器图录》

水，是他给陈梦家提供了许多一手资料。著作脱稿后，因为陈梦家和卢芹斋私下有约，要等到卢芹斋去世后才公之于众，所以该书一直迟迟没有出版，1962 年卢芹斋去世后才由科学出版社出版。此前由于陈梦家先生被划成史学界右派，出版时也未署陈梦家的名字而署中科院考古所，书名也被改为《美帝国主义劫掠的我国殷周青铜器集录》。2016 年，金城出版社正式出版了陈梦家先生的《美国所藏中国铜器集录（全三册）》。2017 年，中华书局也正式出版了陈梦家先生的《海外中国铜器图录（全 2 集）》（图 3-4）。

国内最先注意到这批铜器的，还有国学大师、著名考古学家马衡先生，他在北京大学讲学时指出，戴家湾的青铜禁发现以前，人们不认识这种器物。足见这件禁发现之非常意义。后来中国历史博物馆的研究员李先登亲临戴家湾进行实地考察，并撰文对此进行了研究。

最早对戴家湾铜器进行研究的还有日本学者梅原末治。梅原末治是日本考古学家，在国际上有着较大的影响。他对中国商周青铜器以及魏晋南北朝的铜镜等，都有一定的研究成绩，其主要著作有《汉以前古镜的研究》（1936 年）、《汉三国六朝纪年镜图说》（1943 年）、《中国汉代纪年铭漆器图说》《战国式铜器的研究》（1936 年）以及欧美、日本所藏中国古代铜器精品的大型图集等。梅原末治得到戴家湾出土的青铜禁资料后，欣喜若狂，对其进行研究，于 1933 年和 1959 年分别在颇具影响的《东方学纪要》上发表了《枑禁の考古学の考察》和《陕西省宝鸡县出土の第二の枑禁》的研究文章。这两篇论文在国内外产生了广泛的影响，许多学者最先就是从这篇文章中才知道宝鸡戴家湾还出土了这么一件罕见的西周国宝。与端方的《陶斋吉金录》中所收录的"枑禁十三器"一样，在梅原 1959 年发表的文章中也有一张类似的照片：长方形的铜禁上摆满了簋、罍、卣、爵、觥等。英国学者罗森·杰西卡在《赛克勒收藏的西周青铜礼器》一书中，专门辟出一节来介绍宝鸡戴家湾出土的两批铜器（分别指1901年端方旧藏和1928年党玉琨盗掘的这两组铜器）。特别是对1928年盗掘后流入美国的部分铜器做了描述。

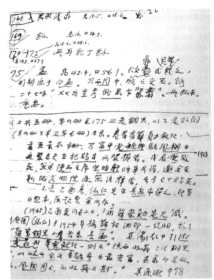

图 3 - 5　陈梦家先生笔记

应当指出的是，上述研究都是始于《美帝国主义劫掠的我国殷周青铜器集录》一书，这是披露戴家湾文物信息研究的最早资料。这部书中主要涉及1901年从戴家湾出土的青铜禁等十三件器物，只有少数涉及党玉琨盗掘的器物。诸如梅原末治的研究虽然重要，但这个研究还只是在国外，国内学界只是陈梦家等几个学者的早期研究，以及李先登先生针对铜禁的专门研究。因此这些研究仅仅是个开始，还谈不上系统。

对于党玉琨在戴家湾的盗宝活动，当地上了年纪的老者虽有口传耳闻，但没有一个比较确切的文字记载。1987~1989年，我们经过两年多的艰辛努力，基本上完成了对党玉琨在戴家湾盗宝情况的调查。调查报告的压缩本最先于1990年在《中国文物报》上连载发表。1991年，王光永先生把1928年党玉琨盗掘的铜器部分在《考古与文物》上发表。此后，戴家湾的珍宝资料相继被世人和学界所知晓，为各方的研究提供了比较齐全的资料，戴家湾的研究从此逐步升温。

1995 年，中国与意大利两国把戴家湾遗址作为研究课题，在此进行了联合考古发掘。1997 年，河北人民出版社与宝鸡市政协联系，在《近代中国社会史料丛书》上又做了刊载。2000 年，陕西省文物保护技术中心对戴家湾遗址的地质变迁做了考察与研究，发表了《戴家湾遗址地貌环境变迁的考古学探讨》的研究报告。2006 年，我们的调查报告在《宝鸡考古撷萃》一书中做了较为系统专业的刊载。2008 年，浙江学者毛天哲先生看到我们的调查报告后，着重结合西周历史，对戴家湾的一些铜器进行了研究，明确提出这是周文王的小儿子冉季载的家族墓地。2009 年，福建报业集团主办的《东方收藏》又对戴家湾的珍宝做了连载。2012 年，中央电视台第九套节目组依据我们的报告为蓝本，改制成《颠沛流离的国宝》上、下两集，并邀我们在戴家湾进行实地拍摄，连续播出。同年，陕西师范大学张懋镕教授把戴家湾的铜器作为一个研究课题，由研究生任雪莉在我们原调查报告的基础上，进行了比较系统的研究，并写成《宝鸡戴家湾商周铜器群的整理与研究》的硕士毕业论文，于 2012 年由线装书局正式出版。2014 年，《宝鸡日报》社了解这些信息后与我们约谈，对原报告又做了修改，在《宝鸡日报》上进行了连载。2016 年，中国和意大利合作考古报告《宝鸡戴家湾考古研究报告》公开发表。戴家湾的研究逐步成了商周文化研究中的一个热门话题。

但是应当看到，我们在 1987～1989 年的调查，是在条件很不完备的社会背景下进行的，既没有资金作保障，也没有技术手段作支撑。各类资料分散在海内外各地，特别是国外信息还很难获得，国内的资料搜集查阅也相当困难，加之这批资料不是科学发掘的，因此，调查报告不但很不完善，而且还有一些漏洞和错误。也就是说，这么一个庞大的文化工程，仅靠个人的力量，是很难取得一个满意的结果。

2009 年，由台北陈昭容、美国李峰、陕西师范大学张懋镕三位教授组成了一个国际合作项目组，在台湾蒋经国国际学术交流基金的资助下，开始了对戴家湾铜器群的调研工作。在三年多时间内，他们多次来戴家湾，通过对遗址的实地踏查，特别是到国外相关博物馆和收藏单位对器物进行寻访，克服多重困难，并得到许多公、私单位专家学者的帮助，终于得到将迄今凡能知晓的戴家湾铜器群的资料汇集在一起。这是我们所企盼的，也是我们的力量无法达到的，包括资金和学术，特别是赴海外的寻找。应当感谢他们对戴家湾研究做出的巨大贡献。

2012、2013 年，宝鸡渭水南岸的石鼓山两次发现大量青铜器，与戴家湾墓地出土的青铜器一脉相承，如出一辙，从而引起海内外学界的广泛关注。使学者们愈加感到，石鼓山墓地与戴家湾墓地遗存有密切关系。经过多方协商，把两处墓地出土的青铜器一并收集，出版了《宝鸡戴家湾与石鼓山出土商周青铜器》。此书无论在资料性，还是学术性上，都是迄今为止，关于戴家湾墓地最为详尽的研究著作。该书的主要作者陈昭容教授在谈到这个问题时说，尽管他们做了许多努力和探索，似乎还不尽人意，总体上还是没有超出我们原来的调查框架。应当说这是许多客观原因所无法逾越的。这部大型著作的出版，面向海内外发行，为海内外学者研究戴家湾提供了翔实的宝贵资料。

三、流落海内外的戴家湾珍宝

迄今为止的调查，包括资料的核查与在国内外的寻访，可以确定戴家湾墓地出土的青铜器，有 57 件分别被日本、美国、澳大利亚、丹麦、英国、法国，以及台湾、香港和北京、天津、上海、西安等地博物馆或私人收藏。女母卣 2016 年 3 月 11 日，隐藏了近 90 年后，现身在佳士德纽约拍卖会上。大部分至今还是下落不明。现择主要的介绍如下：

1. 流落旧金山的周公东征方鼎

周公东征方鼎，又名丰白鼎、塑方鼎、禺方鼎。立耳，直口，方唇，腹壁较直，平底，柱足较高。此鼎形制和花纹特异，四壁均饰相背的大鸟纹，相邻的两鸟纹会于四隅，鸟喙突出器外，形成扉棱，四足也为立鸟形。鼎内有铭文 5 行 35 字，合文一。铭文半在器壁，半在器底，除第四行末三字在器底外，其他各行均是末二字在器底。

陈梦家先生关于党玉琨盗掘斗鸡台墓地的资料记录中，根据其铭文内容称其为周公东征方鼎。这是党玉琨从戴家湾墓地盗挖出的最为重要的一件西周早期带有铭文，且与周公有紧密联系的青铜器。

图 3 - 6　周公东征方鼎

　　周公东征方鼎出土后不久便流入美国，最早著录于吴其昌《金文历朔疏证》一书，书中记作"凤翔秦文公墓出土"。陈梦家在《西周铜器断代》一文中又具体地记作党玉琨在凤翔西 40 里之灵山盗掘出土。柯昌济编于 1930 年的《金文分域编》又记作宝鸡出土。这几本书虽然都是铜器研究方面较早和较有影响的资料，但却不够统一。根据王世民先生提供的陈梦家先生的笔记，我们经过深入调查，感到这些记载都是符合当时考古环境的。因为《金文历朔疏证》是 1934 年出版的，从时间推测，收入此器的拓本可能是吉鸿昌将军 1931 年 10 月 8 日参观美国博物馆时发现并带回的，因宝鸡县当时属凤翔府辖，所以注明"凤翔新出土"。

　　根据当时参加盗掘并担任记录的马午樵和杨紫梁的记录本分析，周公东征方鼎也是出自党玉琨在戴家湾挖掘的一大墓，与上述文献记载相一致。马午樵将这座大墓记为第十五号，王光永先生推断周公东征方鼎应出在这座墓。这座墓共出有鼎6件、簋2件、尊1件、甗1件、卣1件、爵1件，此外，还有玉器多件。这座墓有墓道，而且墓壁上还有壁画，这在周墓中实属罕见。因为党玉琨的破坏性盗掘，严重地打乱了资料的完整性和科学性，致使这个墓地的文化属性很难确定。

　　周公东征方鼎出土后不久便流入美国，现藏美国旧金山东方艺术博物馆（图3－6）。东方艺术博物馆是一座以收藏亚洲文物，尤其是中国文物为主的博物馆。这里收藏有来自中国、日本、朝鲜、印度尼西亚等亚洲国家和地区的各类艺术珍品总数近两万，近半数为中国文物，其中青铜器、陶瓷器、玉器和漆器从总体看都是全美国最好的。这里收藏的中国文物始于新石器时代，止于清代，为世界上收藏中国文物最丰富的博物馆。这些收藏品中的90%由芝加哥市的布伦戴奇先生（1887～1975年）捐献。布氏曾连任美国奥运委员会主席30年，是一位很有影响的人物。他的收藏始于20世纪20年代。收藏途径多出自美国、日本和欧洲的古董商之手。而党玉琨所盗戴家湾的珍宝正是在这期间辗转流落出去的。

　　周公东征方鼎是党玉琨盗掘这批铜器中最重要的器物之一。但是党玉琨所遗留下来的照片《右辅环宝留珍》中却没有这件器物，刘安国先生最早整理的《雍宝铜器小群图说长编》中也就没有。怎么能证明旧金山东方艺术博物馆的这件周公东征方鼎就是党玉琨从戴家湾盗掘的呢？实际上这并不困难。因为党玉琨的盗掘毕竟是破坏性的。挖掘中虽然看管很严密，但中间还是发生了抢劫和丢失；器物运回凤翔大本营后，几个小老婆之间又进行了分赃并因此发生了纠纷；同时还得给一些幕僚进行赠送；特别是为争夺文物与宋哲元之间发生的激战，给这批珍宝的完整性造成了很大困难。在调查中，我们发现出土器物的数字与照片上的差距很大。20世纪二三十年代，这种跨国之间的文物交易还是比较注意保存原始资料完整性的，如出土地点的记录等。陈梦家先生当时在美国看到的这些流落出去的器物，大多都注明了出自中国某某地方的字样。

　　2007年，陕西省考古研究所的王学理先生在美国旧金山东方艺术博物馆参观时，看到了周公东征方鼎，他当时利用互联网将所拍照片传回陕西省文物局主办的《汉唐论坛》。我们当时看到这件珍宝的照片后异常高兴，当即与还在美国旧金山的王学理先生取得联系，希望能借此机会了解到更详细的情况。但因东方艺术博物馆1990年从位于旧金山市政中心的原市立图书馆搬迁至新馆，直到2003年3月20日才正式对外开放，几经变迁，几十年以前的事情已很难找到线索。我们虽没有机会去美国亲眼一睹这件珍宝的风采，但能在互联网上看看流落异国他乡的这件珍宝，也应当是一种现代信息手段带给人们的精神补偿和享受了。

周公在西周初年的历史上占有极其重要的位置。西周铜器铭文中所反映的周公名称和事迹本来就很少，就目前我们所知，仅只有禽簋、小臣单觯、令彝、周公东征方鼎、荣簋和史墙盘六件。史墙盘虽出土在周原，但却是西周中期恭王时用器，铭文中在赞颂穆王以前诸王业绩时提到了周公，主要内容与周公关系不大。

周公东征方鼎上面有铭文35字。记述了周公东征征服东土四国获胜回归后，在周庙进行的祭祀活动。周公获胜回归后为什么来这里祭祀？并给"塱"以赏赐，"塱"和周公是什么关系？铭文中之"周庙"在何处？这些都还是历史谜团。

庙是西周昭穆礼制的体现。《礼记·王制》："天子七庙，三昭三穆，与太祖之庙而七。"古时，王对其臣属赏赐册封一类的活动均需在祖庙内进行。"周庙"可作为周先公先王庙之总称。

西周时期，宗周、周与成周三地均有周先公先王之宗庙。一般来说，周先公——后稷之庙统称为周庙，或大庙、宗庙、大室、太室。《明堂位》载："鲁公之庙，文世室也；武公之庙，武世室也。"郑玄注："此二庙象周有文王、武王之庙也。"说明周代各王又各自有庙，这些周庙恐怕不能与周之大庙一语而论，也并非绝在一地。因此，凡文献和铜器铭文中之"周庙"具体所指应当视情况而定。如《吕氏春秋·古乐》载："武王即位，以六师伐殷。六师未至，以锐兵克之于牧野。归乃荐俘馘于京太室。"其"京太室"，当指镐京之周大庙。懿王时期的吴方彝铭"隹二月初吉丁亥，王在周成大室。旦，王各庙"，当指成王之庙。

周公是文王的儿子，武王的弟弟。曾辅佐武王伐纣灭商，是周王朝的开国功臣。武王死后，成王年幼由周公摄政。此时，管叔、蔡叔叛周，招诱夷狄，勾结纣子武庚发动叛乱，迫使周公不得不第二次东征克商，这次战争是一次艰苦的持久战，他以长子伯禽为主帅，历经四年时间才获得了胜利。从周公东征方鼎的铭文来看，就是记述周公东征胜利回归后在周庙举行祭典的事，他们开怀畅饮秦地产的秦酒，公赏赐给"塱"贝百朋用作宝彝。"公归荐于周庙"，虽不能说周公东征方鼎出土在戴家湾，这里就有周庙，但戴家湾如此高规格的贵族墓地，大宗数量的青铜器，以及《史记·秦本纪》中"昔周邑"之记载，不得不使我们对此画一个大大的问号。这些周初的青铜器，大多是礼器，是用作祭祀的，这些祭祀活动的场所就是庙。"禁"这种器物纯粹就是庙堂里的祭器，它不可能用在别的地方。如周公东征方鼎的铭文就明确指出祭祀的地点就是周庙，何尊铭文亦明确指出王给何训话的场所就在京室（周庙）。但是，何尊的铭文与召诰中的时间衔接形成先后，可以肯定铭文中的京室（周庙）在宗周。但周公东征方鼎中的周庙就不那么明确，可以理解成周公胜利回归后在宗周周庙，但也不排除周公东征方鼎的出土地戴家湾就有周庙，因为这里有周初高等规格的贵族墓地。

周公东征方鼎中的"塱"是何人？青铜器铭文中有两个"塱"，吴镇烽先生说一个是西周初期，就是周公东征方鼎中的，另一个是西周晚期厉王时人。这两个"塱"似乎没有什么联系。陈梦家先生认为周公东征方鼎铭文中的"塱"与冉盨中的"冉"是一个人，冉盨铭文中的"叔邦父，盖即康叔封"，"周公征服东土四国之后，即使其弟康叔封移镇其地……""冉"又为叔邦父之子"。由此可知，周公东征方鼎中的"塱"是周公旦的侄儿。

周公辅佐成王七年后还政于成王，这时成王已 20 岁。《史记·燕召公世家》里记载"成王既幼，周公摄政，当国践祚，召公疑之"，这就表明，召公对周公摄政一直耿耿于怀，持有疑义。为了避嫌并解除召公之顾虑，周公不得不还政于成王。《史记·鲁周公世家》又说："周公……及七年后还政成王。……成王病有瘳。及成王用事，人或谮周公，周公奔楚。"从这里可以看出，周公还政后去了楚。《尚书大传》记述周公还政三年后死于丰，有学者说丰就是指"周公奔楚"后所去伯禽的封地，即周公东征方鼎铭文中所述的"丰白"这个地方。陕西省考古研究院王辉研究员认为，西周时的"楚"当是畿内之楚，这个地方当在现在宝鸡市区的西部一带。

既然周公东征方鼎和周公联系如此紧密，如此重要的青铜器又出在宝鸡戴家湾！对此，种种猜测不断，最终的结果依然是一个谜。

2. 拓片合璧的鲁侯熙鬲

薛崇勋先生当年被宋哲元请去鉴定党玉琨所盗青铜器时，对所有有铭文的铜器都打了拓片。后来在保存的这批铭文拓片资料中有一张是鲁侯熙鬲的，也就是说，这件鲁侯熙鬲当年曾从凤翔到了西安，否则，薛崇勋先生的拓片中就不会有它；既然有拓片，就应当也有照片，但在照片中却没有发现鲁侯熙鬲的。这件鲁侯熙鬲的下落一时无法明确。

1947年，陈梦家在美国波士顿美术博物馆见到了这件鲁侯熙鬲，当他读到这件鬲上的铭文时，为之一振，这不就是党玉琨在戴家湾挖出的那件鲁侯熙鬲吗？不知它何时来到了这里！回国后，他把刘安国先生带到北京，将这批铭文拓片与在美国记录的鲁侯熙鬲拓片进行对照，惊奇地发现二者实属同一器铭。尽管保存的拓片不十分清楚，捶拓效果较差，使每行首字未能拓出，但其他部分完全可以重合，这说明这件鬲就是戴家湾鲁侯熙鬲拓片的器主则无疑。这令陈梦家先生十分高兴！这是一个散落在太平洋彼岸一张铜器铭文拓片合璧的传奇故事！

后来经过向卢芹斋了解，陈梦家先生才弄清了这件国宝的来龙去脉。鲁侯熙鬲就是经卢芹斋之手转到了波士顿美术博物馆。虽然这件国宝历经艰险，漂洋过海，辗转到了太平洋彼岸，但谁也无法改变从它身上散发出的华夏文明的古老信息！遗留在祖国的铭文拓片足以证明，它的老家就在中国西北一个叫作戴家湾的坡地上。

鲁侯熙鬲侈口，立耳，圆方唇，束颈，分裆，腹部肥硕，三柱足。云雷纹衬底，腹饰兽面纹。有铭文3行13字："鲁侯熙乍彝，用享蒸厥文考鲁公。"（图3-7）

鲁侯熙鬲是鲁侯熙为其父鲁公——即伯禽所作的祭器。鲁侯熙见于《史记·鲁周公世家》，是周公旦的孙子、伯禽的儿子，袭爵鲁侯。鲁侯熙鬲的时代当在康王时期。

鲁侯熙鬲是戴家湾墓地出土的另一件与周公家族有紧密联系的青铜器。伯

图 3-7 鲁侯熙鬲

禽，小名"明月奴"，亦称禽父，周公旦长子，鲁国的第一任国君。周成王七年，将原本封在河南鲁山的周公迁封到山东曲阜，实际就封的是伯禽，用来褒奖周公的。伯禽抵达鲁国后，严明军纪。在全体将士努力奋战及齐军的支援下，终于安定了鲁国，他以周礼治国，在位 46 年，鲁国的政治经济都出现了新局面。其辖区北至泰山，南达徐淮，东至黄海，西抵阳谷一带，成为周王朝控制东方的一个重要邦国，并享有"礼义之邦"的美称。

伯禽与其父一样，都是西周初年周王室家族中很有影响的人物，他曾做过周王的师、保。《令彝》记载周王命他"尹三事四方，受卿事寮"，这就是说，伯禽是管理王朝"三事大夫"和四方诸侯，并统领王廷"百官"的。师、保或宰、太宰总领而隶属于周天子。换句话说，师、保、宰、太宰就是百僚的首领，地位较高。

根据马午樵的记录，王光永先生推断鲁侯熙鬲应出在斗鸡台墓地第十六号墓，这座墓是六鼎三簋的等级规格，有墓道。共出土铜器 38 件，计有鼎 6 件、簋 3 件、鬲 4 件、甗 2 件、尊 1 件、爵 2 件、觚 1 件、卣 2 件、方彝 1 件、觯 1 件、盉 1 件、盘 2 件、大小禁各 1 件、铜铃 9 件、大刀（铜饰）1 件。另外还有兵器戈、矛及玉器等。根据杨紫梁的记录本资料，此墓似为七鼎四簋。据其他当事人记忆，这座墓室最大，对出土的铜桌子（禁）印象很深。

鲁侯熙为周公之孙，鲁国之封君。这座墓的规格不但符合诸侯级别，而且还出土有只有王才能用的禁，同时还有墓道。因此，有学者认为出土鲁侯熙鬲的墓葬与周公的长子伯禽有关。

伯禽是鲁国的国公，其封地在今山东，他死后为何葬在戴家湾？如果说出土这件鲁侯熙鬲的墓不是周公儿子的墓，那么伯禽的儿子为其父作的这件鬲怎么又出土于戴家湾呢？

与周公东征方鼎一样，由于党玉琨的掠夺性破坏，严重地扰乱了墓葬的文物信息，无法进行科学的考古发掘，给今人留下了一个千古之谜。

3. 落户纽约的子父乙盉

子父乙盉是戴家湾出土的又一文物精品。戴家湾墓地先后共出土过两件盉，这件子父乙盉时代最早，是为商器，商灭亡后，流落到了周人手里。这件子父乙盉自清末出土后，很快被端方据为己有。端方死后，其后人也是爱不释手，不曾离开过北京。直到 1924 年，由于家境衰败，生活拮据，不得不将其出售变钱。后来，子父乙盉才漂洋过海，辗转流落到了美国纽约大都会艺术博物馆。

大都会博物馆又称"纽约城博物馆""都城艺术博物馆"，是美国最大的博物馆，其规模可与法国卢浮宫博物馆和英国大英博物馆相比。博物馆初建于 1872 年，已有一百多年的历史，收集了全世界自古至今众多精致的艺术品。目前藏有超过 200 万件来自全球各国的古文物与艺术品，是世界上重量级的博物馆之一。其中有不少来自中国的文物精品，戴家湾出土的青铜器子父乙盉就是其中之一。

子父乙盉体瘦高，有盖，盖顶有一半圈形捉手，近缘处置一半圆环。侈口，束颈，下为三分裆袋腹，三柱足。腹部一侧设管状流，与流相对应的一侧设兽首鋬，兽首上有半圆环，鋬与盖通过短链与盖上的环相连接。盖沿饰云雷纹，颈饰连珠纹镶边的雷纹带；腹上部饰狭长状的兽面纹，腹部每个袋形上皆满布牛角兽面纹，双目大而突出，躯体向两侧展开而上；管流饰一圈云雷纹和焦叶状的云纹。纹饰皆以云雷纹为地。鋬下有铭三字："子父乙。"（图3–8）

图3–8 子父乙盉及其铭拓

盉外形像今天的水壶，是古代盛酒器，兼可用做温酒或调和酒、水。盉与爵配套可以盛酒，与盘配套亦可盛水。流行于商代至战国。其形状较多，基本造型为圆腹，身似鬲，带盖，前有流，下设三足或四足。商周时期的盉口大，腹深，流直，多作分档式袋足或柱形足，商代足则多做成空心。春秋战国时，盉口变小，腹部扁圆，流往往做成弯曲的鸟头或兽头状，蹄形足较为常见，有的蹄形足做成动物形象。许多盉还加上弯曲的提梁，并用环索连接盉盖与提梁，造型轻盈秀巧。

这件盉时代较早，其形制的时代特征较为典型。党玉琨在戴家湾挖出土的另一件乍彝盉与这件差异明显，其为近方形腹，四柱足，时代在西周中期偏晚。这种形制的盉曾在甘肃灵台白草坡 2 号西周墓有出土，时代为西周早期。近似形制和纹饰的器物还见于父乙盉、父辛盉，皆为袋腹而饰牛角兽面纹。西周早期的盉比较少见，此器铸作精致规整，造型修长而稳重，纹饰精美，反映了商末周初时期青铜器的风格，为青铜盉中罕见的精品。

4. 与毛公鼎齐名的毛伯鼎

毛伯鼎是 1928 年党玉琨从宝鸡戴家湾一座西周大墓旁边祭祀坑内盗掘出土的。其照片是近百年前留下来的唯一资料，虽不很理想，但却成了追寻毛伯鼎的唯一凭证。

据说毛伯鼎出土时内放小黑羊羔一只，身躯卷屈，骨架完整，少许黑毛依稀可见。鼎高 17.5 寸（49.5 厘米），口径 12.5 寸（41.7 厘米），直立耳，敛口，平沿，方唇，深鼓腹，圜底，三圆柱足较粗壮，足端稍细。口沿下有三组云雷纹衬底的饕餮纹，间饰目纹，足根部饰浮雕兽面纹。内有铭文 5 行 8 字，字多漫漶，不可尽识，中有"毛伯丙（人）门"等字。可知此鼎应为毛伯鼎，其与旁侧车马坑等俱应为毛伯墓之附属设置。除毛伯鼎外，祭祀坑内另有青玉、圭、璧、琮等玉器，质量、品类都属上乘。

毛伯鼎是西周早期的一件重要青铜器，与清道光末年于岐山出土的毛公鼎同为毛氏家族中的器物。毛的始封者是文王子、武王弟的毛叔郑。《史记·周本纪》记载周灭商的第二天，"毛叔郑奉明水"，与卫康叔、召公奭、师尚父并列，可见地位之崇高。毛叔郑的儿子就是《尚书·顾命》中的毛公，当在成王之际。第四代毛公见于班簋，时在穆王世。周原所出形制巨大、文字最多的铜器就是毛公鼎，虽然比这件毛伯鼎的时代要晚很多，但也说明一直到西周晚期，毛公世族始终是王室股肱之臣。毛公鼎铭文中周王册命毛公治理邦家内外，并给予宣示王命的专权，可见毛公受王宠幸之极。

周原出土青铜器铭文表明周原地区共有八大世族，除周公、虢季、毛公为姬姓世族，南宫姓氏不易确定，其他均为庶姓世族。但是，毛氏家族的青铜器除现存台湾故宫的毛公鼎、北京首都博物馆的班簋（又称毛伯班簋）外，再就是这件毛伯鼎了。此外，欧阳修《集古录》中记载有《古敦铭〈毛伯敦龚伯彝伯庶父敦〉》。

毛伯鼎是戴家湾出土器物中带有铭文中能够确定族属的又一件重要铜器。它与周公东征方鼎、鲁侯熙鬲同属于姬姓世族，对于研究戴家湾墓地的文化属性至关重要。但令人遗憾的是，这件珍贵的毛伯鼎和毛公鼎、毛伯班簋一样命运坎坷，虽然党玉琨盗宝资料中有对毛伯鼎较详细的记录，但至今仍下落不明。

毛公鼎于清道光年间由陕西岐山县董家村村民董春生从村西地里挖出后，经陈介祺、端方、叶恭绰等人多次转手秘藏，抗战期间险为日本军方所夺，抗战胜利后收归民国政府中央博物院，解放前夕迁运往台湾，现藏台北故宫博物院。

毛伯班簋，曾为乾隆皇帝的爱物，被珍藏在清宫内并收录于《西清古鉴》中。光绪二十六年（1900 年）八国联军入侵，慈禧太后和光绪帝弃京城而逃往西安，北京一时成了洋人的天下。入侵者大肆掠夺京城的文玩奇珍，班簋就在此时流落到宫外。1972 年的一天，北京文物管理处负责文物拣选的程长新、呼玉衡两位先生，在北京市物资回收公司的废铜仓库内发现了一些带有铭文的铜片。他们把所有相关的铜片聚在了一起，经初步拼合比对，专家们惊喜地发现，失传70 年的班簋出现在了眼前。虽然它已残破不堪，但所幸的是铭文不缺；口沿、耳、腹部尚存近半，他们以《西清古鉴》所载图片为本修复，才使这件毛氏家族珍宝得以保存。

毛伯鼎由党玉琨从宝鸡戴家湾盗掘出土后，很快就落入宋哲元之手，并且对这件器物在西安进行了拍照，后来流落到西安街头的照片册中就有毛伯鼎，这就说明宋哲元得到这批珍宝时，毛伯鼎还在。宋哲元得到这批文物后，先是送给上司冯玉祥一部分。其余由他的小老婆和萧振瀛（当时赴任天津市长）

带到天津。此后，萧振瀛通过天津的古玩商将其中的许多铜器卖到了国外，主要是日本、美国和英国。现在能知道其具体下落的有美国旧金山亚洲艺术馆、美国波士顿美术博物馆、美国纽约美术博物馆等。还有少量被北京故宫博物院、天津博物馆、上海博物馆收藏外，其余大部分下落不明，只留下照片和盗掘时笔记中记述的尺寸、形状描述和能够辨识的铭文。这件毛伯鼎虽然还未面世，但它很可能还存在世上。当时能接触到这批珍宝的不是军政界要人就是文化名人，这件毛伯鼎器形庞大，非常显眼，很难流落到民间，被当作废铜毁掉。

5. 美国传教士福开森与妠已觚

妠已觚是西周初期成王时的酒器，体细高，喇叭口，细腰，器底在通高的三分之二处，有圈足。上段饰有蕉叶纹，腰以下饰有扉棱和兽面纹。有铭文四字："亚╳妠已。"亚╳"为族徽（图3-9）。

图3-9　妠已觚及其铭拓

戴家湾墓地出土的青铜器种类虽然很全，然而妠已觚却是唯一的一件觚类器物，因此也就显得弥足珍贵。这件觚是清末由戴家湾农民挖出，消息很快就被时任陕西按察使的端方知道了。实际上，端方一到陕西，就已盯上了这个"一镢头下去，准能刨出件文物来"的地方。他利用权势，很快就将包括这件姒己觚在内的青铜珍宝弄到了手。然而，端方死后，这件珍宝随柉禁组器一套13件一同落到了他的拜把子兄弟、美国传教士福开森的手中。

福开森《陶斋旧藏古酒器考》载："1911年秋革命军起，端方死于四川，遗产皆在北京，其后人以贫故，不能守，稍稍货其古器物以自给。近年贫益甚，遂以此器归于我国纽约中央博物馆，此1924年春事也。"在运往美国之前，福开森将这些器物逐一拓印，据器之大小而定纸之长短，一套15幅图，辑成《陶斋旧藏古禁全器》，由郑孝胥题签，影印出版。后来有人传出，此批青铜器卖了20余万美元，无论在当时还是当今，都算一笔巨款。

觚是盛行于商代和西周的一种酒器。《论衡·语增》载："文王饮酒千钟，孔子百觚。"《论语·雍也》载："觚不觚，觚哉！觚哉！"《红楼梦》里亦有"左边几上文王鼎箸香盒，右边几上汝窑美人觚"的话语。还有一句成语"不能操觚自为"。这些一方面说明觚在古代人们礼仪生活中的重要地位，同时也说明在商周时，只有身份高贵的人才能用觚，表明觚非一般饮器。

那么觚到底是一种怎么样的饮酒器呢？《说文》云：觚，乡饮酒之爵也。又说觥受三升者谓之觚。实际上古籍对觚、觯与爵之记载颇有混淆之处，如《考工记》载：梓人为饮器，勺一升，爵二升，觚三升。而《韩诗》载：二升曰觚。显然，古籍不仅对于觚的容量解释不尽相同，而且对觚、觯与爵这几种酒器的区别仅从计量上给予界定。现今考古界所通称之觚，是沿用宋人所制定的旧名，是否即为古籍中的觚，无法证明，因为商周之觚铭文中皆无此名。

考古中发现觚和爵常常配对而出，因此有学者研究后认为，商周时人们饮酒常常要给酒加温，温酒则用觚，饮酒则用爵。一般认为，觚当属饮酒器和礼器，盛行于商代和西周早期，作用相当于酒杯。商代早中期，觚的器身较为粗矮，圈足部有一"十"字孔。商代晚期至西周早期，觚身细长，外撇的口、足线条非常优美，纹饰繁复而华贵，圈足上无"十"字孔。这一时期的觚胎体厚重，器身常饰有蚕纹、饕餮、蕉叶等纹饰。觚在西周中期已不是很流行的器物，因此这个时期觚的数量锐减，出土数量并不多。但是20世纪在扶风庄白一个窖藏却出土了7件，这对人们认识这种器物至关重要。其中与姒己觚相似的是镂空兽面纹觚、云目纹觚、嵌蚌纹觚和垂鳞纹觚格外引人注目。特别是垂鳞纹觚的年代已在西周中期偏晚，可见这个时候觚这种器物仍在流行。

6. 精美绝伦的鸟纹卣

鸟纹卣是宝鸡戴家湾出土的在海内外很有影响的又一件青铜器。它造型非常奇特，举世少见，堪称青铜器中的艺术精品，所以也就格外引人注目。20世纪80年代有一部《密令来自纽约》的电视剧，就是以鸟纹卣的背景为原型而编写的。但是很少有人知道它就是党玉琨从戴家湾盗挖出土，后辗转到美国，1934年才被波士顿博物馆收藏的。

现在喜欢上网的朋友，只要一点击到"鸟纹卣"进行搜索，就会发现很多关于这件国宝的传奇故事，故事中总是离不开陕西宝鸡戴家湾这个神秘的地方，离不开党玉琨这个作恶的军阀大盗。甚至许多学校的学生，都把它当作写作体裁进行创作，足见这件鸟纹卣影响之广泛。

鸟纹卣直口，有提梁及盖。器身椭圆形，深腹下垂，高圈足。提梁与卣身衔接处有羊首卷角高突，提梁中部有对称两牛首，梁上饰相背夔龙四组，盖饰大兽面两组。盖中有菌状握手。颈部饰夔龙纹一周，间夹兽头。腹饰大兽面，两侧有夔龙下探。圈足饰一周夔龙。这件鸟纹卣通高35.5厘米、宽22.2厘米，现在看到的许多关于其尺寸的记录可能以讹传讹，多有错误。（图3-10）

此卣与直棱纹雨鼎共出，为一组器；同组的尚有一件四耳簋和同形制的大小鼎四器。其中一鼎现藏于北京故宫，上有铭"雨"字，同现藏于美国圣路易市美术博物馆的雨罍相同。收藏者说此雨罍出土于中国宝鸡县，很可能就出自戴家湾，因为戴家湾当时就在宝鸡县辖区内。与这件鸟纹卣相似的，还有1901年戴家湾出土后被端方收藏的那批青铜器中的两件卣。那两件后来不知通过什么途径也流入了美国，现在被美国纽约美术博物馆收藏。

卣是商周青铜器群中比较常见的酒器，与古代铜器中的壶相似，但壶没有提梁，而卣大部分有提梁。卣是专用于盛放秬鬯（用郁金草和黑黍酿成的酒）的祭器。基本形制是椭圆形，深腹、圈足、有盖和提梁（也有少量无提梁的）。此外，还有方体和圆体的，但都很少。现在人们常把青铜器群中这种带提梁及盖的器物，约定俗成为"卣"。实际上"卣"是宋代以来人们给它的定名，传世遗器

图 3 – 10　四出戟凤鸟纹卣

中无一自铭为卣的，但在殷墟甲骨文、西周金文和古经籍中则常见"卣"字。

现在能见到的卣造型多种多样，有长颈圆体形、扁体或椭方体形、筒形、方形等。而宝鸡出土的卣，几乎涵盖了卣的大部分造型。戴家湾墓地共出土了 8 件卣，其中有一件是长颈圆体形，两件是鸟纹卣，五件是椭圆体卣，比较集中地体现了西周早期的风格。

宝鸡竹园沟和茹家庄强国墓地曾出土 8 件卣。这个墓地是经过科学发掘的，不但器物组合关系明确，而且造型的时代特征非常鲜明。两件筒形提梁卣同出一墓，一大一小，形制、纹饰相同，整体呈圆柱状。纹饰极为简洁，除了器盖、颈部、腹底部三处饰以云雷纹衬地的间隔夔龙纹一周外，简单的直棱纹构成卣体装饰的主体。呈现出典型的西周早期风格，是卣类中比较少见的品种。两件伯各卣也是形制完全相同，而大小各异，纹饰华丽。

其中，竹园沟强国墓地出土的一件强季卣更是少见。支撑卣体的是 4 个扁形兽足而不是通常所见的圈足。卣盖、卣身两处饰带状夔龙、夔凤纹，纹饰细密，这种装饰风格在西周铜器中实属罕见。

也有学者认为鸟纹卣是商代晚期器，实际上这与戴家湾墓地的面貌并不矛盾。在这里，西周早期和商代晚期并不存在一个十分明确的界线，在它的身上包含着极为丰富的文化内涵，包括历史的、艺术的时代特色。这件青铜鸟纹卣，称得上是一件制作精彩的青铜佳作。从图片的造型看，表面的装饰物件非常精彩华丽。装饰的纹饰分为两层，器表面的图案饰有鸟纹，然后为立体雕塑，全部饰牛纹，华丽又富于变化。卣上装饰的鸟纹，头上饰有高冠，具分叉又华美的双尾，是凤鸟的形象。用凤鸟作为铜器的装饰始于商末，西周时期很盛行，这可能与古代的图腾制度有一定的联系。周人喜爱凤鸟，认为它的形象和叫声是一种吉祥的象征。"龙凤吉祥"，凤与龙，是中华民族最为喜爱的神话动物。

此卣的腹部两侧各有两条伸出较长的柱形装饰，这种装饰在铜卣中是极为少见的。其实这种装饰在器物上没有一点实用价值，纯属装饰物。在柱与柱的中间，器的腹部随器形的凸凹起伏饰有觚棱，它与横出的柱参差错落有致，给人一种神奇的视觉效果。这种出奇的装饰，对原物是否有某种特殊的意义，或是代表了当时器物制作地区的某种艺术风格？尚不知其意，还有待探讨。

7. 险遭厄运的青铜禁

青铜禁是戴家湾出土文物中最有影响的器物之一。1901 年和 1928 年共出土四件，石鼓山青铜禁出土前，是留在国内的唯一一件，也是最具传奇的一件国宝！它由党玉琨盗出，后又落入宋哲元之手，宋哲元离任陕西时又随其先后到了北京和天津。太平洋战争爆发后，一度落入日本人手中，后经宋哲元家人与其周旋，又回到了宋家。"文革"中遭毁坏，被当作废铜送到了冶炼厂，在这关键时刻被人发现，从而得以抢救和修复，现被天津博物馆收藏。

"禁"，即前文中多次提及的日本人所称的"杌禁"，或农民所称的"铜桌子"，因其上面饰有夔纹，故又称其为夔纹禁，它为盛酒器之器座。这种器物在此前已出土的商周青铜器群中未曾见到过，因此，它在宝鸡戴家湾一出土，很快就受到了国内外学术界的普遍重视。著名考古学家马衡先生在北京大学讲学时指出，戴家湾的青铜禁发现以前，人们还不认识这种器物。足见这件铜禁发现的非常意义。中国历史博物馆研究员李先登曾亲临戴家湾进行实地考察，并撰文对此进行了研究。日本学者梅原末治1933年就写出了《枆禁の考古学的考察》的研究文章，1959年又写出了《陕西省宝鸡县出土の第二の枆禁》一文，刊登于在国际上很有影响的《东方学纪要》上。德国人谬拉也对此进行了研究。这些研究成果在国际上有着广泛的影响，也使青铜禁逐渐为人所知。

截至目前，见于著录的青铜禁仅有7件，5件是西周时期的，2件是春秋时期的，西周时期的5件全都出土在宝鸡市区渭河两岸，其中4件出土于戴家湾。这种器形庞大，制作精美，纹饰华丽的青铜禁，在宝鸡戴家湾屡屡出土，不得不使人们对戴家湾这个名不见经传的小地方刮目相看。

禁首次发现是在清光绪二十七年（1901年），被戴家湾村一农民挖出。这件禁出土后很快就被陕西巡抚端方知道并收藏，后被其后人于1924年卖给美国福开森，现被美国纽约大都会艺术博物馆收藏。

党玉琨在戴家湾挖出的三件青铜禁均饰夔龙纹，形状相同，唯大小有别，最大者长140厘米、宽70厘米、高60厘米。其中两件出在第十六号墓中。当时挖宝的当事人中，大多对禁这件器物印象很深，因其体积庞大，形状很像人们常见的桌子，所以大家把其称为"铜桌子"。

在青铜器本身就是权力和地位象征的商周社会，这种庞大的青铜禁不是一般贵族所能使用的。从美国纽约大都会博物馆藏青铜禁组器的照片来看，青铜禁出土时上面还放置有其他青铜礼器，在考古发掘中极为罕见。而十六号墓就出土两件青铜禁，可见这座墓葬的主人非同一般！这不能不引起人们的深思。（图3-11）

这件铜禁落入宋哲元和萧振瀛手中后，命运如何？一直为大家所关注。萧振瀛能说会道，深得宋哲元的信任。当时宋哲元离陕后任冀察政务委员长兼河北省主席，萧振瀛为天津市长，因此这件青铜禁的厄运也就与这两地息息相关。根据李先登先生的调查，1930年德国人谬拉还在北京见到过这件青铜禁，说明这件青铜禁先是到了北京，后来才被运到天津。此后，萧振瀛通过天津的古玩商将其中的许多铜器卖到了国外，但这件夔纹禁一直存放在宋哲元的家中。1968年，天津市革命委员会文物清理小组（天津市文物管理处前身）在接收王玉荣的文物时，才发现了它。但遗憾的是，这件珍贵的西周夔纹禁已经被砸坏，当时只尽力收集到50余片碎铜片。根据当事人提供的情况，可知一部分铜片已被当作废品卖掉了，天津市文物清理组又跟踪寻找，最后总算从天津市炼铜厂又追回了一块，经拼对，确系这件夔纹禁上的一部分。

这件西周夔纹禁是怎样到了王玉荣手中的呢？原来，王玉荣系宋哲元三弟宋慧泉的小老婆。宋慧泉靠其长兄之力，曾任河北税务总局局长，七七事变后，涉足经济，举办实业，皆无所成。唯有集邮成果显著，成为当时国内著名的集邮家之一。新中国成立，宋慧泉曾担任天津街道代表，以后至"文革"前又在天津市南开区天明市场（民国时称"鬼市"）开办古玩店。

宋慧泉的外甥李腾骧曾在一篇《国宝"青铜禁"历险记》中记述：

宋慧泉酷爱集邮，还有其他收藏癖好，如收藏青铜器、古玩玉器、字画、古籍、泉币等（且多为珍品）。他收藏中颇为著名的，便是西周夔纹青铜禁。这件青铜禁制造工艺精美、造型古朴、体积较大，实为稀世珍宝，是1927年底或1928年春，在陕西省宝鸡县斗鸡台戴家沟被盗挖的……宋先生怎么会有这么贵重的国宝青铜禁呢？这还要从其胞兄、抗日爱国将领宋哲元将军说起。

1927年，宋哲元将军任陕西省政府主席兼第二十九军军长。当时的陕西百姓生活困苦，文化落后，盗匪横行。匪帮多者能达到数万之众，不仅祸害民众，甚至敢向正规军叫板，盘踞在凤翔县城的党玉琨便是这股群匪之一。1928年5月至9月，为平息匪患，宋将军调集主力部队将凤翔城团团包围。第二十九军将士用炸药炸开城垣攻入城中，消灭、俘获匪徒近8000人。在搜捕残匪过程中，士兵们发现"党拐子"司令部内有一处大铁门，虽经枪炮袭击，却依然直立不倒。打开一看，只见里面摆放着100多口大板箱，箱内存放有周朝的青铜器，春秋时的车、盖、碗、筷，及金马驹、如意石等历史文物和大量的金银财宝。这都是"党拐子"在十几年内打家劫舍、私挖古墓所得的珍贵文物……

这些珍宝被送到西安后，为了宣扬围剿党玉琨的胜利功绩，宋哲元在西安举办了一个战利品展览会。展览会结束后，一部分文物展品即分发给有功将领。青铜禁为宋哲元将军收藏。

宋哲元将党玉琨盗掘的铜器运到天津以后，除经萧振瀛卖出的以外，未卖掉的，一直存放于宋哲元在天津的住所（现天津和平区新华路市文联附近）保存。七七事变后，日军大肆侵犯。宋哲元发誓："宁为战死鬼，不做亡国奴"，他激励所部奋勇杀敌。但终因蒋介石的不抵抗政策，二十九军被迫撤退，改编为第一集团军，宋哲元任总司令。1938年春，又任第一战区副司令。后因长年率军督战，日夜劳瘁，肝病复发，遂于1940年3月辞职离军，改任军事委员会委员，曾到宝鸡蔡家坡休养。后来回其夫人家乡四川绵阳，1940年4月5日病逝。

1941年，日本发动太平洋战争后不久，就占领了天津的英租界。由于宋哲元誓死抗日的壮举，日本人对他恨之入骨，当下就抄了宋哲元的家，包括西周夔纹铜禁在内尚未卖出的文物全部落到了日军手中。宋哲元的三弟宋慧泉看在眼里、急在心上。他通过不断地请客、送礼，又从日本人手里讨回了部分文物，其中就包括了这件西周夔纹铜禁。及至宋母故去，宋慧泉与其二哥分割遗产，"青铜禁"分到宋慧泉手中。

宋慧泉深知"青铜禁"的贵重，不敢摆在显眼处，怕露富遭灾，只得将它藏在夫人王玉荣的住处（天津和平区南京路）。为了掩人耳目，他有意把这件青铜禁放在屋前公共走廊的一个破旧木箱内，再往上面放了不少煤球。经过这么一番掩饰，即使每月煤店工人送煤，家人天天生火做饭，都与这件国宝打交道，也没有人把它当回事。

"文革"开始后，作为宋哲元胞弟的宋慧泉家自然受到冲击，红卫兵们把他家中的生活用品都一一抄走，却唯独把这件"不起眼"的国宝留了下来。1968年，宋家因为家务事的纷争，夔纹铜禁被砸坏，并准备卖到废品站里换几个小钱。恰在这紧急关头，一位知晓这件珍宝底细的宋氏家人，向本单位领导报告了此事。这件事很快传到了天津市革命委员会，当时社会虽然十分动荡，但对保护历史文物还是比较重视，而且在市革命委员会下设了一个文物清理小组（天津市文物管理处前身）。天津市革命委员会接到报告后，很快责成文物清理小组前去王玉荣家查看。现在中国历史博物馆的李先登研究员，当时就在这个小组工作。他们那时正在四处寻找流落到天津的这件国宝的下落。闻讯后，立即派人到王玉荣的住处，把砸成50多块的夔纹铜禁接收了回来。

专家们看到好端端的国宝成了这样，无不痛心。这可是价值连城的东西啊！

117

在进一步拼接中，却又发现少了一块。经与王玉荣交谈，方才知道其年幼的女儿，不知道这件宝物的珍贵，曾把青铜禁的边缘敲下，送到废品收购站，按废铜卖了 5 元钱。得到这个信息后，李先登他们不敢怠慢，连忙赶到废品站去搜寻，没有找到。便又根据线索追到了天津市炼铜厂。功夫不负有心人，终于从炼铜厂堆积如山的废铜堆里找回了那一块。经过拼对，破碎了的西周夔纹铜禁又可以复原了。这件青铜禁和另两件青铜器，后来由李先登研究员送到北京，请当时的容庚和唐兰先生进行了鉴定，被认作国家一级珍宝。这件青铜禁在国家文物局的关照下，被送到北京中国历史博物馆，由高英、张兰惠师傅进行了修复。经过整形、焊接，缺失的部分用厚铜板进行补配，并按原样予以錾花，最后在修补的部分再作上假锈。经过几个月的精心工作，终于使这件珍贵的文物恢复了原貌。从此，这件珍贵的西周夔纹禁在天津隐藏了 40 年后，终于回到了人民的手中。

"文革"后期落实政策时，依据有关规定，天津市人民政府对宋家捐赠国家珍宝夔纹青铜禁的举动给予了表彰。宋慧泉先生的女儿代表宋家接受了天津市人民政府颁发的荣誉奖状及 5000 元奖金。党玉琨所盗的其他两件青铜禁至今下落不明。

8. 何尊与戴家湾之谜

何尊是在宝鸡出土的镇国之宝，1963 年出土于今宝鸡市陈仓区贾村镇陈家后院，1965 年 9 月被博物馆发现并收藏，最初被称作"饕餮纹青铜尊"，直至1975 年调北京展览时，才被马承源先生释读了底部的铭文 122 个字，从此便身价倍增，被定为国宝。因这件饕餮纹青铜尊的作者叫"何"，因此，这件青铜尊也就正式更名为"何尊"（图 3-11）。其铭文的发现，印证了《史记》上关于周初营建洛邑的史实，解决了西周史研究上的疑案，是西周初期一篇极为重要的历史文献。

何尊为什么能在贾村塬被发现？考古工作者一直在思索这个问题。宝鸡市博物馆的工作人员曾多次前往贾村，在陈家后院挖出何尊的地方进行了调查和钻探，但在其周围并没发现有西周墓葬，因此只能按窖藏去考虑。尽管如此，这个"窖藏"依然谜团重重，一直困扰着我们对这个地区诸如戴家湾墓地出土青铜器与周公家族关系等问题的研究。鉴于此，我们放宽了调查的视野，从贾村塬区商

图 3 – 11　何尊

末周初这个时期的文化背景和何尊铭文的内容入手，并联系戴家湾墓地出土的青铜器，揣测这件国宝的原始出土地很可能就在戴家湾。

　　后来，在调查党玉琨盗掘戴家湾古墓文物时了解到，当年贾村镇的村民也参加了党的盗掘活动，当年党玉琨盗掘出的文物又确有多次被偷盗的情况。而且从地理环境上来看，戴家湾就在贾村塬的南坡上，何尊的年代和铭文所反映的重大历史事件，与党玉琨所盗的几件重器的历史背景一致。根据以上几个因素综合分析，我们认为何尊有可能就是当年党玉琨在戴家湾盗掘出的文物之一，后被人转移埋藏在了陈家后院上面的庄稼地里。陈家后院由于不断取土垫厕所，导致何尊被暴露在半崖壁上，被陈家人发现。因此，何尊的原始出土地应当是戴家湾，而贾村镇陈家后院的断崖上，则应是国宝何尊被转移埋藏后的第二出土地。

　　贾村镇古称龙川镇，清代改名"假（贾）村"，位于贾村塬（亦称西平塬）的东北隅，距宝鸡市中心 25 里。贾村塬地势比较平坦，土质肥沃，村舍密集，分布着桥镇、贾村、蟠龙三个乡镇，是一个传奇而又神秘的地方。它东起汧河，与凤翔塬隔河相望；南依渭河，与秦岭对峙；西至金陵河，与陵塬为邻；北靠千阳岭，与吴山相连，东西宽约 15 里，南北长约 30 里。人们常说其形状如一条巨龙，龙头就在这个塬西南部渭河北岸的蟠龙（又称蟠龙塬和蟠龙山），龙尾就在这个塬北部紧靠山区的汧河西岸的龙尾村。实际上，自古以来，先民一直把这里当作人杰地灵的风水宝地。历史中这个塬上多出名门望族，明清名臣党崇雅就在其中。

贾村塬不但历史悠久，而且文化内涵呈现出多元性和复杂性。何尊在这里发现后，使这里更加显得扑朔迷离。多次文物普查表明，这里主要是以商周至秦汉的文化遗存为多，而又以商末周初和春秋两个时期最为突出。以贾村、桥镇为中心的塬区中央以及南塬坡下的戴家湾、东塬边的扶托和上官、西塬坡下的金河村石桥一带，都发现了商代末期至西周早期的青铜器。这就表明，商代晚期至西周早期，这个塬区的文化是相当繁荣的。

1969 年，这个塬区的上官村出土了"矢王簋"等 4 件重要青铜器，1973 年又发现了青铜器"矢王簋盖"；1983 年扶托村还出土了青铜器"矢臑盨"。这些矢器有的时代较晚，与其他器物所反映出这个塬区的主体时代特征不太相符，但其在贾村塬的不断被发现，引起了史学界和考古工作者的极大关注，一部分学者经过对这些矢器的初步研究，认为汧河流域是矢国的封地，贾村塬一带应是西周时期矢国势力范围的一部分。

然而，"矢"这个问题比较复杂。它在出土的地域上，不光是宝鸡地区的扶风、岐山、凤翔、陇县等地有出土，而且远离汧河的河南、山西、江苏等地也都有出土。一些学者提出"矢"就是"虞"，矢国就是虞国，西周早期（康王）被改封到了江苏宜地。这似乎给历史的争论来了一个"圆满"的解读。然而，一些学者对此并不认同，仍然坚持西周早期时的矢国不是虞国的前身，并认为，吴国是太伯奔吴后所建，早期（康王之前）还活动在陇县、吴山一带，被称为西吴；康王时被改封到了江苏宜地，后世称为南吴。再加上矢到底是姬姓还是姜姓的争论，就使这个问题更加扑朔迷离。

现在我们再回过头看，这个塬区桥镇发现的西周早期的玉琮、玉璧、玉璋；

灵陇村出土的西周早期的青铜簋、戈、矛，以及南塬坡下戴家湾墓地出土的大量西周早期的青铜器；西塬坡下金河石桥村出土的西周早期的青铜鼎簋；东塬边扶托村出土的西周早期的矢螣盨和打击乐器石磬等等。这些都是周人留下来的遗物。这些器物的时代和群体特征如此突出，足以说明在商末周初，贾村塬区周人文化属性就很清楚，何尊在此范围内被发现就不足为奇了。

何尊底部有铭文 122 个字。大意是说，成王继承王位不久，便开始营建成周，还按照武王的礼，举行福祭，祭祀是从天室开始的。四月丙，成王在京室诰训"宗小子"们说："过去你们的父亲能为文王效劳。文王接受了大命，武王战胜了'大邑商'，就向天卜告说：'我要住在中央地区，从这里来治理民众。'你们或者还是小子，没有知识，要看公氏的样子，有功劳于天下，完成使命，敬受享祀。王是有恭德，能够顺心的，教训我们这些不聪明的人。"王的诰训讲完后，何被赏赐贝三十串，用来做□公的祭器。这时是成王五年。何尊铭文证实了武王克商后向天祭告以及营建成周洛邑的重大事件，这在学术上已无争论。这件器物是成王五年的器也是绝大多数专家的看法。何尊铭文中确有"中国"二字，但这不是何尊铭文意义之所在，因为铭文中的"中国"不是现在国家名称的含义。（图 3 - 12）

但是，因铭文末句"公"字前尚缺一字，此公到底是哪一位公？尚有不同看法。唐兰先生断其应是虢公，理由是宝鸡当时是虢的封地。马承源先生认为："何的父考公氏就是被祭的□公，他曾跟随文王，是王室宗族，成王说他有勋劳于天，应该参加过克商的战争。"但这个"公到底是谁并未说出"。

我们认为，此公当与辅佐成王营建洛邑之周公有关。这是因为，其一，铭文中明确指出，何的父亲是辅佐周文王的旧臣，这些旧臣多是姬姓贵族，只有少数是异姓贵族，如太公望、闳夭、太颠等。这些旧臣中许多当是武王的兄弟辈，如召公、毕公等。《国语·晋语》说文王有十个儿子，有人还说文王有子 100 多个，这个无须逐个去考证。但周公是吴太伯的侄孙、文王的儿子、武王的弟弟，召公亦是文王的儿子、武王的庶弟则是无疑的。周公和召公都是辅佐周文王的旧臣，戴家湾墓地已出土的青铜器和周公联系最为紧密。其二，铭文中涉及的主要是西周初年营建东都洛邑的重大事件，这是与《召诰》《洛诰》可以相互印证的

图 3 - 12　何尊铭

问题，各种考证的文章中已经说的很多了。这里需强调的是，周公是营建洛邑的组织者和执行者，因此，何尊的时代背景自然也就与周公联系的非常紧密了。其三，与周公辅政的历史背景一致。成王诰戒何时，正值周公东征回归不久，当时，成王虽已 18 岁，但周公仍在摄政，尚未还政于成王，这时召公虽对周公比较支持，不像蔡叔和管叔那样与周公为敌，但对他摄政一直持有疑义，为了避召公之嫌并解除成王之顾虑，一是在前往洛邑准备向成王返政之前，带何去见成王并让成王给何训话；二是周公紧接着到了洛邑之后，向成王报告了成周的营建情况，并表示要"复子明辟"，归政成王。《召诰》虽然很清楚地表明，成王到了洛邑后表示，自己只在宗周即政，洛邑方面仍要周公行政，未予接受周公的还政之请。但这却比较完整地体现了周公辅政成王和还政成王的思想。两者比较后，我们就不难看出何尊铭文的语气和内容与周公联系之紧。

因此，何尊铭文中的"公"当是周公比较符合情理。如此说来，何当是周公的儿子，这也和成王对何的训词相一致。

何尊铭文中的周庙（京室）位置当在宗周，即沣镐，这点很清楚，我们只需考虑的是它后来怎么到了戴家湾。而周公东征方鼎中的周庙在何处？我们尚不清楚。但是它们最终都到了戴家湾墓地却是肯定的。

戴家湾出土的青铜尊中还有一件饕餮纹尊（D·28·072）与何尊的造型极为相似。与其他铜器比较，何尊的造型也不是出类拔萃的，重要的价值在其铭文。就目前而言，青铜器铭文中有关周公的记载并不多，而何尊铭文所反映的事件与时间和周公联系之紧是绝无仅有的，与周公东征方鼎的文化背景如出一辙。

但是，如此重要的何尊并不是我们想象的那样应该出土在戴家湾墓地，它却发现于戴家湾墓地以北十里的贾村。经过长时间的思考以后，一个清晰的轮廓便呈现在我们的脑际：贾村恐怕不是何尊的第一出土地。

何尊1965年9月进入宝鸡博物馆后，我们曾对其出土地反复进行过实地调查，又与当地上了年纪且曾被党玉琨强迫在戴家湾盗掘文物的老人进行多次交谈。当时我们对何尊这样重要的文物独个出土在贾村陈家后院感到比较蹊跷——那里根本看不到墓葬和遗址的痕迹，若是窖藏，就何尊一件，在西周考古中是极为罕见的。

我们与何尊的发现人陈堆的二哥陈湖谈及这个问题时，他先是不语，后来才说：前几年村上曾有传言，说这不是从他们家挖出的，是他家老四陈堆从宁夏国民党军队一位军医手里弄到并带回家的。而事实是他家的人从后院挖出了这件尊（图3–13）。

从党玉琨当年盗掘戴家湾墓葬的背景来看，盗掘用时长达6个月，日上民工有时达千人，这些民工主要来自戴家湾周围二三十里范围内的村庄，部分来自岐山和凤翔县。戴家湾村以及附近冯家崖、蟠龙、广福、贾村、金河等村子70多岁以上的老人，差不多都被党玉琨拉去挖过宝。这中间，尽管党玉琨防范措施十分严密，但这样大的盗掘场面，

图3–13　陈湖及孙子

难免出现所挖文物被民工私下藏匿或转移的事情。当年就有一个叫杨冬满的民工，曾被党玉琨怀疑有偷盗文物的行为，被党玉琨下令活埋了。所盗宝物被"土匪"哄抢的事也发生不止一次。在这种情况下，何尊完全有可能最先出自戴家湾墓地，被贾村镇挖宝的民工偷回后埋藏，1963 年被挖出。

对于我们的推测，不少参加过当年挖宝的老人认为很有可能。因为挖宝时间很长，群众都是被迫征派去的，不可能和党拐子一条心，党玉琨虽然看守很紧，但那样大的场面，几个看管不可能一直盯在一个地方，加上戴家湾地形又多沟壑和断垅，趁监工头不在场时，把挖出的宝物转移。贾村距戴家湾又很近，挖宝的人都是当天去当天回，再择机将宝物拿回家完全有条件。如果是这样，这件国宝幸亏被当时的挖宝群众转移才得以保护，从这个意义上讲，挖宝的群众在不知不觉中为保护这件国宝立下了汗马功劳。否则，它将与其他宝物一样如今不知落入何方！

9. 周游多国的告田觥

告田觥是戴家湾出土的西周酒器中最有特色的一件珍宝，它落到宋哲元手中后被带到了天津。太平洋战争爆发后，日本人洗劫了在天津英租界的宋宅，这件告田觥连同其他文物就落到了日本人手中。它流入市面后，因其形制奇特、纹饰瑰丽，具有极高的历史价值与艺术价值而被连番加价，先由美国波士顿希金氏从在纽约的日本人手中买得，后又为丹麦哥本哈根国家博物馆收藏。根据日本学者梅原末治先生在《东方学纪要》一书中所说，这件告田觥后来又归日本东京大藏龟氏，现归香港陈仁涛收藏。有的资料上说，告田觥藏香港博物馆。

这件告田觥由器盖和器身两部分组成。盖作牛首状，犄角高翘，前端是宽流，后端是把手，腹长方外鼓，有长方形方座。器腹及圈足上各饰一周夔纹，器座分铸。方座的四边饰夔纹，中饰直棱纹。前后有四镂孔，器盖对铭"告田""田告"二字。告田觥的时代可以早到商代晚期，是这批器物中时代较早的。牛津大学的罗森夫人对这件青铜器很感兴趣，研究后将其时代定在西周早期，实际上这与商末周初是一个概念（图 3－14）。

觥属于盛酒器，流行于殷代中期至西周早期，西周中期式微，此后未见出土

图 3 - 14   告田觥及其铭拓

报道。与其他器物相比，此物出土的数量少。但由于其造型独特、制作精美，也就格外引人注目。特别是 1976 年 12 月于扶风庄白村一号铜器窖藏中出土的折觥，造型稳重，装饰富丽，是青铜器断代的标准器。堪称国宝重器，备受大家青睐。

　　觥这个字在日常生活中虽然比较生僻，但文物考古界的人们对其并不陌生，收藏界的大多数人也对其略知二三。《诗经》中就屡见其名，如《周南·卷耳》："我姑酌彼兕觥"就是指的这种器物。现在人们约定俗成地把这种器物称作觥，并把它当作酒器。然而它的真正器名是否就可以称之为觥？尚不可知。在比较早的《考古图》和博古图上，均没有觥这个器名。自宋以来，大概因为这种器物的造型与匜有点相似的缘故，故人们又多把它称之为匜。但是，匜和盘为古代盥器，《礼记·内则》："进盥，少者奉盘，长者奉水，请沃盥，盥卒授巾。"考古中也发现，盘与匜配合使用，流行于西周至战国时期，其组合与时代都与觥的出土情况不相符合。盘的作用与现代的脸盆相近，匜则像一只瓢。贵族行礼仪时，往往用匜倒水洗手，用盘承之。这说明匜不属于酒器之列，而是属于盥器之类。王国维在《观堂集林》卷三《说觥》一文中对这两种器物的区别又加以界定，指出有盖作牛头形的当属于觥，其无盖者为匜。不仅如此，考古资料发现，觥的铭文自称"尊彝"，说明这种器物不会是水器匜。殷墟妇好墓共出土了觥8件、盉2件、盘2件，从它们的组合来看，也无一与盥水器盘相配。这就说明觥这种器物应当归属于酒器，不应当称作盥水器匜。

问题还不止于此，把觥当作酒器似乎没有多大争议，但它到底是盛酒器还是属于饮酒器呢？依然众说纷纭，莫衷一是。《豳风·七月》载："称彼兕觥，万寿无疆。"从这里看，觥这种器物应当是饮酒用的。但是，考古发现的迹象很难支持这种推测。容庚先生从有的觥附带有斗的情况认为，觥应当是盛酒器，而非饮酒器。觥这种器物虽然发现不多，但其庞大的体量与重量表明，这种器物只能用于盛酒，而无法用它来饮酒。

戴家湾出土的这件告田觥的特别之处在于铭"告田"。纵观商周青铜器，不难发现商周之际的许多青铜礼器上多有铭"告田"和"田告"，它不仅关系到它的时代，而且还关系到它的属性。有学者对已著录的青铜器上的"田告"和"告田"专门进行了研究，认为在商代晚期，多称"告田"，而到了西周早期，多称"田告"；同时还认为，"告田"觥及其他告田器的主人明显不是周人。这就使戴家湾墓地文化属性的判断更加复杂化。关于"告田"的定名，有学者认为是复合族徽，亦有学者认为"告"是族徽，而"田"是职官名。这里我们能看到的"告田"和"田告"器大多数都是传世品，没有明确的出土地点。仅凭戴家湾出土的这件告田觥，尚不能完全判定其族属活动的地域范围。

10. 几易名人之手的㪤父丁鼎

㪤父丁鼎曾先后为国际奥委会第5任主席布伦戴奇和美国著名科学家赛克勒收藏。他们之所以如此痴迷这件来自中国的珍宝，多出自于他们对"鼎"这种器物在古代中国人心目中的神秘地位和好奇心理。

鼎是中国青铜文化中最重要的器种之一，虽然被当作古代日常饮食器具，但它在西周时期等级森严的社会中，则是权力和身份地位的象征。因此鼎在当时的社会活动中被当作明尊卑、别上下、体现贵族阶层等级制度和权力的标志。《公羊·桓公二年传》载"天子九鼎，诸侯七，大夫五，元士三"，就是这个道理。

鼎自古以来就被视为传国重器、国家和权力的象征。周代的国君或王公大臣在重大庆典或接受赏赐时都要铸鼎，以记载盛况。这种礼俗至今仍然有一定影响。

鼎还是文明的见证，也是文化的载体。汉语中广为流行的一言九鼎、大名鼎鼎、鼎盛时期、鼎力相助等等，都与鼎有关。现代汉字中的"鼎"字虽然经过了甲骨文、金文、小篆、隶书等多次变化，但仍然保留着"鼎"这一事物的风范和形体特点，其物与字几乎融为一体，有着丰富的文化内涵。鼎和其他青铜器上的铭文多记载的是商周时代的典章制度和册封、祭祀、征伐等史实，而且把西周时期的大篆文字传给了后世，形成了具有很高的审美价值的金文书法艺术，鼎也因此更加身价不凡，成为比其他青铜器更为重要的历史文物。鼎，是我国青铜艺术成熟期最具审美价值的艺术品。

鼎的形状很多，一般来说，大多是圆腹，两耳，三足。也有四足的方鼎，三足的扁鼎等。宝鸡地区出土的晚清时期"四大国宝"毛公鼎、大盂鼎就是比较典型的圆鼎。党玉琨在戴家湾盗掘出有明确记载的青铜鼎共 37 件，也多为圆鼎，少量为方鼎。臤父丁鼎之所以如此被洋人青睐，甚至可与享誉海内外的周公东征方鼎齐名，不仅仅在于其时代早，在造型上属比较鲜见的夔纹扁三足鼎，而且铸有铭文"臤父丁□（鑊）"。

这种饰有夔龙纹图案的扁三足鼎在戴家湾只出土了两件。除这件臤父丁鼎落脚美国外，另一件无铭文，下落不明。已有的考古资料表明，这种饰有夔龙纹图案的扁三足鼎的时代都较早，传世和出土均很少，前几年在宝鸡竹园沟墓地曾出土 1 件，虽备受学界关注，但只有一个族徽符号，所以党玉琨在戴家湾挖出的这件扁三足臤父丁鼎就显得尤为珍贵。

臤父丁鼎立耳外撇，平沿，方唇，浅腹，环底，下置三个外撇的夔龙形扁足。每一个扁足既薄又宽，且两面都有繁密而遒劲的夔龙纹，龙尾斜卷成落地的支撑点，使整个鼎有稳定感，增强了造型的气势。口沿下饰三组云雷纹衬底的饕餮纹。足作夔龙形，夔呈张口巨目状，造型生动，美观大方（图 3 - 15）。《三代吉金文存》中当时虽收录有此鼎铭文，但还不知其下落。臤父丁鼎为西周早期后段器，鼎铭表明这是西周时一个叫"臤"的族人为祭祀父丁而作的青铜器。因鼎的主体风格为云纹夔足，所以往往又称云纹夔足扁鼎。这件鼎从整体到局部的设计都很和谐，没有其他不必要的装饰堆砌，属西周早期青铜器群中的佼佼者，体现了西周早期相当高超的工艺水平，因此深受考古工作者和文物爱好者的青睐。

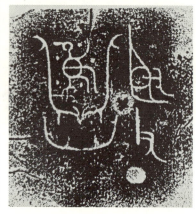

图 3 - 15　叹父丁鼎及其铭拓

　　叹父丁鼎出土后很快流入美国，先为美国布伦戴奇收藏。布伦戴奇不仅是国际奥委会第 5 任主席，美国著名的田径全能运动员，而且还是一位艺术品收藏家。他非常喜爱东方艺术，并收集了大量宝贵的东方艺术珍品，在旧金山公园内建立了一个小型的私人博物馆。1971 年，当他决定离任后移居德国时，把自己的所有珍藏都捐献给了国家。

　　后来这件叹父丁鼎不知通过什么途径又被美国纽约赛克勒收藏。赛克勒不但是一位文物收藏家和慈善家，而且还是一位著名的医药科学家。他赞助建造了美国首都华盛顿特区的赛克勒美术馆和美国哈佛大学的赛克勒博物馆。他对中国人民怀有深厚的感情，20 世纪 30 年代，曾募捐支持白求恩大夫在中国救治抗日将士的工作；70 年代，他曾受中国政府邀请，为我国公共卫生事业提供有益的咨询。赛克勒先生热爱中国传统文化，为透彻理解中国文化，他搜集了大量的古代文物，慷慨资助研究和保护中国古代文物的工作，于 1986 年赞助修建北京大学赛克勒考古与艺术博物馆，并将他的部分收藏品捐献给了这个博物馆。

11. 貌不惊人的青铜枓

戴家湾墓地先后共出土西周初期的青铜枓 5 件。一件是 1901 年出土的，被端方收藏，端方死后，辗转到了美国人福开森手里，现收藏在美国纽约大都会艺术博物馆。

福开森是端方的好朋友、拜把子兄弟、美国传教士，旅居中国近 60 年，是个中国通。他经手并收藏了大量中国文物，编有《历代吉金目》和《历代藏画目》。不知有多少珍贵藏品经他手卖到了美国，其中有著名的宋代摹本《洛神赋图》卷。他与各地古玩商贩及朝野上下、文人学士颇能打成一片，所以藏品亦能高人一筹。抗战时福开森被日本人遣送回国，他将两千多件收藏品捐献给当时的中央大学（南京大学前身），成为南京大学博物馆的基础藏品。

党玉琨 1928 年挖出的 4 件青铜枓，枓首为深腹圆罐状，口微敛，底平，柄于枓首近底部出，呈曲体状，末端平齐。枓首素面，柄身正面布满花纹，可分为三段：枓首与柄相接处饰一兽面纹，由曲柄弓起的最高处向枓身方向饰一大兽面，兽面口部下方为两两相背的凤鸟纹，凤鸟之间为一蝉纹，顺着凤鸟尾端延伸下来的是两条相背的蟠龙。最末端为蟠龙交缠纹。这四种不同的元素构成了一个完整连续的图案，十分巧妙。全器纹饰流畅生动，铸工精致，是西周青铜器群中非常精美的艺术品。

枓也称斗、勺，是青铜器这个大家族中的小字辈，别看它不显眼，却有大兄大姐们的保护，出土时多置放于提梁卣内。这种枓在商周考古中比较常见。如 1976 年 12 月 15 日，在扶风县庄白村一号青铜器窖藏中就出土过 4 件，其中兽面纹枓的时代可早到西周中期，也有的学者认为是西周早期。

枓是古代的一种挹酒器具，多流行在西周时期。《诗经·大雅·行苇》："酌以大斗。"引申为形似斗状之物。《仪礼》又云："司官设罍水于洗东，有枓。"这里的"枓"即"斗"。一般的资料上多将枓说成是挹水器具，把这种器具的形状释为椭圆形，腹较深，有短柄，或柄端有銎，可装木柄，并说多见于春秋战国。其实并非如此，这主要是这种器具发现数量不多所致。随着考古资料的逐渐增多，人们对它的庐山真面目也就越来越清楚了。（图 3 – 16）

图 3 – 16　青铜枓

12. 流落到哈佛大学的方彝

早在 20 世纪初，戴家湾这个村名就被哈佛大学的档案资料著录，党玉琨 1928 年盗挖出的西周早期青铜珍宝方彝，就落脚在哈佛大学博物馆。

这件方彝器为长方体，方口，盖呈庑殿屋顶式，盖两侧有高耸的两对杈形装饰，盖和器身的四角隅有扉棱，长方形圈足。器体上下部及器座饰夔纹，中间饰直棱纹。此方彝形制特别，器身两旁伸出之棱可以当柄，盖上伸出之棱可以当足，但铜胎较薄，器已走形。据陈梦家先生的资料讲，此方彝和另一件方彝与现藏北京故宫的雨鼎同出一墓，共出的还有 1934 年流落美国波士顿博物馆的提梁卣。这件方彝是 1944 年被美国哈佛大学福格美术博物馆收藏的，这个时间已距它出土的时间很遥远了。至于其间如何辗转，已很难弄清。

福格艺术博物馆隶属于著名的哈佛大学，是一所与众不同的博物馆。说其与众不同，主要是因为它不仅是一所博物馆，更是一所不折不扣的培养、训练搜集其他国家珍贵文物人才的学校。哈佛大学开设的"博物馆学"专业，是在福格博物馆内实地讲授的，赛克斯就曾是这个专业最主要的主持人。在哈佛大学的福格艺术博物馆里，集中了大量中国古代文物的精品，初步统计共有 150 多件。主要是 20 世纪 20 年代美国人指使日本古董商"山中商会"盗掘的，福格艺术博物馆是最主要的幕后支持者。

彝本是人们对青铜礼器的通称，但在古籍中未见以方彝为名称的礼器，宋人以这类器形体作方形而称这类器物为方彝。后世所出的青铜铭文中也未发现这类器有自名者，因而今人仍沿用宋人旧说。

　　方彝的造型为长方形器身，带盖，直口，直腹，圈足。器盖上小底大，做成斜坡式屋顶形，圈足上往往每边都有一个缺口；盖与器身往往铸有4条或8条凸起的扉棱，全器满饰云雷纹地，上凸雕出兽面、动物等纹样，给人以庄重华丽的感觉（图3–17）。彝这种器物多盛行于商代晚期，西周时期虽有发现，但不多。河南安阳妇好墓出土的一件长体有肩附耳式的方彝是商代晚期的代表作。戴家湾出土的两件方彝的时代都在商末周初，当是西周早期方彝的精品。

图3–17　四出戟直棱纹方彝

13. 冯玉祥夫人李德全与雨鼎

　　新中国刚诞生不久，许多爱国人士纷纷将自己的珍宝捐赠给国家兴办博物馆。这时，冯玉祥已经去世，他所得到的这件雨鼎，也就由其夫人李德全捐献给了国家，现被收藏在北京故宫博物院。

　　冯玉祥是民国时期的军事家、爱国将领。党玉琨盗宝时，所部被武汉国民政府改编为国民革命军第二集团军，冯玉祥任总司令。1928年10月，冯玉祥升任行政院副院长兼军政部长。他得到宋哲元赠送文物的时间大概也就是这时，戴家湾所出雨鼎的浮出，确实证实了他当年曾得到过宋哲元的馈赠。其夫人李德全，为新中国的第一任卫生部长，曾任全国妇联主席等。冯玉祥、李德全夫妇一生珍爱文物事业，新中国成立后的许多博物馆都曾得到过他们的捐赠，这件雨鼎能保存到今天，是与他们的贡献分不开的。

雨鼎，因其腹部的直棱纹特征特别突出，所以当时又称直棱纹鼎。故宫博物院又称其为水鼎，其实在金文中，这个字更像"雨"，也称为雨鼎。

雨鼎为立耳、平沿、方唇、深腹、壁较直、三柱足较粗。腹部四面出脊，脊棱状若勾环，口沿下饰两两相对，张口卷尾的夔纹，腹上饰直线纹与三角形垂叶纹。足根饰兽面纹。器内底铸铭"雨"（也读"水"），当是作器者的私名或族名（图3-18、19）。

图 3-18　雨鼎及其铭拓（故宫博物院藏）

雨鼎当时是四季生兄弟一同出生的，也就是说，当时党玉琨共挖出了4件形制相同、大小相次的青铜鼎。现被北京故宫收藏的这件雨鼎当是最小者，通高19厘米、口径16厘米；而最大者通高44.5厘米，口径35.5厘米，是这件鼎的一倍。这兄弟四个，老小被宋哲元送给冯玉祥，之所以如此，恐怕主要是感到这件鼎与大的相比，小巧玲珑，便于奉送和收藏。另两个被古董商姚叔来贩卖到了

图 3-19 雨鼎及其铭拓（上海博物馆藏）

美国，还有一个至今下落不明。与这件鼎共出的还有 D·28·112 号方彝和 D·28·84 号鸟纹提梁卣，它们为一组，现在也都落户美国了。

雨鼎与照片中的 D·28·006 和 D·28·007 形状相同。特别值得一提的是，这件鼎铭同现藏于美国圣路易市美术博物馆的雨罍中的铭相同，收藏这件雨罍的圣路易市美术博物馆关于雨罍的解说中载明，其出土于中国陕西宝鸡县。

14. 由黄埔军校职员捐赠的甲簋

现在，在我国南方一些大酒店、别墅、酒吧里，常常可以看到摆放着一件非常古朴庄重的青铜复制品——甲簋，它的原型就是党玉琨 1928 年从戴家湾盗挖出的乳钉纹双耳方座簋，因器内有铭一字"甲"，所以后来人们又多称它叫甲簋（图 3-20）。

这件簋的原物现存上海博物馆，为唐祖诂先生和宋景文女士 1959 年 12 月捐赠。唐祖诂先生是黄埔军校第十三期的上尉副队长，江苏镇江人，住在上海法租界思和路 35 号，他和宋景文女士是怎么得到这件甲簋的，已无法考证。宋哲元遗留下来的照片中有这件簋，陈梦家先生保存的笔记中也有详细的尺寸和形状描

图 3 - 20　甲簋及其铭拓

述，但就是不知道其下落。

甲簋后来在上海出现后，经与上述资料相对照，证明就是党玉琨从戴家湾盗挖的。现在市面上时常可以看到许多以此簋为原型的复制品，为了提高它的身价和可信度，达到以假乱真，也多标明是 1928 年从陕西宝鸡戴家湾出土。

甲簋是戴家湾出土的 28 件簋中目前唯一存世的一件，现被上海博物馆收藏。甲簋平沿，方唇，侈口，高角兽耳，下有方垂珥，深腹，高圈足，下有方座。口沿下及圈足部饰长尾鸟纹，腹部饰有尖状乳钉纹，方座四周饰夔、鸟纹，中间饰直棱纹。有铭文一字"甲"。器物通高 28.6 厘米，口径 23.2 厘米，方座高 10.7厘米，宽 21.4 厘米。因其造型艺术精美绝伦，《中国美术全集》上收有图录。

15. 躺在法国巴黎吉美美术馆库房里的钩戟

这是一件非常独特的西周早期兵器——钩戟。之所以说它非常独特，是因为截至目前还未发现有相同著录与考古发现的报道。然而，其引人之处还不止于此，就这么一件独一无二的中国古代青铜兵器，却躺在了异国他乡的法国巴黎吉美美术馆的库房里。直到台北学者陈昭容在法国巴黎考察时，才意外发现了这件青铜钩戟！她惊叹道：这不就是那个只有照片、不见实物、许多文物考古工作者苦苦寻觅了半个多世纪的青铜钩戟吗！

　　钩戟出土后不久便下落不明，包括钩戟在内的这批器物大多经宋哲元之手流失到了国外。宋哲元离任陕西时，并未将装订成册的这批文物照片带走。它虽然不是戴家湾出土文物的全部，但却成了寻找和研究党玉琨所盗珍宝散失在海外的最有力的证据。这批文物照片共五本，1945 年春出现在西安的古玩市场。这批照片资料曾引起了郑振铎、武伯纶、唐兰、陈梦家、王世民等学者们的关注。

　　2009 年，台北学者陈昭容、美国哥伦比亚大学教授李峰、陕西师范大学教授张懋镕合作，对戴家湾出土的青铜器进行搜集整理。他们先后走访了欧、美、亚、澳洲的 22 个博物馆。这件钩戟就是在法国巴黎吉美美术馆的库房里发现的，与遗留在国内的文物照片对比后完全吻合。后来得知，这件钩戟最先为卢芹斋旧藏，后由巴黎 jacob 收藏，现藏法国 saint – Denis 博物馆，寄存于法国巴黎吉美美术馆。

　　钩戟长 37.7 厘米，宽 15.2 厘米。尖端分叉，上锋较长，下锋较短，器身有三处镂孔，形状均不太规则。背部有左右相反的弯钩形装饰，下有短銎，銎上有长方形穿孔（图 3 – 21）。这种形状的钩戟非常罕见，宝鸡竹园沟西周墓地曾出土一件亦有类似的钩形装饰，但区别还是很大的。结合这两处墓地的年代，这件钩戟应为西周早期的兵器。此器造型奇特，装饰风格繁复夸张，鲜有与之相同者。陈昭容研究员认为应该不是实用器，推测或为仪仗之用。这是戴家湾墓地出土的最有特点的兵器，为研究其文化来源提供了重要线索。考虑到它与竹园沟出土的青铜戟有相似之处，不排除两者曾受到相同文化之影响。

图 3 – 21　钩戟

16. 佳士德纽约拍卖会上的女母卣

　　2016 年 3 月 11 日，一位台湾的朋友告诉我们，《宝鸡考古撷萃·党玉琨盗掘宝鸡斗鸡台（戴家湾）文物的调查报告》一书上的编号 D·28·079 的女母卣，显身在今春的佳士德纽约拍卖会上！在"佳士德纽约中国瓷器及工艺精品拍卖投资收藏网"上，发现他们公布的信息，包括照片、铭文与我们调查报告上的完全符合，只是在尺寸上由于换算上的原因略有差异。

女母卣（图3－22），直子母口，敛颈，有提梁及盖，体椭圆，深腹下垂，矮圈足外撇。索状提梁较短，盖中有菌状握手，盖沿和器沿饰以联珠纹为上下边，中间饰云雷纹。盖内有铭文六字："女母作妇己彝。"（图3－23）器物通高28厘米、器高25厘米、口径11.1×14.3厘米。与佳士德拍卖网上公布的器高28.8厘米略有差异。因为当时看不到实物，调查的资料尺寸是依据记录的旧式尺寸换算来的，可能有误差。但照片与拓片是绝对的，不会有错。

图3－22　女母卣

女母卣失踪近90年后出现在佳士德拍卖会上，确实令人兴奋！陕西的文物工作者纷纷要求，采取措施，由国家出面与有关方面协商，阻隔这个拍卖并索回这件国宝。然而，经多方努力，始发现这并非易事。因为《关于禁止和防止非法进出口文化财产和非法转让其所有权的方法的公约》是1970年缔结的，国际公约不溯及既往，在当事国生效之日前发生的任何行为或事实，公约的规定不产生拘束力。而这件女母卣自1928年出土失踪后，到这次在佳士德拍卖会上显身，

图 3 - 23　女母卣铭

已明确的超出了追索期规定，显然要追回是非常困难的。

　　女母卣当时的拍卖报价是 8 万美元，后以 38.9 万美元成交，不论是报价还是成交价，都不能体现出她的真正价值。它不光是涉及一件重大影响的文物盗窃事件，更重要的是一件出土地点明确的带有铭文的青铜器，对于商末周初的历史研究具有重要意义。

　　17. 冉父癸鼎的奥秘

　　党玉琨在戴家湾墓地盗窃的器物中有一件内有铭文为"冉父癸"的圆鼎。这件鼎开始并未引起我们足够的关注。直到 2012 年，石鼓山墓地出土了两件带有"冉"字铭文的冉父乙卣和冉盂，才引起了我们对这冉器的注意。

冉氏家族之器物在西周畿内宝鸡地区和沣西屡有出土。如金陵河流域上王村出土的冉父丁爵，岐山京当出土的冉父乙觚，扶风杨家堡出土的冉□父丁簋，长安沣西出土的冉□父丁卣、冉丁爵、冉父丁尊，还有竹园沟墓地出土的冉爵、冉觯，陇县博物馆也藏有一件带有"冉"字铭文的冉甗。这些冉器时代都在西周初年。又因这类西周早期的铜器铭文多被当作族徽或日名器，因此学界多认为周人不用日名器，此类日名器为商人器物。然而，我们认为，正因为这种定式的思维模式，可能导致我们对一些墓葬文化属性的错误判断。跳出这个圈子，我们认为，宝鸡地区出土的西周早期的"冉"器，可能与周文王的小儿子冉季载封邑有关。（图3-24）

图3-24　冉父癸鼎铭、冉父丁爵铭、冉父乙卣铭拓

《史记·管蔡世家第五》载："管叔鲜蔡叔度者周文王子，而武王弟也。武王同母兄弟十人……次曰康叔封，次曰冉季载。冉季载最少。"周武王战胜商纣王，平定天下以后，分封土地给有功的臣子和他的兄弟，由于康叔封和冉季载当时年纪都很小，所以没有得到封地。武王既崩，成王、周公"而分殷余民为二：其一封微子启于宋，以续殷祀；其一封康叔为卫君，是为卫康叔。封季载于冉"。并且举冉季当上了周朝的司空，以辅佐成王管理国家。

《史记·索隐》："冉，国也。载，名也。季，字也。冉，或作聃。按：《国语》曰：冉由郑姬。贾逵曰'文王子冉季之国'也。"这些清楚表明，冉季就是文王的小儿子，武王去世后成王封其于冉地，于是冉也就成了国名。

那么这个冉在什么地方？《史记·索隐》载："鲁庄十八年（前676年），'楚武王克权，迁于那处。'"杜预云："那处，楚地。南郡编县有那口城。""聃与那皆音奴甘反。"这里把冉地释在了河南南阳一带。除此之外，还有湖北荆门、四川茂县说。实际上这是把冉姓的起源与成王封冉季载于冉混为一谈了。因为这些地方远离畿内之地，与冉季载在周王室的地位和周初的分封制度不符。

比较可信的史料依据，有《左传》《国语》和《史记》等。《史记·管蔡世家第五》明确记述周文王有十个儿子，他们依次是伯邑、姬发、管、鲁、蔡、曹、成、霍、康、冉，冉季载排行第十。这十子都是文王的嫡子。《国语》："冉由郑姬。贾逵曰'文王子冉季之国'也。"明确指出了冉与郑的联系。除此之外文王还有庶子若干，《左传》对武王和成王周公两个时期诸侯的排序是"管、蔡、郕、霍、鲁、卫、毛、冉、郜、雍、曹、滕、毕、原、酆郇"。其中毛在许多资料中常常与冉季载纠缠在一起。如《氏族大全》述："……毛有姓实始郑公，文王第十子，武王之弟也。武王即平殷乱，封建诸侯，郑胙土于毛，故曰毛伯，又曰毛伯郑。"这个问题虽点中要害，但又不是一篇长文所能说清。毛天哲先生在《毛父叔郑世家》《班簋再考释》文中有较为明确的考证，他认为"郑公是大郑（奠）公冉季载，毛伯郑是冉季载元子－毛伯郙的衍文。周公、成王时析大郑（奠）公冉季载之采邑地为二，元子毛郙受封于宗周京畿之地，称毛伯，金文中的毛伯郙即是。后世儒家误认'郙'为'郑'"，并明确指出"冉季载与毛叔郑实异名而一人也"。这把《国语》"冉由郑姬。贾逵曰'文王子冉季之国'也"记述中的冉与郑毛联系在一起。

这里，有两点应当特别关注：一是"郑"，二是"郙"，这是西周畿内两个非常重要的地名。郑是周的诸侯国之一，初在近畿之棫林（今凤翔县南），西周末于今华阴市，后东迁新郑附近。郙是秦文公梦见一条大蛇于郙地，"十年，初为郙畤"的地方（《史记·秦本纪》），现在看来郙与郑都有它特定的文化含义，地当今之汧渭之会一带，与冉季载的元子毛伯郙的封地关系密切。由此看来，冉的封地就在畿内之地，这与冉季载在周王室的地位和周初裂封小儿子于畿内的习俗相符。

毛天哲先后在《清华简〈摄命〉是周成王对侄毛伯摄诫勉谈话录（是训诰，非命书）》一文中说："考成王顾命篇中，文王嫡幼子毛叔郑（冉季）家族中，长子芮伯、次子毛公为二顾命大臣，且毛公为三公之一。毛叔郑幼子南宫、孙子毛俾（爂或摄，尚书讹误。）与毕公之子仲恒及太公望之子齐侯吕伋同为代表迎接康王登大位。此份荣耀和地位是一般人不可比及的，也是由冉季（毛叔郑）的地位、师毛父（毛懿公）所建立的功勋决定的。"毛先生始终认为毛叔郑（冉季载）的封地就在宝鸡，而戴家湾墓地尤为重要。

冉是一个古老的姓氏，是玄嚣后裔，是姬姓的一支。周以前的冉器，多出自中原地区乃至山东一带商文化的遗存。此外，扶风杨家堡曾出土冉□父丁簋（图3-25、26），西安张家坡曾出土冉□父丁卣。这两件青铜器上"冉"字后面的鸟图案就是姬周人的图腾，很可能就是冉的族徽。一些学者从象形字的特点出发，认为这个字是表示一种鸟，字鸟头上有喙、冠，鸟身有点状纹饰，侧面画有鸟翼和脚爪，尾部作剪状。因此或隶定为鸴，或隶定为鸡，或隶定为燕。我们认为，从日名的组合意义上看，这些字在日名意义的铭文中就是一个鸟崇拜族群的族徽，对三千多年前的人来讲，动物外形的局部细节可以不那么讲究，真正要讲究的就是对鸟神崇拜的象征意义。

图3-25　扶风出土的冉□父丁簋

为什么西周初年流行于畿内之地的冉字后面的这个族徽是姬周呢？这是因为，冉氏血缘始祖是周文王姬昌，姬昌是玄嚣的后裔，冉季载是姬昌的小儿子，以封地为姓，始得冉姓。显然，冉与姬姓密不可分。同时也表明，进入西周，考古所见畿内出现的冉器，可能与殷墟的冉器有所不同。现在学界对姬周人的族徽有多种说法，有的学者认为首先应当考虑鸟。《史记·周本纪》载："姜嫄出野，见巨人迹，心忻然说，欲践之，践之而身动如孕者。居期而生子，以为不祥，弃之隘巷，马牛过者皆辟不践；徙置之林中，适会山林多人，迁之；而弃渠中冰上，飞鸟以其翼覆荐之。姜嫄以为神，遂收养长之。初欲弃之，因名曰弃"所以这个鸟与周人的祖先崇拜有关。

长安丰西先后出土的 5 件冉器与井叔家族墓地密不可分；而井又与宝鸡凤翔塬上的郑紧密相连；郑又与冉实为一族，因此这里的冉器需要密切关注。这是因为 20 世纪 80 年代中国社科院考古所在长安张家坡发掘出多件井叔自作的铜器，确定这里是一处井叔家族墓地。而郑、井往往在许多情况下又纠结在一起。散氏盘铭中"提到井邑，井邑又名奠（郑）井"。[1] 郭沫若认为，康鼎的康即奠井叔盨之奠井叔康，亦即舀鼎之井叔。趩甗又称棫井叔，棫者宗周畿内地之棫林也，即是西郑。[2] 陈梦家以为奠井、棫井、奠、井均指同一个氏，凡有此氏名者均为一家之器。[3] 唐兰认为免尊中的井叔当是奠井氏。[4] 显然郑与井地密不可分。郑（奠）井之地过去多有讨论，其周初往往离不开凤翔塬。近年来，国内外一些学者运用天文学的研究成果与计算机技术，对《古本竹书纪年》中"懿王元年，天再旦于郑"做了推论，认为这个郑就在今陕西凤

图 3 - 26　冉□父丁簋铭

① 王辉：《散氏盘新解》《周秦社会与文化研究》，陕西师范大学出版社，2003 年。
② 郭沫若：《两周金文辞大系图录考释》科学出版社，1957 年。
③ 陈梦家：《西周铜器断代（六）》，《考古学报》1956 年 4 期。
④ 唐兰：《西周青铜器铭文分代史征》，中华书局，1986 年。

翔、岐山之间（东经 107.5°北纬 34.5°）。① 看来这些冉器在西周早期的畿内之沣西与宝鸡屡屡出土，绝非偶然，应当与冉季载的封地有关。

"冉"这个字符未引起学界的关注，而且对其读音也不太规范。从字形上，金文中与之有关联的"冉""爯""冓""塑"，变化主要在上部，下部保留了冉的形状不变，多释为人名。如卫盉中"王冉旂于豊"中的"冉"，就是周王室的执政大臣，这个大臣是否冉季载？时间上虽有问题，是否冉之后裔？进一步少有人研究。毛天哲先生从语境和字形结构上对周公东征方鼎上的"塑"字进行了研究，认为这个字应当读"冉"，"塑"就是冉季载。

我们原来在调查和探讨戴家湾墓地出土的资料时，忽视了周公东征方鼎与共出的冉父癸鼎和毛伯鼎之间的联系，也忽视了冉季载、毛叔郑、毛伯父（鄗）之复杂联系，更没有想到畿内之郑、鄗地与叔郑和冉季载封地的关系。只是依据陈梦家先生认为周公东征方鼎铭中的"塑"与爯盨中的"爯"是一个人，因此认为这个"冉"就是周公旦的侄儿叔邦父之子。毛天哲先生研究认为，"周公东征方鼎的器主为冉季载，是周文王第十子，武王同母最少弟。或许毛先生的分析有道理，戴家湾墓地应当属于冉国墓地。

附：分散在海内外的器物清单

据目前所获得的资料分析，党玉琨在戴家湾墓地盗窃的器物中有 57 件青铜器分布在日本、美国、澳大利亚、丹麦、英国、法国和北京、天津、上海、西安以及台湾、香港等地博物馆或私人收藏。

1. 旂芙作父辛尊：日本神户芦屋八代武次氏旧藏，现由私人收藏。

2. 鼎尊：原端方藏，1924 年入藏美国纽约大都会艺术博物馆。

3. 夔纹尊：1931 年入藏日本神户白鹤美术馆。

4. 大凤鸟纹卣：1930 年经卢芹斋手入藏美国华盛顿弗利尔美术馆。

5. 小凤鸟纹卣：1929 年由纽约通运公司姚叔来经手，1934 年入藏美国波士顿美术馆。

---

① 葛真：《用日食、月相来研究西周的年代学》《贵州工学院学报》，1980 年第 2 期。

6. 大鼎卣：原端方藏，1924 年入藏美国纽约大都会艺术博物馆。

7. 小鼎卣：原端方藏，1924 年入藏美国纽约大都会艺术博物馆。

8. 女母卣：2016 年 3 月 11 日，显身在佳士德纽约拍卖会上。

9. □高卣：1962 年入藏澳大利亚墨尔本国立维多利亚美术馆。

10. 大夔纹卣：1931 年入藏日本神户白鹤美术馆。

11. 小夔纹卣：经卢芹斋手，1950 年捐赠入藏美国明尼亚波利美术馆。

12. 用征卣：现藏日本兵库黑川古文化研究所。

13. 齐卣：于省吾旧藏。

14. □罍：1931 年入藏日本神户白鹤美术馆。

15. 雨方罍：1931～1941 年卢芹斋收藏，1941 年入藏美国圣路易市美术博物馆。

16. 告田觥：先归东京大仓竃氏，再归香港陈氏，现藏丹麦哥本哈根国立民族学博物馆。

17. □□竹祖癸角：1924 年入藏美国纽约大都会艺术博物馆。

18. 亚□爵：1924 年入藏美国纽约大都会艺术博物馆。

19. 亚姚己觚：1924 年入藏美国纽约大都会艺术博物馆。

20. 天父乙觯：1924 年入藏美国纽约大都会艺术博物馆。

21. 矢父乙觯：上海博物馆于 1950 年从北京振寰阁购买，现藏上海博物馆。

22. 酉父甲觯：1924 年入藏美国纽约大都会艺术博物馆。

23. 中亚址作姚己觯：1924 年入藏美国纽约大都会艺术博物馆。

24. 雷纹觯：1924 年入藏美国纽约大都会艺术博物馆。

25. □□斝：1924 年入藏美国纽约大都会艺术博物馆。

26. □子父乙盉：1924 年入藏美国纽约大都会艺术博物馆。

27. 铜斗：1924 年入藏美国纽约大都会艺术博物馆。

28. 禁：原端方藏，1924 年入藏美国纽约大都会艺术博物馆。

29. 禁：1968 年由宋哲元家属王玉荣捐赠天津博物馆。

30. 铜禁座：原端方藏，1924 年入藏美国纽约大都会艺术博物馆。

31. 田告方鼎：1956 年冯公度家属捐献给北京故宫博物院。

32. 周公东征方鼎：原为布伦戴奇藏品，1960 年入藏美国旧金山亚洲艺术博物馆。

33. 作宝彝方鼎：现藏北京故宫博物院。

34. 兽面纹分裆鼎：戴润泽旧藏，现由香港私人收藏。

35. 臤父丁鼎：原为布伦戴奇藏品，现藏美国华盛顿赛克勒美术馆。

36. 直梭纹鼎：纽约通运公司姚叔来旧藏，后归布伦戴奇，1962 年捐赠，入藏美国旧金山亚洲艺术博物馆。

37. 直梭纹鼎：1987 年入藏美国华盛顿赛克勒美术馆。

38. 雨鼎：冯玉祥夫人李德全旧藏，1957 年捐献给北京故宫博物院。

39. 雨鼎：吴清漪先生捐赠，1960 年 7 月入藏上海博物馆。

40. □父己鬲：原藏容庚颂斋，后归罗振玉，现藏台北故宫博物院。

41. □伯鬲：旧藏日本奈良宁乐美术馆，1999 年苏士比拍卖，2012 年保利拍卖，现由北京私人收藏。

42. 鲁侯熙鬲：美国卢芹斋旧藏，1947 年入藏美国波士顿美术馆。

43. 雨甗：WILLIAMBURRELL 旧藏，1944 年捐赠，入藏英国格拉斯哥博物馆。

44. 戈甗：1979 年西安市钟鼓楼保管处送交，入藏西安博物院。

45. □母癸甗：宋景文、唐祖诂伉俪捐赠，1960 年 9 月入藏上海博物馆。

46. 兽面纹甗：宋孙幼如女士旧藏，1997 年出售，其后几经转手，现由香港私人收藏。

47. 散羽大鸟纹方座簋：1987 年入藏美国华盛顿赛克勒美术馆。

48. 甲簋：宋景文、唐祖诂伉俪捐赠，1959 年 12 月入藏上海博物馆。

49. 乳钉纹四耳簋：经卢芹斋手，1931 年入藏美国华盛顿弗利尔美术馆。

50. 兽面纹簋：经卢芹斋手，1950 年入藏美国明尼亚波利美术馆。

51. 子眉壬父乙簋：现藏北京故宫博物院。

52. 铜匕：1924 年入藏美国纽约大都会艺术博物馆。

53. 钩戟：卢芹斋旧藏，现藏法国 SAINT–DENIS 博物馆，寄存于法国巴黎吉美美术馆。

54. 羊首衡末饰：经卢芹斋手，1939 年捐赠，入藏美国夏威夷美术馆。

55. □方鼎：现藏宝鸡青铜器博物院。

56. 文父丁举簋：现藏美国普林斯顿大学美术博物馆。

57. 仲子觥：原藏日本原富太郎，现藏美国旧金山亚洲艺术博物馆。

四　戴家湾墓地文化内涵的解读

戴家湾墓地出土的众多高规格青铜器，表明这是商末周初一处等级非常高的贵族墓地。

对于这个墓地的了解与研究，是 1990 年以后才开始的。1990 年我们的调查报告在《中国文物报》连载发表，1991 年王光永的部分调查在《考古与文物》刊出后，引起了学界对戴家湾墓地的关注。此前，学界对党玉琨在戴家湾墓地盗出的青铜器知之甚少，也就谈不上什么研究。就目前的相关研究而言，也只是停留在器物的本身，还鲜有人涉及墓地的文化属性。

陕西师范大学张懋镕教授曾把戴家湾墓地出土的青铜器作为培养研究生的一个课题，重心研究青铜器的器形分型分式。对于这处墓地的文化属性，也就是说这是什么人的墓地？商末周初戴家湾地区为什么会有一批身份如此之高的贵族等问题？目前还很少有学者涉及，也没有研究成果公布。张懋镕先生说，这些都是戴家湾铜器研究的难点所在！这个难点恐怕很难突破。就像强国墓地一样，要不是青铜器铭文中强伯的出现，谁也不可能明确那是强国墓地。

无独有偶，2012 年，在石鼓山墓地出土的青铜器与早年在戴家湾墓地出土的青铜器风格与时代一脉相承！戴家湾墓地与石鼓山属于同一个文化属性显而易见。然而，在这两处墓地到底是"姓周"还是"姓姜"的问题上，一时间，考古界的主流声音几乎是一边倒的认为，石鼓山墓地的主人是姜姓户族。不同观点几乎很难发出声音。照此推理，戴家湾墓地也就"姓姜"了。

"姓姜"的主要依据是考古学上的类型学理论，强调的具有刘家文化典型特征的高领袋足陶鬲，缺少铭文与商末周初宝鸡地区裂封势力板块划分资料作支撑。因此，很难在学界取得共识。我们认为，刘家文化特色的高领袋足鬲确是姜戎文化的标志性器物，但这种器物从先周时期出现，一直持续到战国时期，是宝鸡地区这个时期墓葬中普遍存在的器物。这种文化因素在商末周初就逐渐融合在周文化之中了。也就是说，在商末周初，姜戎文化的主体地位已经不复存在，完全被周文化取而代之。这时的周文化，也已经不是完全纯血缘意义上的周人文化了。因此，一件高领袋足鬲突然出现在周初的贵族墓葬中，不大可能改变周文化的主体面貌。因为这种情况不能排除不同族属的婚姻关系、丧事赠赠等因素，也不排除数百年来各种族群文化的相互融合。宝鸡当地的一些学者也不认同"姓姜"的观点。北京大学雷兴山教授也认为，石鼓山包括戴家湾墓地应是姬姓周人墓地。还有一些学者撰文，对姜姓的文化属性提出质疑。我们始终认为，戴家湾墓地与石鼓山墓地不是一般的贵族墓地，而是属于一处与周王室密切关联的姬周王室家族墓地。就像有些学者认为的，墓主是与姬周联姻的姜氏女性。我们认为，那也不能改变姬周王室家族墓地的文化属性。朱凤瀚先生不赞成"发掘者研究者多依此将墓葬归之于刘家文化系，或称为'姜戎''姜姓族群'的文化"观点，他认为"石鼓山、戴家湾青铜器群所属文化以及上述彊氏家族的文化遗存，应属于周文化，也可以从随葬青铜器制度看出"。

一、戴家湾墓地出土与周王室有关的青铜器

戴家湾墓地出土的青铜器经过我们调查，资料比较完整的共 186 件（组）。其中党玉琨所盗者约有 173 件（组），其他为 1901 年出土。这些铜器绝大多数是商末周初的青铜礼器。有铭文的 36 件，如周公东征方鼎、毛伯鼎、鲁侯熙鬲，就是非常明确的周人器物。

1. 周公东征方鼎

周公东征方鼎，又名塑方鼎、禹方鼎、丰白鼎，陈梦家先生称其为周公东征方鼎。这件方鼎是西周早期比较罕见的一件青铜器。1927 年从戴家沟十五号大墓出土，共出的还有鼎 6 件、簋 2 件、尊 1 件、卣 1 件、爵 1 件，此外，还有玉器多件。出土后不久便流入美国，现藏美国旧金山亚洲艺术馆。

周公东征方鼎内壁有铭文五行 35 字（图 4 - 1）：

隹（唯）周公征祊（于）伐東尸（夷），蕫白（伯）、尃（薄）古（姑）咸戈，公歸（歸）禀（禊）祊（于）周廟，戊辰，會（飲）秦

图 4 - 1　周公东征方鼎铭拓

（秦）酓（飲），公賞望貝百朋，用乍（作）障（尊）鼎。

这段铭文记述了周公东征征服东土四国获胜回归后，在周庙进行的祭祀活动。

周公姓姬名旦，是吴太伯的侄孙，周文王的儿子，武王的弟弟，成王的叔父，其长子伯禽被封于鲁地为侯，其孙熙袭爵为鲁侯。

周公在西周初年的历史上占有极其重要的位置。西周铜器铭文中所反映的周公名称和事迹本来就很少，就目前我们所知，仅只有禽簋、小臣单觯、令彝、周公东征方鼎、荣簋和史墙盘六件。史墙盘出土在周原，主要内容与周公关系不大。除此之外，没有一件是出土在周原的，即使对周原的范围重新界定，也无一件是出土岐山之周公庙附近。

这件"周公东征方鼎"的器主，一直难有定论。毛天哲先生考证认为是

"冉季载（史籍称为叔郑，毛叔郑的即是），《塑方鼎》应该叫做《载方鼎》。此鼎为毛伯（郳）的父亲冉季载（毛叔郑）所作，某种意义上讲也是毛氏族的重器。冉季载，是周文王第十子，武王同母最少弟。周文王正妻太姒生子五，长子伯邑考，早殇，二子为武王发，再而周公旦，次为康叔封，小儿子为冉季载。"

毛天哲先生还认为，"冉季载"在古代文献记载极少，东周后又被人误为"冉季，叔聃，聃季"，以至司马迁写《史记》时，把"毛叔郑"与"冉季载"判读为两人，也没能搞清冉季载有没有被分封，或者分封地是在哪里，冉季载的后人是谁等等，都是历史留下的迷团。

2. 鲁侯熙鬲

不仅周公东征方鼎出土在戴家湾墓地，而且鲁侯熙鬲也出土在戴家湾。鲁侯熙见于《史记·鲁周公世家》，为周公之孙，伯禽的儿子，袭爵鲁国之封君。鲁侯熙鬲有铭文三行13字："鲁侯熙乍彝，用享鬻厥文考鲁公"（图4-2）。是鲁侯熙为其父鲁公——即伯禽所作的祭器。

根据马午樵的记录，王光永先生推断鲁侯熙鬲应出在斗鸡台墓地第十六号墓，这座墓是六鼎三簋的等级规格，共出土铜器38件，并有墓道。但根据杨紫梁的记录本资料，此墓似为七鼎四簋。据其他当事人记忆，这座墓室最大，对出土的铜桌子（青铜禁）印象很深。

与周公东征方鼎、鲁侯熙鬲密切相关的还有禽簋。禽簋有铭文23字，记载周成王征伐盖侯的史事。武王灭商后，不到两年染病身亡，其子成王姬诵继位，当时成王年幼，不能主持政事，由周公摄政。此时，商纣王之子武庚聚集商朝残余势力，串通周朝贵族管叔、蔡叔，联络淮夷、徐、奄、薄姑等邦国起兵叛周，周公率军队平叛，经过三年东征取得胜利。禽簋铭文中的王指周成王；周公就是率军东征的主帅。

禽簋的器主是伯禽，小名"明月奴"，亦称禽父，为周公旦长子，鲁国的第一任国君。成王七年，将原本封在河南鲁山的周公迁封到山东曲阜，实际就封的是伯禽，用来褒奖周公的。禽簋现收藏于中国国家博物馆，出土地不详，也不能排除出土于戴家湾的可能。

与周公东征方鼎、鲁侯熙鬲密切相关的还有令彝，又称矢令彝。器上有铭文

图 4 - 2　鲁侯熙鬲铭

14 行 187 字，记述周公之子明保在成周举行祭祀并受命尹"三事四方"。三事四方，指百官和在成周的亡商诸侯。明保可能是周公旦之孙名明者，保是其官职。陈梦家和郭沫若都考证令彝的器主为周公之次子君陈。令彝 1929 年从河南洛阳邙山马坡出土，现藏美国弗里尔美术馆。

周公东征方鼎、鲁侯熙鬲、禽簋、令彝四件青铜器的历史背景不但完全一致，而且时间相连，家族关系十分清楚。他们是同一时代的器物，又有先后之别；虽不是同时期的，却是周公旦家族的。这四件铜器有两件可以肯定出土在戴家湾墓地，一件相传出土在洛阳马坡，一件为传世品。这样一个家族不同时期、不同辈分的铜器出在一个墓地，很难用巧合来解释。

2003 年 12 月，北京大学考古文博学院师生在周公庙附近做考古调查时，在庙前村一灰坑中发现了一批甲骨，其中两块刻有"周公"二字。这批甲骨刻辞的字体不同于周原等处的"微雕字"。其中"周公"二字已见数例，在以往甲骨中尚属首见。在西周历史上，有若干人都可以称作周公，甲骨刻辞上的"周公"是否为赫赫有名的周公旦或是其子孙，尚待研究。"周公"的出现似乎与唐代《括地志》所记载的周公采邑及周公庙的建立具有某种有待深究的关系，其出土地附近的周墓有 4 条墓道，规格和时代特征与周公旦联系也是非常紧密的，这个发现的后续研究也许能有助于解开戴家湾墓地之谜。

周公生于岐，死于丰，归葬于毕原（图4-3）。但据《史记·鲁周公世家》载："周公……及七年后还政于成王，初成王少时病，周公乃自揃其蚤沈之河，以祝于身曰：'王少，未有识，奸神命者乃旦也。'亦藏其策于府。成王病有瘳。及成王用事，人或谮周公，周公奔楚。成王发府，见周公祷书，乃泣，反周公。"从这里可以看出，周公还政后，有人诬告周公，周公只得逃到楚地。《尚书大传》记述周公还政三年后死于丰。《史记·鲁周公世家》又载："周公在丰，病将没，……曰：'必葬我成周，以明我不敢离成王。'周公既卒，成王亦让，葬周公于毕原。"这些史料中涉及三个问题：一是周公还政后逃到了

图 4-3 周公像

楚地；二是周公还政三年后病危在丰，临终前留下遗言，要把自己葬在成周；三是周公死后，成王心怀谦让，葬周公于毕原。

有学者研究认为丰就是镐京，认为丰就是指"周公奔楚"后所去的伯禽的封地，即周公东征方鼎铭中所述的"丰白"这个地方。《竹书纪年》成王十年记载，"周文公出居于丰"，这个丰如果是宗周之丰，周公为什么要出而居之？夏含夷先生认为周公若真的死在宗周，他要求葬己于成周"以明我不敢离成王"，似乎不合情理。显然，这些史载记载不是很清楚。

"周公奔楚"的楚在什么地方？这与《史记·吴太伯世家》记载的"太伯之奔荆蛮，自号句吴"的"荆蛮"是否同一地呢？西周时楚和荆经常通用，楚就

是荆，荆就是楚，所以《吴太伯世家·索隐》载"荆者，楚之旧号"。尹盛平先生认为太伯之奔荆蛮就是今宝鸡市吴山一带。王辉先生认为西周时的"荆楚"在今宝鸡的西部一带。如此说来，周公还政奔楚后也是到了宝鸡一带，因为其先祖太伯早年曾奔到了这里，宝鸡一带是周王室的一支进入关中以后最早建立的根据地。这样戴家湾墓地出土的与周公有关的青铜器就比较容易理解了。

但是，如果说"丰"和"周公奔楚"应该一致，这个丰显然不在宝鸡。说丰是指周公东征方鼎铭文中伯禽的封地山东丰白，恐怕也有点附会。齐和鲁都是周公东征后分封的，但范围不一样。丰伯当在今日山东之营丘一带，属于齐国的封地，而今之曲阜一带才是鲁侯伯禽的封地。显然，周公的死地依旧是一个悬案。

周公遗言死后葬于成周，《史记·鲁周公世家》中说成王将其葬在了毕原。这样就更加扑朔迷离。从目前的西周考古来看，毕原至今没有发掘出高规格的周墓，也没有出土与周公有关的铜器。

至于周公的儿子伯禽，按西周礼制，伯禽死后应当葬在鲁地。鲁侯熙鬲不应当出土于戴家湾。然而，这件鲁侯熙作的鬲却与周公东征方鼎一同出现在戴家湾的墓地了。

伯禽和其父周公一样，是西周初年周王室家族中一位很有影响的人物，曾做过周王的师、保。《令彝》记载周王命他"尹三事四方，受卿事寮"，这就是说，伯禽是管理王朝"三事大夫"和四方诸侯，并统领王廷"百官"的。师、保或宰、太宰总领而隶属于周天子。换句话说，师、保、宰、太宰就是百僚的首领，地位较高。因此他死后回归故里未尝不可。

不仅如此，综观周原已出土之青铜器，时代多在西周中晚期，这在时间背景上和周公相去甚远，且有铭文者绝大部分不是姬姓。与此相反，戴家湾墓地出土青铜器的时代多在商末周初，这在时间上和周公相一致；周公东征方鼎、鲁侯熙鬲就是与周公有关的器物，何尊铭文涉及的时间不但和周公关系紧密，而且所述事件就是周公执政时营造洛邑之事；铜禁虽没有铭文，但它是王室祭器。戴家湾墓地出土青铜器千余件，其中有可靠记载的 180 多件（组）器物中，鼎、簋、尊、卣、彝、觥、觯、罍等时代之早，器形之大，造型之精美，是周原地区无法比拟的，也不是一般贵族所能享用的。

戴家湾墓地虽不是科学发掘，且出土器物绝大部分流失国外，这是令人十分遗憾的事。但党玉琨原来就很通古董这一行，盗掘中又从西安雇用了一些懂行的人做技术指导，当时的器物名称都是他们定的，除铜禁定名不准外，其他大都没有什么错误，这不是一般文物常识所能做到的。担任记录的马午樵、杨紫梁的原始记录材料准确性有限，虽然不能作为考古证据，但有一定的借鉴作用。如马午樵记录十六号墓出土的是六鼎三簋，而杨的记录是七鼎四簋。他们虽有出入，但都说周公东征方鼎出在十五号墓。

可如果说这座墓的墓主是周公的话，当时只有周公才能享受王的待遇的铜禁却又出在了十六号墓（王光永先生推断这是鲁侯熙的墓）之中，似乎这又于理不通。由于资料的准确性有限，所以难以下比较准确的结论。戴家湾墓地出土了如此数量大、等级高的青铜器，而且大墓还有墓道及车马坑和祭祀坑，出土的铜器铭文又和周公联系紧密，如若不是周公或其家族又是谁呢？

3. 毛伯鼎

毛伯鼎是戴家湾出土器物中又一件能够确定族属的重要铜器。它与周公东征方鼎、鲁侯熙鬲同属于姬姓世族，对于研究戴家湾墓地的文化属性至关重要。然而，令人遗憾的是，这件珍贵的毛伯鼎命运坎坷，至今下落不明。

毛伯鼎是1928年党玉琨从宝鸡戴家湾一座西周大墓旁边祭祀坑内盗掘出土的。其照片是七十多年以前留下来的唯一资料，虽不很理想，但却成了追寻毛伯鼎的唯一凭证。鼎内有铭文五行八字，字多漫漶，不可尽识，而且没有留下拓片。知其中有"毛伯丙（入）门"之字（图4-4）。

毛伯何人？《元和姓纂》谓，"文王第九子毛伯，俗本《周书》作毛伯郑"。毛天哲先生认为：此段记载是符合历史真实的，只是文中有衍文。"毛伯郑"是冉季载元子"毛伯郐"的衍文。故文献中误衍为毛伯郑，班簋铭文中的"毛伯""毛公"，也即器主毛班祖父毛伯郐。冉季载次子与大祖冉季载继续守祀于岐周故邦之再地（陈仓），文献里称"芮伯"。

据毛天哲先生考证，毛公为冉季载之子，且毛公为三公之一。周成王时，司空一职为冉季载子毛公所任，这也是后人将毛公和聃季混淆的原因之一。周原出

图 4 - 4 毛伯鼎

土青铜器铭文表明周原地区共有八大世族，除周公、虢季、毛公为姬姓世族，南宫姓氏不易确定（多数史料上说是姬姓），其他均为庶姓世族。"冉季载（叔郑）是周文王最小的儿子，是周王室的小宗伯。所以被分封于畿内冉地（即陈仓，冉地与仓侯之地的合称），没被外封于东土。周公、成王二次分封时，冉季载（叔郑）奉周王命裂土分封于其子，陈仓以东裂土给长子毛伯郦，邦邑在鄜。"如是，毛伯鼎出土在戴家湾自在情理之中。

4. 冉父癸鼎

党玉琨在戴家湾墓地盗窃的器物中有一件内有铭文的"冉父癸"圆鼎。这件鼎开始并未引起我们足够的关注，直到 2012 年石鼓山墓地出土了两件带有"冉"字铭文的冉父乙卣和冉盉，才引起了我们对这冉器的注意。

"冉父癸"圆鼎，是属于"日名器"。按照当前学界多认为周人不用"日名器"的说法，"冉父癸"圆鼎就不是周人器物。

戴家湾墓地"日名"器的现象与石鼓山墓地的情况十分相似。戴家湾出土的铜器有铭文的36件，其中14件上有日名，这还不包括只有族徽的8件。这些日名分别是父癸、父丁、父乙、父乙、父乙、母癸、父乙、父辛、父乙、父乙、姑已、且癸、父乙、父甲。说明周初，多日名同时出现在一个墓地或墓葬，是这个地区的普遍现象。这些足以说明，与日名关联的文化信息在戴家湾墓地的情况比较复杂。若以"姬姓周人不用日名"说作为标准，戴家湾墓地的文化属性就没法解决。

戴家湾墓地出土的这件冉父癸鼎与召公家族的几件铜器及应公鼎文化背景极为酷似。召公是周王朝的卿士，他先后辅佐了文、武、成、康四王，在周王朝的建立和稳定的过程中功勋卓著。平定东方叛乱，营建新城洛邑，足见其宰辅之能。召公奭因为在灭商以前采邑在召，于是被称为召公或召伯。而武王灭商以后，召公由于功劳而被封在燕地。召公家族在争夺统治权的斗争中逐渐处于劣势，其本人和后来的召伯盈都被杀。而召简公以后，更是由于失去了政治影响力等原因而不著于史。

应国是周武王儿子应达的封国，因封地属应国故地，国名仍为应国。夏商时期，在今山西朔州应县一带有古应国，后来迁至今河南平顶山地区定居。平顶山应国墓地早年被盗，与戴家湾墓地有点相似，应国铜器自清代以来不断面世。相关实物图片或散见于国内外的图书上，或前所未见，终不能窥其全貌。传世的应国铜器的年代多属于西周早期，其风格与戴家湾十分接近。特别是前几年出土的应公鼎，因为铭文上的"珷帝日丁"是周人用日名的典型例证，所以格外引起学界关注。"珷帝"指周文王或周武王，"日丁"是其日名，说明周初姬姓高级贵族用日名的现象不是个例。

"冉父癸"圆鼎上的"冉"是这件鼎的器主，"父癸"是这件鼎的受祭者。也就是说这件鼎是冉用来祭奠"父癸"这个人的。"冉"是什么人？这个问题一直没有引起学者们的关注！其实"冉"出现在戴家湾墓地，绝不能简单地当作商末周初青铜器上的族徽看待。依据宝鸡地区陆续发现的8件"冉"器来看，这里的"冉"就是《史记·管蔡世家》中所记载的周文王的小儿子"冉季载"或其后裔（图4-5）。

图4-5　冉父癸鼎

上述召公、应公和冉季载，都是周王室的高级姬姓贵族。他们用日名的习惯不仅相同，而且家族兴衰史也应当相仿。特别是召公家族，在争夺统治权的斗争中一直处于劣势，其本人和后来的召伯盈都被杀。而召简公以后，更是由于失去了政治影响力等原因而不著于史。冉季载是文王的小儿子，但正史中却很少有其影子的记载，可能与召公家族的经历相似。

上述4件铜器，除鲁侯熙鬲外同，其他3件，都是姬姓冉氏家族的器物，由此我们可以推论：戴家湾墓地就是姬姓冉氏家族的墓地。

辛怡华先生研究了戴家湾墓地的出土器物后，得出一个与石鼓山墓地研究中有学者提出比较相仿的观点，这就是姬姜结姻的关系。我们赞同用这个观点解释这两处墓地中的一些文化现象。即便如此，姜姓女子嫁给姬周贵族，也不能改变戴家湾墓地是姬周王室贵族墓地的文化属性。

二、戴家湾墓地与石鼓山墓地的关联

2012年，与戴家湾墓地隔河相望的石鼓山，再次出土了与戴家湾墓地时代与器物风格以及规格十分酷似的青铜器，特别是举世罕见的青铜禁再次出土，又一次的轰动了海内外，戴家湾又一次为海内外所注目。考古界也把戴家湾墓地的文化属性与石鼓山的墓地紧紧地联系了起来。

然而起初，相当一部分学者依据石鼓山墓地出土的高领袋足鬲推定，"墓主人应当就是姜姓羌族后裔，或者说就是姜戎人。据此可以进一步推测，'户'族的地望应在今宝鸡石鼓山一带，这里应是姜戎族户氏家族墓地"。并且因此而认为戴家湾墓地与此相同。但这样，以戴家湾为代表的商末周初的许多文化现象则不好解释。

刘家文化特色的高领袋足鬲确是姜戎文化的标志性器物，但这种器物从先周时期出现，一直持续到战国时期，是宝鸡地区这个时期墓葬中普遍存在的器物。这种文化因素在商末周初就逐渐融合在周文化之中了。也就是说，在商末周初，宝鸡地区姜戎文化的主体地位已经不复存在，完全被周文化取而代之。这时的周文化，也已经不是完全纯血缘意义上的周人文化了。因此，一件高领袋足鬲出现在周初的贵族墓葬中，不大可能改变周文化的主体面貌。因为这种情况不能排除不同族属的婚姻关系、丧事赠赠等因素。我们认为，戴家湾墓地应考虑西周初年，周文王儿子冉季载封邑及其族氏墓地之可能。戴家湾墓地的族属文化应当属于周文化，而不是姜戎文化。戴家湾墓地的主人应当与周王室家族有关，不是一般的贵族墓葬。

近几年，许多学者对石鼓山墓地是姜戎族群的意见产生了怀疑，认为戴家湾与石鼓山的墓地的文化属性应当是周，而不是姜。各种观点争论不休，一个时期以来，认为石鼓山墓地和戴家湾墓地是姜戎土著文化的观点成为主流。朱凤瀚先生不赞成"发掘者研究者多依此将墓葬归之于刘家文化系，或称为'姜戎''姜姓族群'的文化"观点，指出：

刘家文化约发生于商后期，其分布地区正与此一时期周人主要活动区域相重叠。从考古学数据可以得知，刘家文化的载体，即其属族，应该已在商后期偏晚一个较长的时段内，与以姬姓周人为主体的周人族群在文化上乃至血缘上相融合。使其自身文化已成为内涵丰富的周文化的一种，其属族亦应归入"周人"这个若干个姓族组合的古民族共同体内。周人在其史诗中追溯其女性祖先为

"姜嫄"，姬、姜姓族很早即相互融合，实际上所谓"周人"，不是一个血缘概念，应该包括姬、姜等有世代通婚关系的姓族，以及与姬姓有类似关系的姞姓族等，是一个大的族团或古代民族概念，由若干姓族因处于邻近共同的地域中，渐形成有一定共同性的文化，并在血缘上亦相互融合而形成。而周王族所在之姬姓在此族团中居于领导地位。在这个共同体内，各族群应该仍在一定时段内保存有某些自己独立的文化因素，从考古学角度看，即表现于墓葬与随葬品的形制特征上，并且因此可以通过在同一墓群中共同的一种不同文化因素，看到当时族群相互融合的趋势。故而石鼓山墓葬墓主人虽可能当归于刘家文化之属族，但已完全可以称为周人，其文化是周文化的一种。

这个观点与我们的想法不谋而合。朱凤瀚还十分明确的指出："石鼓山、戴家湾青铜器群所属文化以及上述彊氏家族的文化遗存，应属于周文化，也可以从随葬青铜器制度看出。"①

1. 两个考古学概念?

（一）高领袋足鬲

从发掘简报看，高领袋足鬲是判别 M3 墓主族属的一个重要器物（图 4 - 6）。也可以说，在众多族徽日名共出，使墓葬的定性出现困局的情况下，姜戎文化的代表器物高领袋足鬲起了决定性的作用。它是 M3 中唯一的一件随葬陶器，但毕竟是个例。一个族属文化，其族属范围、遗存群体特征及与相邻文化之区别缺一不可，并有它的发生、发展和式微过程。在探讨姜戎文化与周文化的关系上，最初多把高领袋足鬲视为先周文化的典型器，后来方知此类陶器是刘家（姜戎）文化的代表，联裆鬲代表的才是姬周文化。此类遗存在关中西部地区普遍分布，学者虽然对各遗存时代和文化属性的细节上有各种解释，但对西周分裆鬲是由高领袋足鬲演变而来的这点上，如邹衡、张长寿、胡谦盈诸先生并无多大争议。也就是说，这两种文化因素在商末周初就逐渐融合为一体了，姜戎文化的主体地位在这个时期已经不复存在，完全被周文化取而代之。因此，一件高领袋

---

① 朱凤瀚：《宝鸡戴家湾与石鼓山出土商周青铜器·序二》，中央研究院历史语言研究所、陕西省考古研究院编《宝鸡戴家湾与石鼓山出土商周青铜器》，台北：中央研究院历史语言研究所，2015 年。

足鬲突然出现在周初的贵族墓葬中，不大可能改变周文化主体面貌。

图 4 - 6　高领袋足鬲

（二）日名说

首先，要明确周人不用日名说有其时间上的局限性。近几年，张懋镕先生对新近出土的商周青铜器上的日名现象研究后认为，周人不用日名的铜器达159件，用日名的铜器不到10件，包括召公家族的几件铜器和应公鼎。因此，他认为姬姓周人是不用日名和族徽的。

周人灭商，标志着一个朝代更迭的开始。这种交替变化必然要反映在文化上。周人享国后，自然要建立一套自己的法规礼仪制度，包括不用日名制度。但周灭商初年，政治局势很不稳定，新的制度不是一下子就能建立起来。《史记·周本纪第四》述："成王自奄归，在宗周，作《多方》。既绌殷命，袭淮夷，归在丰，作周官。兴正礼乐，度制于是改，而民和睦，颂声兴。"说明成王东征回到宗周后，才开始废黜了殷商的祭祀制度，重新修改和规定礼仪、音乐、法令。也就是说，周灭商后的特定历史时期，铜器上的日名还很混乱。这时，姬姓周人用日名的现象应当是存在的。

其次，是对日名功能的认识。学界多认为日名是指古人对逝人的称谓，一般以甲乙丙丁戊己庚辛壬癸十个干来排出受祭者的庙祭号。也有学者认为日名主要是表示在这些日子里要对死者进行祭祀。西周礼仪文化对关中影响深远，时至今日，关中地区人死后要排出一个"祭单"，也叫"七单"，就是每隔七日和百日这天要对逝者进行祭祀，大概与周代奉行的"周祭"意义相似。日名在金文中一般是以天干字前加上逝者辈分，如祖妣父母称谓的固定格式出现，在商代最为流行。大概由于庙号产生于商，学者多把日名与庙号联系。但周铜器上广泛存在的诸如石鼓山墓地 M3 中的日名，可能与只有商王才能享用的庙号意义不同。对商周铜器上的日名现象单用庙号与西周奉行的谥号去解释，都有其局限性，因为时代、身份、场所不同，其含义也不尽相同。M3 出土的 31 件铜礼器中，16 件上有铭文。第一类只标记铜器的作者，如"户""万"等，没有祭祀对象。这类器物用途可以是祭器，也可以是生活日用品。关键是没有使用者的信息，彼此之间缺少可见关系，如用作祭器，没有受祭者，随意性与偶然性太大。第二类标记有作器者与受祭者，如"冉父乙""亚羌父乙""重父乙"等，就是我们所说的日名器。这类器物不但有作器者，还有受祭者，彼此关系清楚，用途明确。

以庙号称谓说，一个庙号只能是一个受祭者，而 M3 有父甲、父乙、父丁、父癸多个受祭者，这在一座墓葬中是解释不通的。已著录的金文中也有多个受祭者的现象，如嘞祖庚父辛鼎中的"嘞祖庚、父辛"，"祖庚""父辛"皆受祭者。但那是出在一个祭器上，所祭场所或在庙堂，与墓葬或有别。

如把日名理解为作器者在这个日子里对死者进行了祭祀，M3 的受祭者就只是"父"一个，而作祭者和祭日可以是多个。祭礼完毕后，丧主把这些助丧者赠赠的祭器一起随葬了。如是，一墓中的多日名现象就不奇怪了。

第三，作器者与日名交错关联信息复杂。"亞"字内的"羌"被当作羌族的复合族徽，并且有高领袋足鬲作旁证，这个推论是成立的。但是，亞羌父乙罍的主人却不是墓主，墓主是户彝与户卣的作者。问题是，M3 中共出器物上涉及的族徽有 11 个，这还不算 1993 年在此发现的《史妣庚觯》、2002 年 4 月发现的"亞"形框《共庚父丁尊》。这些族徽上的不同族氏名（作器者）是不是都可以作为羌戎的后裔？对此，《石鼓山西周墓葬青铜器铭文初探》一文中是这么说的："亞羌父乙罍主人虽然起名依照商人，但其族属无疑是羌族。亞羌父乙罍的位置与户器关系密切，可能表明他们是同一个族属，也就是说此 M3 墓主是户，族属也是羌族。"由此来看，户氏的族属是依据亚羌父乙罍与"户"的位置来确定的。其他日名是否依此类推？未涉。

亚羌父乙罍口沿铸一复合族徽，外框"亚"形，内为"羌"字。商周金文中类似这样的亚形框的复合族徽很多。这类"亚"形框里的那个字，往往是表示一个族名，也就是族徽。在对这类亚形框的复合字符进行细心观察后，还可以发现，这类亚字形的铜器规格都很高，在判别墓葬的等级上，与"亚"字形墓葬形制有着相同的意义。这次出土的亚羌父乙罍口沿上的"亚"形框里的"羌"字，图像特征突出，明显的就是羌族的族名。羌是商周时期一支实力强大的族群。近几十年来的考古发现表明，夏商时期，陇山东西一带地区特别是宝鸡地区，是姜戎文化的中心，因此姜戎文化一直起着主导作用。从先周时期开始，姜戎文化逐步地融入到了周文化之中，其主体地位虽然被周文化取而代之，但姜族的势力还相当强大，并且还成了姬周的同盟军。商文化既然能对周人产生深远影响，同时也就影响到了姜人，姜姓用日名，证明周初或更早，商人的日名习俗已经影响到了周的腹地，并且没有受到周文化的排斥。

图4-7　宝鸡石鼓山出土的西周铜器

M3共出11个族徽，上有日名的有7个，分别是父甲、父甲、父乙、父丁、父癸、父乙、癸。这么多族徽与人名同时涌现在一座墓葬中，确实使得墓主人的身份扑朔迷离。这里值得一提的是，石鼓山墓地的情况并不是个例，与戴家湾墓地十分相似。戴家湾出土的铜器有铭文的36件，其中14件上有日名，这还不包括只具族徽的8件。说明周初，多日名同时出现在一个墓地或墓葬，是这个地区的普遍现象。

K3出土的冉父乙卣与K6出土的重（执）父乙卣，受祭者是同一人，但作器者却是两人。这两件卣的形制、纹饰相同，大小相次，从器形上可把其看作列卣。但从日名学上看，作器者与受祭者两个要素俱全，完全具备日名格式。两卣的受祭者是一人，作器者却分别是冉与重两人，当是两个不同的作器者在同一祭日对同一逝者的祭祀。与冉父乙卣关联的冉盉同为冉族徽识，可冉盉上只有一个"𠨖"形族徽，却没有日名。从日名学上看，带日名者的用途就是用作受祭者的祭祀，不带日名者可以泛用于全族祭祀。从位置上，K3是确定墓主的关键部位，日名器多出在K3，而重父乙卣却出在K6。从纹饰的时代特征上看，长尾高冠大凤鸟主要流行在周初，多被看作这个时期周器的典型特征，这种纹饰图案不但户卣上有，而且父丁卣上也有。这些足以说明，与日名关联的文化信息在M3中的情况比较复杂，多种文化因素交错存在。因此，以"姬姓周人不用日名"说，在这座典型的周初墓葬的运用中应当区别对待。

2. 西周畿内的裂封势力划分

这是推论墓葬主人的史料基础。依据史籍记载与现有的考古资料，西周畿内的周原腹地有微、宜等，汧河东岸的凤翔塬上有散、井、郑（奠）、椷、南、虎等，汧河以西有矢、芮，宝鸡市区有荆、楚、矢、彊、散等，虢镇以东至阳平的塬边上下还有虢。这些地名多在已出土的青铜器铭文和甲骨文中有涉及，尤以散氏盘上最为集中。矢人盘中的很多地名，历来是说不清的，但它们都在关中西部，则似无问题。

考古发现的西周早期的遗存大多分布在汧河以西，特别是现在的宝鸡市区范围。矢人盘和众多矢器的发现，充分证明了汧河以西的夹角一带就是矢的势力范围。散的势力虽有争议，但晚期就在与矢相邻的冯家山水库一带的凤翔塬西沿。井又与散接壤，奠井叔既为畿内井之一支而居于奠地者，则奠必在井地之附近。彊伯墓出土的彊伯为井姬作器，则井彊必相距甚近。彊史无载，其名称是否叫彊也有争议，但强氏族群遗物的大量发现表明，在西周早期至中期，一直活动于渭水北岸的纸坊头至清姜河沿岸的竹园沟一线。

周史上的太伯奔吴虽聚讼不休，但矢仲戈的发现能够支持其指就是宝鸡，实际上学界本就有"矢吴为一"的说法。周公东征方鼎的发现证明，戴家湾至石嘴头的渭水两岸系冉的封地。还有《史记·鲁世家·蒙恬列传》都提到周公奔楚之事，周原甲骨和五祀卫鼎也提到了楚、荆，王辉先生认为，卫鼎之荆即周甲之楚，乃畿内地名而非江汉之楚，此荆楚也当是畿内之宝鸡一带，而非江汉之楚。这样，除给荆楚还挤不出一块地盘外，市区的主要地盘在西周早中期都有了着落。石鼓山与强国墓地之间还有个峪泉墓地，是与强国墓地文化面貌有明显差异的墓葬，但其墓主也不明确，还有待于今后的考古新发现提供更多资料。

3. 墓主的推断

石鼓山 M3 出土的铜器铭文涉及的族或氏共 11 个。第一种只标记铜器的作者，没有祭祀对象的，可以不作墓主考虑。第二种标记有族氏名与受祭者的当有墓主。因为这类器物不但有作器者（族氏），还有受祭者（日名与辈分）信息。综合比较后我们认为，真正受祭者当是"父乙"，代表器物是冉父乙卣与冉盉，它们是冉氏家族后裔祭祀父辈之器。M3 的墓主就是《史记·管蔡世家》中之"冉季载"或其后辈。

《史记·管蔡世家第五》述，"管叔鲜蔡叔度者周文王子，而武王弟也。武王同母兄弟十人……次曰康叔封，次曰冉季载。冉季载最少。"周武王战胜商纣王，平定天下以后，分封土地给有功的臣子和他的兄弟，由于康叔封和冉季载当时年纪都很小，所以没有得到封地。武王既崩，成王、周公"而分殷余民为二：其一封微子启于宋，以续殷祀；其一封康叔为卫君，是为卫康叔。封季载于冉"。并且让举冉季当上了周朝的司空，以辅佐成王管理国家。

"冉"这个字符很早就出现，罗振玉的《三代吉金文存》中就有冉作父己觯的拓本记录，在竹园沟墓地出土的簋、爵、觯上也有发现，只是发掘报告的作者把其识读为"贯"或是族徽，还发现有的资料上读其为"举"，显然，对其读音不太规范。从字形上，与之有关联的"再""爯""冓"，从甲骨文到金文的字形变化主要在上部，下部保留了冉的形状不变，多释为人名。卫盉中"王冉旂于豊"中的"冉",就是周王室的执政大臣,这个大臣是否冉?少有人研究。毛天哲先生对周公东征方鼎上的"塱"做了详细考释,认为其读"冉",就是冉季载的"冉"。

我们原来探讨戴家湾墓地出土的周公东征方鼎时,依据陈梦家先生研究周公东征方鼎铭中的"塱"与冉盨中的"冉"是一个人,因此认为这个"冉"就是周公旦的侄儿叔邦父之子。毛天哲先生认为:"周公东征方鼎的器主为冉季载(史籍称为叔郑、毛叔郑),塱方鼎应该叫做冉方鼎。此鼎为毛伯(鄘)的父亲冉季载所作。冉季载,是周文王第十子,武王同母最少弟。"

周公东征方鼎有铭文35字,记述了周公东征获胜回归后,在周庙进行的祭祀活动。东征中因冉季载有功,周公赏赐给其贝百朋,用于制做了此尊宝鼎。周武王战胜商纣王后,较远的东土裂封给了有功的臣子和王系其他兄弟。到周公、成王二次分封时,冉季载已被举为周朝的司空,以辅佐成王管理国家,所以王畿附近的沃壤之地戴家湾一带被封给了冉季载。这个完全符合西周时元子就封于畿外、次子食采于畿内以相王室的惯例做法。

不仅如此,冉氏家族的封地还不限于陈仓。冉季载还奉王命,裂土分封其长子毛伯鄘于陈仓以东,邦邑在郿;裂土分封其次子芮伯于今陇县以北的芮水一带,就是《汉书·地理志》右扶风郡下的"芮水"。说明冉季载家族就一直生活在以宝鸡为中心的地区。这些历史地理背景,为戴家湾和石鼓山西周大墓墓主身份的推定提供了史料依据的支持。

发掘简报推定 M3 的主人是户。户器共出了三件,一件是彝,两件是卣。特别是彝,不但器形硕大凝重,而且其风格与商末出土的商彝有明显区别,时代在周初无疑。还有卣腹部的长尾高冠高浮雕大凤鸟,彰显周初铜器的典型风格,当是周人之器。值得关注的是,这三件器物上的"户"是独立的金文字,已属文字范畴,不可完全与图像性质的族徽同日而语。它可以是族氏,也可以是人名。更为重要的是,从日名文化的要素上看,它只有作器者,缺少受祭者,不能算是一种完整的祭祀用器。也就是说,因缺少受祭者,随意性很大。它可以是生活用器,若出现在墓葬中,也可以用作祭祀。如是族氏,可以广泛用于对本族人的祭祀;如是人名,不能排除其对墓主之赠赠。

问题是，户彝器形硕大，作为赗赠，置放在禁的位置上有点喧宾夺主。或者再大胆推测，户器或是丧主买来用作祭器，"户"有可能就是冉氏家族的一个人名，甚至就是墓主冉的儿子用来祭祀其父辈的，因埋葬于父的墓中，自然就不需要再标明所祭对象。因此，"户"只能标明他是这件器物的作器者，也不能排除其商品之属性，在判断墓葬属性上不具特定意义。

另外，如此规格的墓葬，主人肯定身份不低，但在西周初年的史料上却找不到户的任何记载。诸如《尚书·君奭》载："惟文王尚克修和我有夏，亦惟有若虢叔，有若闳夭，有若散宜生，有若泰颠，有若南宫括。"《论语·微子》载："周有八士：伯达、伯适、仲突、仲忽、叔夜、叔夏、季隋、季騧。"这些史料中都没有户的影子。已有的青铜器铭文表明，西周时的畿内之地有周公、虢季、微史、裘卫、毛公、南宫、膳夫克、伯㺇八大贵族，这些队伍中也很难找到与户相关的一点信息。从周初铭文的格式看，如此身份的祭器，铭文当有叙事和记述作器者制作铜器的过程和目的，起码应当具备祭器的基本要素，具有作器者与受祭者。因此，把户作为墓主，理由不够充分，许多问题不好解释。

其实，把与户器共出、位置仅次于冉器的作者作为墓主，更符合周初的历史与这个地区的文化面貌。冉父乙卣作器者与受祭者关系明确，冉盉虽不具受祭者，但与冉父乙卣同时出现在一座墓葬中，其用作本族的祭祀功能毋庸置疑。更为重要的是，这两件作器者"冉"，可与《史记·管蔡世家》中所记载的"冉季载"相互印证。因此，冉父乙卣与冉盉当是冉氏家族祭祀其父辈父乙之器，M3之墓主就是冉季载或其后辈，石鼓山墓地就是姬姓冉氏家族之墓地。由于周武王同母兄弟十人中，只有冉季载后世史料中的记载最为含糊，加之考古信息量有限，很难进一步对其辈分进行推定。

辛怡华、刘军社、王颢等先生认为："在商周青铜器中，涉及'冉'族的青铜器数量甚多。以河南安阳殷墟居多。有学者认为铭有'冉'铭文的铜器，很可能是王族之器。"但没有进一步指出这个王的性质。冉是一个古老的姓氏，是玄嚣后裔，是姬姓的一支，早期主要活动于现在的山东河南境内。这些殷墟的冉铭文铜器，是中原地区乃至山东一带商文化遗存，与这次出土的冉器在金文字符的表现形式上虽有关联，但它已属文字范畴，与这次出土的冉器在区域、文化属性上没有可比性。值得注意的是，M3 出土的"冉"族青铜器在宝鸡地区不是第一次发现，如前述竹园沟墓地就有出土。还有岐山京当礼村出土的一件觚上就标记有完整的日名"冉父乙"。说明冉族在宝鸡已有了一定的范围。前述冉作父己觯是传世品，不能排除就出土于宝鸡的可能。

对 M3 中多族徽、多日名的现象，首先考虑的是当时丧葬礼仪中的一种赗赠。《仪礼·既夕礼》载："知死者赠，知生者赙。"《荀子·大略》载："送死不及柩尸，吊生不及悲哀，非礼也。故吉行五十，奔丧百里，赗赠及事，礼之大也。"说明丧礼在古代是非常讲究的，而且不是由主丧之家单独完成的，在主丧者之外，还有助丧者。助丧者上自国君、卿大夫，下至地方官员、乡邻和丧家的亲戚，根据与逝者的关系与身份赗赠之物。也可以说，赗赠是死者和丧家社会关系的集中展现。如妇好墓出土的 1928 件随葬器中，有的是墓主人生前自己所拥有的，有的是王室成员为墓主人特做的祭器，有的则是其他方国的贡品。石鼓山 M3 多族徽、多日名的现象，就是这种助丧赗赠习俗的集中反映。"周出姜戎"，周人本是在姜人的地盘上发展起来的，周初姬姜联盟曾是周人强大的政治基础，因此，姜人把亞羌父乙罍和具有鲜明族属意义的高领袋足鬲赗赠给冉作为随葬。父甲壶上"🐦"形徽比较特殊，是阴阳纹的合体字符，应当是矢的族徽，是矢给冉的赗赠。其他如曲、单、重、鸟、正、万器，也当是族内或相邻友好之赗赠。

其次，考虑到这批共出器物风格上的差异，不排除把获得对方庙堂之祭器的战利品随葬的可能性，如秦人的春秋墓葬中就发现有周人的周生豆等周器。周公东征是周初历史上的重大事件，召公、冉季载及其子嗣毛伯、芮伯等，不仅都参加了，而且都还是主力。获胜回归，五花八门的战利品自然带回不少。百里不同俗，冉的族人死后，用其随葬，也在情理之中。

另外，M3 的形制在推断墓葬的性质上也不可忽视。现在墓葬上部残缺，被村民挖掉了，原来的墓葬开口的北端可能是有墓道的。如是，墓道应在掘土机刚碰到铜器 K3 的上方。这个情况与戴家湾的大墓相似，只是戴家湾的墓道开口于墓葬的南端，禁置于墓道入墓室处罢了。M3 中壁龛现象也不是第一次发现，我们在调查戴家湾大墓时，参加发掘的戴宏杰老人说，墓壁上有壁龛，里面放有车马器。带有墓道的墓葬规格，都与王系有关。因此，这也与冉季载家族的身份地位相符。所以，石鼓山墓地的发现，为我们研究戴家湾墓地的历史地位提供了更充实的实物资料。

综上所述，戴家湾墓地出土的高规格商周青铜器，或与太伯奔吴有关，或与周公奔楚有关，或与周文王的小儿子冉季载的封邑有关。无论如何，戴家湾墓地是西周初年一处周王室家族的高等级贵族墓地。

五 《史记·秦本纪》中的"昔周邑"与戴家湾的考古遗存

《史记·秦本纪》中记述了秦文公四年至汧渭之会后发表的一番重要讲话："昔周邑我先秦赢于此，后卒获为诸侯。乃卜居之，占曰吉，即营邑之。"这段话非常重要，对于探讨秦人东进、秦都迁移有着关键性的作用。为了便于全面理解这段话的内涵，我们把它称作"秦文公宣言"。

秦文公宣言对于研究探讨秦人东进、秦都迁移至关重要。如果对秦文公宣言的本意理解片面，那么做出的研究成果，不管是考古学层面，还是历史学层面，都可能会背离秦文公迁都的历史背景，都是乏力的。

为了准确理解秦文公宣言的本意，有必要从语法与语境上谈这个问题。"昔周邑我先秦赢于此，后卒获为诸侯。"这句话前半句中间的停顿很重要："昔/周/邑/我先/秦赢/于此"，"周邑"是两个词，"周"是名词，指周王朝，周人。"邑"是动词（或名词动用）。大意是说：以前周室把他们居住的这个地方赐给我的祖先秦赢住在这里，后我的父亲最终成为诸侯开始享国。这个"邑"与最后的"即营邑之"在这句话中的"邑"非常重要，不能割断曲解，是指使秦文公到达这里，经过占卜，说这个地方很吉利，于是就立即营造城邑居室。

秦文公营建的这个城邑就是陈仓城，虽然司马迁在写史记时没有明确指出，但唐代《元和郡县图志》上说"秦文公筑陈仓城"。这个记载应当与秦文公宣言是对应衔接的，或者说是对秦文公宣言的完善。《元和郡县图志》是唐宪宗元和八年（813 年）李吉甫所撰。李吉甫是唐宪宗时宰相，地理学家、政治家、思想家。如果说秦文公时所营邑的城不是陈仓城，或者说还有另外一座城邑，《元和郡县图志》这样一部名著不会不作记载的。

《秦本纪》里这个秦文公宣言，对于研究秦的早期历史至关重要，但它却需要在周文化的大背景中探讨其意义和地理区域，在相关古籍记载中去相互印证，从而弄清秦文公徙都汧渭之会这个历史悬案史料依据的历史背景。这个秦文公宣言的语境与戴家湾有着密切的关联。

纵观宝鸡市区周围先周和西周时期的考古学面貌，不难看出，秦文公宣言与周人进入宝鸡的最早历史有关，与非子受召给周王室养马有关，与秦襄公享国有关。其核心地区就是吴山脚下渭河和汧河大夹角处的贾村塬区，并涉及整个汧渭之间的大夹角地带。

一、从考古资料寻找"昔周邑"的线索

1. 戴家湾墓地

戴家湾墓地位于宝鸡市行政中心以北，墓地中心在蟠龙塬南缓坡地上的引渭渠以北的戴家沟两侧，西边的最大范围不过刘家沟，东边的最大范围不过杨家沟。坡下是一块面积较大的平缓台地，最宽处有近 500 米，凸显于渭河川道，古陈仓下城就建在其上（1982 年修铁路复线时被挖掉）；东西长约两公里，坡根下原有水量较大的自流泉水，《水经注》上称其为陈仓水，是远古时期先民居住的理想场所。

这个墓地在国内外影响很大，曾出土了数以千计的、具有重要影响的商末周初的青铜器。经过调查，戴家湾墓地出土的 180 多件青铜器的资料比较翔实，其中重要的有禁 4 件、鼎 37 件、簋 28 件、卣 10 件、觯 10 件、彝 2 件、鬲 4 件、尊 6 件、甗 5 件、爵 9 件、角 2 件、盘 3 件、觥 1 件、盉 2 件、盂 1 件、斝 2 件、罍 1 件，其他多为车马器和兵器。

除此之外，还有玉器约 30 多件，如玉璧、玉琮、玉圭、玉璋等，多属玉礼器，其中有一件玉璧形体较大，外径约有 50 厘米。这么大的玉璧在西周考古中是比较鲜见的。这些玉器的时代也多在西周早期。还有许多小件玉器，如玉鱼、玉蚕、玉蝉、玉鸟及玉制兵器戈、矛、钺、剑首等。

另外，还出土了一批制作青铜器的陶范共 36 件，完好者 21 件，可辨者有鼎、簋、彝、罍等器物之陶范。这些器物的数量与等级，迄今是戴家湾周边其他地方无法比拟的。

这个墓地出土器物的时代特征非常鲜明，在商末周初的就有 160 多件，少数为西周中期、春秋和汉代的器物。从这批器物的用途上看，如夔纹铜禁虽然上无铭文，但这种器只有周王室才能享用，足见其意义非同小可。从铭文上看，如周公东征方鼎，鲁侯熙鬲表明其与周公家族有关，还有毛伯鼎、冉父癸鼎也是如此，涉及周文王小儿子冉季载的封邑。说明这个墓地在西周初年与周王室的关系十分密切。

苏秉琦先生 20 世纪 30 年代在斗鸡台的考古发掘，不但在中国的考古史上写下了浓墨重彩的一笔，而且最先在斗鸡台发现了先周文化的遗存，开创了先周文化研究的先河。他虽然还没能明确提出先周文化这个概念，但他对戴家湾墓地出土的陶鬲进行研究后，已明确提出了锥脚袋足鬲和铲脚袋足鬲的问题，这两种鬲虽属于不同的文化谱系，但它们出现的时代都在商末周初。这就为我们今天研究这个地区的历史提供了极为重要的实物资料。

2. 贾村塬西沿

贾村塬西缘是指沿金陵河走向的贾村塬西边的缓坡一带。这一带曾不断出土商末周初的青铜器和陶器，引起了考古工作者的关注。北京大学考古系和宝鸡市考古队在金河石桥村东的坡地上曾发现了一处西周时期的城墙遗址，这个发现虽然需要作进一步的确定，但这与前几年这里出土的西周早期器物的文化面貌是一致的，其意义非常重要。

1979 年 4 月，上王强家庄出土了 3 件青铜器，分别为觚、爵、觯，同出自一座竖穴土圹墓，因长期取土，墓圹仅存一角。觚呈喇叭口，体瘦高，腹饰饕餮纹，圈足饰目雷纹，以连珠纹镶边，其上有假十字孔。爵鋬下铸有铭文"冉父丁"三字，为冉氏族为其父丁所作器（图 5 - 1）。觯束颈，鼓腹，圈足

图 5 - 1　冉父丁爵

较高。颈部饰云雷饕餮纹，圈足施弦纹两道。

1979 年 9 月，石桥村农民在村旁挖土时，挖出铜鼎 1 件，簋 2 件，共出的还有 1 件陶罐。

这两处青铜器的出土地点都在贾村塬的西沿沿金陵河分布，强家庄稍微偏西北，但仍在吴山脚下，属一个文化区域。从这批青铜器的造型风格看，都是西周初年流行的式样，其中的乳钉纹簋，与戴家湾墓地出土的没有什么区别，可早到先周时期，直棱纹簋的时代不晚于成康时期。

3. 贾村塬上及其东沿

贾村塬亦称西平塬，地势比较平坦，土质肥沃，村舍密集，分布着桥镇、贾村、蟠龙三个乡镇，是一个富有传奇而又神秘的地方。它东起汧河，与凤翔塬隔河相望；南依渭河，与秦岭对峙；西至金陵河，与陵塬为邻；北靠汧（千）阳岭，与吴山相连，东西宽约 15 里，南北长约 30 里。贾村塬不但历史悠久，而且其文化内涵又呈现出多元性和复杂性。何尊在这里发现后，使这里显得更加扑朔迷离。多次文物普查表明，这里主要是以商周至秦汉的文化遗存为多，而又以商末周初和春秋两个时期最为突出。区域范围主要是以贾村、桥镇为中心的塬区东北隅沿汧河以西的塬边及坡地。

1987 年，灵陇村四组村民在挖土时，掘得菱形乳钉纹青铜簋一件，其造型与戴家湾出土的相同，送交宝鸡市博物馆，考古工作人员随即前往出土地进行跟踪调查，又在当地村民家中征集到青铜矛、铃各一件，同时还采集到陶钵残片一块，时代均为西周早期。

1980 年，在陵后村东北一个土梁上出土了一件玉琮。根据调查，这是一座西周早期的残墓。还在与此地不远的桥镇公社桥镇大队 13 小队的田地里，出土了一件西周早期的玉璋，也是出自一座残墓。这两个村子都处在贾村塬靠汧河西岸的塬边。

1974 年上官村的村民取土时发现四件青铜器。其中矢王簋盖上有铭文 3 行 17 字："矢王作奠（郑）姜尊簋，子子孙孙其万年永宝用。"（图 5 - 2）矢国与奠姜（姜姓郑国）为联姻之国，这件器当是矢为郑姜所作器。薮其簋盖上有铭文 3 行 17 字："薮其作宝簋，其万年寿考，子子孙孙永宝用。"另两件为兽首耳

图 5-2　矢王簋盖及其铭拓

簋。其时代较晚。

1983 年 1 月，扶托大队第三小队出土青铜器两件。一件为矢賸铜方甗，腹内底铸铭 2 行共 8 字："矢賸作宝旅甗永用。"（图 5-3）一件为窃曲纹铜鼎。

图 5-3　矢賸铜方甗

这两批器物都与矢国有关，从器物的造型风格来看，时代可能在西周中期甚至还更晚；从整个区域的文化传承来看，其与附近出土的其他遗物的有一定的传承关系，关联度较大。

4. 汧河上游一带

这一地区主要是指陇县汧河一带，虽然从距离上看与戴家湾相距较远，但同属汧河流域，从其考古学面貌上观察，文化属性上是一致的。

1976年以来，陇县天成乡韦家庄先后出土了西周早期青铜器14件，多为鼎簋尊等礼器，其中有一件西周初期的"夨"鼎；还有两件西周初期的方座簋和商代晚期的牧正尊等。

1984年，陇县东南乡低沟村出土西周早期青铜戈2件。

1986年以来，陇县东南乡板桥沟村先后出土西周早期青铜器11件。

1974年秋天，陇县曹家湾乡南坡村发现几座西周早期墓葬，出土了一批青铜礼器，计有鼎、簋、尊、甗和兵器戈等，其中M6：5戈有铭文"夨仲"二字，M2出土的当卢上有阳文"夨"字。这里出土的鼎、簋、甗及斗等的造型风格简直与斗鸡台墓地出土的同类器物如出一辙。

上述考古信息为我们探讨"昔周邑"的问题提供了有力的支持。

时代特征之早是其他地区无法比拟的。从目前已著录的考古资料来看，宝鸡周文化资料比较集中的地区有扶风、岐山、宝鸡市区、眉县、凤翔以及陇县和麟游，而又以扶风和岐山的周原为最。就扶风周原而言，绝大部分为中晚期。西周早期的多出土在宝鸡市区和陇县，而又以市区为最。以戴家湾墓地的出土为龙头，辐射至金陵河东岸的贾村塬西沿和汧河上游的陇县一带，几乎时代都在西周早期甚至更早。

地区特征之集中是其他地区无法比拟的。宝鸡地区周文化遗存比较集中的区域一是扶风和岐山接壤的周原，二是宝鸡市区，三是眉县渭河以北的缓坡地带。这三个区域中，宝鸡市区的强国墓地文化属性比较明确，主要活动区域在渭河以南的清姜河东岸，斗鸡台区域几乎全是围绕贾村塬而辐射分布，即渭河北岸、金陵河东岸和汧河西岸。陇县虽和这三个区域较远，但是属于本文所要涉及的一个文化区域，这里出土的西周器物大多出土地点明确，都处在汧河沿岸，如韦家庄、城关、东南镇的低沟、板桥村、曹家湾镇的南坡村等地。时代特征也和斗鸡台一样，都在西周早期。其他地区如凤翔，仅在西村和水沟村等地有零星发现。

孙家南头村发现的周秦墓地，与斗鸡台墓地相比，规模和规格要小得多，而且不属于周姬姓封国。陈仓区高庙村的西周墓区虽然时代较早，但属于虢国区域。

出土青铜器质量和等级之高也是比较突出的一个特点。戴家湾一带出土的青铜器虽然同周原庄白窖藏、董家窖藏以及眉县杨家村窖藏相比还有差距，但作为一个墓地而言，其规格等级之高、影响之大，又是市区周围所不多见的。千余件青铜器虽大多已流失国外，但资料比较齐全的就有180多件。这批器物的许多造型精美绝伦，如夔纹铜禁虽然上无铭文，但其器形之庞大，令人惊诧！这种器属周代考古上的首次发现，只有周王室在祭祀时才能享用，因此一出土，就震撼了国内外，足见其意义非同小可。流落国外现被美国收藏的鸟纹卣、直棱纹方彝之华丽堪称于世。从铭文来看，如周公东征方鼎、鲁侯熙鬲明确表明其与周公家族有关，何尊铭文所反映的时间和内容也与周公有直接的关系，毛伯鼎也表明这个墓地与周王室非同一般。作为一个墓地，鼎、簋、尊、卣、鬲等礼器数量之多，也是考古中不多见的。因此，不论从那个角度上对其进行评价都不过分。

二、从关中畿内的封国地望看"昔周邑"的文化属性

上述考古资料表明，在西周早期，以戴家湾为中心的贾村塬乃至汧河上游一带，活跃着一支地位非常显赫、文化非常发达、影响非常大的周族势力。那么这支周族是谁呢？

周的邑城主要有三处，这就是岐周、宗周和成周。周人的先公古公由豳迁岐，至季历、文王都在岐周，就是今日之扶风和岐山交界的周原；宗周在今日长安区沣镐一带；成周在今洛阳，这已经十分清楚了。

除此之外，我们要考虑的是封国的都邑问题。西周时期，关中西部的宝鸡属畿内地区，其封国有召、散、井、虢、夨以及后来发现的强国等。这些封国中，散和强不属于姬姓，夨的问题较复杂，大多数学者认为它是姬姓。这样，"昔周邑"这番话从属姓上就只有召、井、虢和夨这些姬姓国了。召的地望还到不了汧河西岸的凤翔塬；虢的地望在汧河以东的虢镇至虢王一线的塬边上下；井也到不了渭河以北和汧河以西；强这个方国史料中没有记载，是近几年来的考古中才发现的，其地望在渭河以南的清姜河流域，就只有一个夨了。

矢是周族姬姓，是商末周初活跃在陇县至贾村塬一带的一支非常强大的方国势力。从上述考古资料我们可以清楚看出，矢器在这个区域里屡屡出土，这是其他方国里所不及的。如 1974 年在汧河上游南坡村矢人墓地出土的矢仲戈和带矢字的车马器等，这种带矢字的车马器还曾在汧河下游西岸的灵陇村和斗鸡台墓地都有出土，贾村塬上官村还出土了矢王簋盖，扶托村还出土了矢膳盨，斗鸡台还出土了两件矢父乙觯，纸坊头还出土了矢伯鬲。这足以说明，汧河流域是矢的势力范围。

散虽然不属于姬姓，与"昔周邑"无关，但它却与矢国为邻。散的地望按传统的说法当在凤翔塬上，王国维判断在渭河以南的大散关一带，但考古发现证明那里是彊国地界。矢的势力范围是否到过汧河东岸的凤翔塬边一带呢？这个问题不但涉及"昔周邑"的确定，而且还间接的涉及秦文化的研究。

散氏盘铭文中说，关中畿内的矢、散二国边界相连，矢人屡次侵犯散国的边界，掠夺土地和财物。散人向周王告状，后来在周王的调解下，矢人不得已，同意以田园二区作为对散人的赔偿，并且发誓将田交付散人后，永不毁约，否则就照田价付罚金，并通知其他各国与矢人断绝交往。这场官司中还具体规定了这两块赔田的区域、疆界，并由两国共同派官吏勘定后交接。周王还派一个叫仲农的史正（官名）到场作证，仲农完成使命后，遂将新界地图交与矢人，并留下左券。在这种情况下，散人鉴于矢人平素的行为，仍是不放心，怕他们毁约，于是就把这场官司的全过程及矢人的誓约铸在铜盘上，作为永久的证据，以防不测。

依据这段铭文和考古资料，再对这一带的地形进行实地考察后，我们可以清楚的判断，矢散两国是以汧河为界的，除此之外别无其他选择。由于矢人势力的强大，曾屡次侵犯散国的边界，掠夺去了汧河以东散国的土地和财物。后来在周王的调解下，矢人同意把汧河以东的田、园二区返还给散。也就是说，汧河以东并不是矢人的势力范围，矢人虽曾占有过散国汧河以东的田园一带，但最终还是归还给了散国。因此，传世的凤翔塬西缘一带曾出土的矢人器物就不足为奇了。尽管如此，我们不能把那里当作矢人的地望和中心，最多只能算作是一个被矢人经常掠夺和侵扰的边缘化地区。"昔周邑"也就自然不会在那里了。

综上所述，"昔周邑"这番话的语境只能在姬姓矢人的封地以内来考虑了。

从已有的考古资料来看，从汧河上游的韦家庄直至汧河下游的贾村塬上，都有大量的西周青铜器出土，从质量、数量和规格上看，又以贾村塬南缘下的斗鸡台为最著，说明西周早期，沿贾村塬西坡（金陵河）、南坡（渭河）、东坡（汧河）一带是周族的一支重要生活区域。从其时代又多在商末周初的情况来看，说明周（夨、芮）人的最鼎盛时代在西周早期，其中心在戴家湾；后来把中心可能逐步的转移到了塬上的贾村镇一带，散氏盘和夨王簋盖就是这种衰败和转移的证明。

三、从文献记载看"昔周邑"的历史背景

要想说清秦文公到达汧渭之会后说的："昔周邑我先秦嬴于此，后卒获为诸侯。乃卜居之，占曰吉，即营邑之。"的语境问题，不得不涉及夨国到底是不是吴国？太伯奔吴是到了宝鸡还是到了江苏？

吴太伯、仲雍奔"荆蛮"，是周族发展史上的一件大事，这个问题不仅是西周史研究中的一个热点和难点，而且也是探讨"昔周邑"时需要考虑的一个重大历史背景。

《史记·周本纪》在谈及太伯奔吴时说：

> 古公有长子曰太伯，次曰虞仲。太姜生少子季历，季历娶太任，皆贤妇人，生昌，有圣瑞。古公曰："我世当有兴者，其在昌乎？"长子太伯、虞仲知古公欲立季历以传昌，乃二人亡如荆蛮，文身断发，以让季历。

这个太伯所去的"荆蛮"到底在什么地方？自汉代以来多认为是春秋时吴越之吴，也就是太伯建立的吴国，地点在今江苏省无锡一带，历史上被称为南吴。

自20世纪二三十年代开始，许多前辈学者对太伯奔吴就是到了江苏的传统说法提出了质疑，他们通过对古文献资料的研究，提出文王之伯父太伯、荆蛮所奔之"荆蛮"（吴）不在南方之江苏，而在陕西省宝鸡地区的吴山一带。后来的考古发现和研究对这个观点做了进一步证明。卫聚贤、顾颉刚、蒙文通、张筱衡、刘启益、田昌五等学者认为荆蛮在今宝鸡一带。

近几十年以来，宝鸡地区发现了大量与太伯奔吴有关的考古资料。这些资料是对近代以来关于太伯奔吴是到了西吴，即宝鸡地区的补充和肯定，为太伯奔吴

提供了宝贵的实物证据。

如强国遗存，不是西北原有的民族，而是商末由陕南进入宝鸡的南方巴蜀民族。《蜀王本记》上有一则"荆人鳖灵"的故事，故事中的"荆人"就是"荆蛮"，因为"蛮"在南方的本意是"人"，所以巴人就是荆蛮，强氏自然也就是荆蛮人了。

强国墓地曾出土一件车饰，是一个高浮雕的铜人，断发披在脑后，背部刺有鹿纹，臂与小腿上也有刺纹；一件铜钺的内部也有一脑后断发的纹饰。这些无疑是"长子太伯、虞仲知古公欲立季历以传昌，乃二人亡如荆蛮，文身断发"的形象。这些一方面说强氏是巴族，巴人是荆蛮人，另一方面可证太伯奔荆蛮自然是到了宝鸡吴山一带建立了吴国的。

再如，与太伯奔吴有直接联系的是矢仲戈（图5-4）。这件戈出土于吴山下的陇县曹家弯南坡村矢国墓地。因虞、吴、矢相通，因此矢仲戈也就是"虞仲戈"了。文献记载有两个虞仲，这件戈的时代当是仲雍的曾孙、周章之弟虞仲，武王灭商后，虞仲被封到山西去作虞国的君长了。这件戈就是虞仲未分封到山西以前在陇县活动时的遗物。

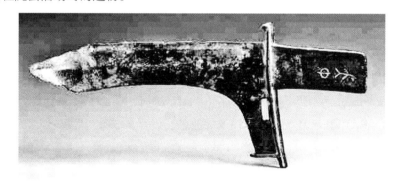

图5-4　矢仲戈

殷盛平先生提出矢国是姜姓，不是姬姓，矢国不是吴国，也不是吴国的前身。吴国是太伯奔吴后所建，康王之前还活动在陇县、吴山一带，被称为西吴；康王时被改封到了江苏宜地，后世称为南吴。山西平陆之吴是周武王追封周章之弟吴仲之吴，它是矢氏分出去的一支，不是太伯奔吴后所建，后世称其为北吴。殷盛平先生的这个研究成果对研究宝鸡西周史中吴国历史是一个突破。

但是，矢器不光是在宝鸡的汧河流域有出土，河南洛阳和江苏、山西等地也都有出土。奇怪的是，这三处都与吴国的历史有关。说矢国不是吴国，但每每出矢器的地方，不论是西吴、北吴还是南吴，总是离不开这些区域，而且其时代特征又都和吴国的存去那样一致，这不能不让人感到疑惑。吴、虞、矢之争论一直被学术界所关注，我们认为，古代吴、虞、矢通用，吴字省去口字又是矢，因此矢国就是吴国，比较符合太伯奔吴的历史，以及宝鸡地区矢的考古学文化面貌特征。否则，这个区域里的历史记载和考古发现将不好统一。

四、从非子养马地看"昔周邑"的周文化属性

非子养马与非子邑秦的地望确定，不但关系到对秦文公宣言和秦文公徙都"汧渭之会"的理解，而且还牵涉秦人的迁徙路线。

《史记·秦本纪》载："非子居犬丘，好马及畜，善养息之。犬丘人言之周孝王，孝王召使主马于汧渭之间，马大蕃息。"关于非子的这段历史，有两点一直争论不休，一是养马的大体地方，二是秦邑的具体地方。非子牧马和邑秦的地方，自汉代以来的《汉书·地理志》《水经·渭水注》《十三州志》及《括地志》的诸多注释，都说在今甘肃天水地区的清水县一带。有学者认为，这个说法多是附会了那里"秦亭""秦谷"的地名，认为非子所封秦邑在"秦亭"附近，清水一带当时有秦亭、秦谷就大概不会有问题。但说秦亭、秦谷就是非子的所邑之秦，却明显是附会。因为此说与《秦本纪》原文全然不符。

近代以来有学者对这种解释提出了质疑。一是认为非子养马于"汧渭之间"在《秦本纪》上的记载是明确的，这个"汧渭之间"顾名思义，并不难理解。即使再往外延，也到不了陇山以西的清水一带。二是《秦本纪》中非子邑秦与文公到达汧渭之会后的一番演说应当是一致的。《史记·秦本纪》在追述秦文公至汧渭之会后曰："昔周邑我先秦赢于此，后卒获为诸侯。乃卜居之，占曰吉，即营邑之。"这段话自身就可以反证，非子营邑的地方就是秦文公所到达的汧渭

之会这块地方。《史记·秦本纪》记载表明，非子封邑的地方不可能与养马的地方是两处，秦文公宣言中的"我先秦嬴于此"也不可能是指陇山以西的清水一带。所以非子主马"汧渭之间"的地望应该在今汧渭交汇的宝鸡附近的渭河谷地。

据史书记载，秦仲时期，"厉王无道，诸侯或叛之。西戎反王室，灭犬丘大骆之族"。如果非子这支回到陇山以西和西汉水上游一带的西犬丘，在西戎反王室，灭大骆之族背景下，怎么独独留下了非子这一支？要知道，大骆一支一直与姜姓之戎申联姻，其与西戎的关系应该好于非子这一支。因此，正是由于非子一支留在陇山以东今汧渭交汇宝鸡附近的渭河谷地，才使得这支秦人躲过了那场灭顶之灾，为秦人的后来发展保存了实力。

"汧渭之会"可能并不是一个具体的城邑之名，而是一个地理范围的称谓或是治域而已。迄今的考古发现，还不足以能够确定其中心之所在。不过，从春秋早期的军事态势与已有的考古发现看，自汧河左岸的陈家崖向西，跨越汧河，到戴家湾之间的贾村塬南坡地带，形成了一个都邑文化圈，"汧渭之会"的政治中心只能在这个文化圈内寻找。秦文公宣言结尾的"即营邑之"，就是史料中记载的秦文公营筑的陈仓上城。因此我们认为，陈仓上城就是"汧渭之会"的军事和政治中心。

陈仓城的地望，据《元和郡县图志》载，宝鸡夏商时为雍州陈国，战国时秦设陈仓县。秦文公筑陈仓城，史称上城。《元和郡县图志》中记载，陈仓城"有上下二城相连，上城是秦文公筑，下城是郝昭所筑"。陈仓上城，原址在今戴家湾无疑。

五、从秦襄公受封享国看"昔周邑"的营筑背景

秦襄公因护送周平王东迁有功才开始受封享国的。其实周平王封给秦的疆土已被戎人占领，秦人只有赶走戎人才能真正取得这块土地。于是，秦襄公"备其甲兵，以讨西戎"，最终战死在岐地。

秦文公接任，三年后，率兵七百人从西垂出发开始东猎，经过一年，四年才到达汧渭之会。《秦本纪》中没有说秦文公到达汧渭之会后"即营邑之"的城邑

就叫陈仓城，陈仓城是唐代的《元和郡县志》中提出是秦文公营筑的。这与《秦本纪》中"秦文公宣言"是上下衔接的，符合"秦文公宣言"的本意。实际上陈仓城的营造是在与戎、狄势力争夺岐以西之地的军事背景下进行的。

当时的军事态势是，汧河以东的凤翔塬直至岐地，还被强大的戎、狄势力所占领，雍城以南至汧渭之会处东夹角是小虢。这样，汧河自然成了一道天然屏障应该充分利用。而戴家湾以北的平原乃至汧河谷地大片土地，是非子长期定居经营的大后方，戴家湾西侧有一道天然的壕堑，戴家湾西南是通向大散关，直达陕南、四川的驿道。戴家湾坡下有一小溪流入渭河，《水经注图》中称陈仓水。因此，戴家湾的军事地势相当有利，尤其便于防守，从军事上考虑，此处营建城邑，其条件十分优越。实际上，所谓的都邑，也就是一个军事性质的城堡。

秦文公十六年（前750年），对戎人发动了一次战争，并取得了胜利，才"地至岐"。这里的"岐"是指岐山周围的广大地区。可见到这时，岐以西之地（即今关中西部的广大地区）才为秦人所有。

综上所述，戴家湾一带的古陈仓，商末时周人在迁徙过程中，曾兵分两部，太伯、仲雍这一支来到吴山脚下。西周初年，周王室先后封他们在这里建立了吴国（矢）国和芮（冉）国，主要活动区域在汧河的上游乃至下游的贾村塬一带，其中心在贾村塬南坡下的戴家湾一带，并在这一带建立了城邑。由于矢人屡次侵犯散国的边界，势力虽曾到达过汧河以东的凤翔塬西沿，但其疆界始终没有越过汧河。西周中期以后，其中心可能向塬上贾村镇一带有所扩展。西周晚期，随着周人势力的衰落和秦人的进入，周（矢）人一部分随周王室东迁，一部分融入秦。

以戴家湾为中心的古陈仓这块地方与秦人息息相关。非子受孝王之召在"汧渭之间"为周王室养马就是指的这块地方；西周晚期，厉王恩将仇报，秦人不得不折回西垂；秦人立国初年再次来到这里，在这里营造陈仓城，经过十多年的养精蓄锐，跨越汧河，对盘踞在凤翔塬上的戎人势力发动了一次战争，赶走了戎人，取得了秦文公到达"汧渭之会"后的第一次胜利，才真正获得了岐以西的封地。迄今为止，汧河东岸秦文化考古发现的遗物遗存，主要是孙家南头遗址，多在春秋早期晚段，符合秦人早期的历史背景。

六　西周城址的发现与青铜鼎记忆

　　戴家湾墓地出土的青铜器表明，这是一处商末周初级别相当高的贵族墓地。从目前宝鸡市区已有的考古发现来看，除了文化背景相近的石鼓山墓地，还没有一处西周墓地出土的青铜器的数量、时代、规格上能与戴家湾墓地出土的青铜器相媲美。虽然由于党玉琨的掠夺性盗挖，给其文化属性包括族属和墓主的确定造成了很大困难，但这依然不影响对这个墓地级别的判断。一般说来，有其墓地，必有与其相对应的城邑和生活区。那么商末周初，这个居住着地位相当显赫、文化相当发达的主人的城邑和生活区到底在哪里呢？

　　第三次全国文物普查期间，考古工作者曾发现一座面积相当于北京天安门广场大的西周城址。这座城址位于戴家湾西北方向金河乡石桥村金陵河西岸山坡之上，坐西面东，地势西高东低，东抵金陵河畔，西至陵塬塬顶，平面呈梯形。经测量，整个城址西墙长 135 米，北墙长约 1300 米，南墙长约 820 米，东墙长约 1100 米，周长约 3350 米，面积约 40 万平方米。初步推断为西周时期。

　　实际上，这个城址的发现应当是一个考古的过程，如果说这个过程还有一个序幕的话，那就是 30 年前出土在这个城址上的一批青铜器留给人们的记忆！如果继续追踪，它还可能与戴家湾西周墓地有关，与周初历史上的太伯奔吴有关。

　　早在 1979 年 9 月，宝鸡县金河公社石桥大队农民在村旁（现在发现城址的东北隅）挖土时，挖出方格乳钉纹青铜鼎 1 件，方格乳钉纹盆式青铜簋 1 件，直棱纹青铜簋 1 件，共出的还有一件陶罐。另外还征集到简化兽面纹铜鼎 1 件，铜瓿 1 件，车马器若干。这些铜器应当出自一座墓葬，其形制纹饰都是周初流行的式样，具有西周早期青铜器的明显特征。其中乳钉纹簋可早到商代末期，直棱纹簋等的铸造时代不晚于成康时期。在距这个发现不远处的县功白道沟村的土壕内亦出土了青铜簋 1 件、戈 1 件，其时代与石桥的这次发现相同；在其稍南的五里庙还发现了时代更早的青铜器。

若再放开思路，对宝鸡地区已出土的青铜器作综合观察，不难发现，宝鸡周文化资料比较集中的地区有周原（确指）、宝鸡市区、眉县、凤翔以及陇县和麟游，而又以周原为最。就周原（沟东）而言，绝大部分为中晚期。西周早期的多出土在宝鸡市区和陇县，而又以市区为最。以戴家湾墓地的出土为龙头，辐射至金陵河东岸的贾村塬西沿和汧河上游的陇县一带，几乎时代都在西周早期甚至更早。不仅如此，这些青铜器的质量和等级之高是附近地区无法比拟的，虽然同周原庄白窖藏、董家窖藏以及眉县杨家村窖藏不可同日而语，但作为一个墓地，特别是西周早期而言，其规格等级之高，影响之大，又是市区周围几个地区所不多见的。

戴家湾千余件青铜器虽大多已流失国外，但资料比较齐全的就有 180 多件。这批器物的许多造型精美绝伦，如夔纹铜禁虽然上无铭文，但其器形之庞大，令人惊诧！这种器属周代考古上的首次发现，只有周王室在祭祀时才能享用，因此一出土，就震撼了国内外，足见其意义非同小可。

流落国外现被美国收藏的鸟纹卣、直棱纹方彝之华丽堪称于世。从铭文上看，如周公东征方鼎，鲁侯熙鬲非常明确地表明其与周公家族有关，何尊铭文所反映的时间和内容也与周公有直接的关系，毛伯鼎也表明这个墓地与周王室非同一般。作为一个墓地，鼎、簋、尊、卣、鬲等礼器数量之多，也是考古中不多见的。

这足以表明，在西周早期，以戴家湾为中心的贾村塬乃至金陵河流域的吴山脚下，活跃着一支文化非常发达、影响非常大、地位非常显赫的周族势力。那么，这支周族是谁呢？与这些青铜器时代相对应的周初历史上的两件大事不得不引起人们的关注。一是吴太伯、仲雍奔"荆蛮"，二是"周公奔楚"。这两件事都是周初周族发展史上的大事，虽然《史记》上没有说清楚这个"荆蛮"和"楚"在什么地方，给今人留下了许许多多的聚讼。自 20 世纪二三十年代开始，许多学者对太伯奔吴到了江苏的传统说法提出了质疑，他们通过对古文献资料的研究，提出文王之伯父太伯、荆蛮所奔之"荆蛮"（吴）不在南方之江苏，而在陕西省宝鸡地区的吴山一带。后来的考古发现和研究对这个观点做了进一步的证明。"周公奔楚"的楚地在什么地方？这可能和《史记·吴太伯世家》中说的"太伯之奔荆蛮，自号句吴"的"楚"有关系。西周时，楚和荆经常连用，楚就是荆，荆就是楚，所以《吴太伯世家·索隐》说"荆者，楚之旧号"说得相当明白。如此说来，周公还政于成王后，也是来到了宝鸡，戴家湾出土的周公东征方鼎和鲁侯熙鬲等与周公家族有关联的青铜器，可能都与此事件有关。

但是这些青铜器所提供的信息还远远没有发掘出来，所反映的区域、等级、时代，绝对不是一个孤立的考古学文化现象。就是这些青铜器所特有的记忆信息在逼着我们去想象、去发掘——在商末周初那个遥远的年代里，在金陵河和渭河交汇流域，拥有这些青铜器的主人到底是什么人？

2005年秋，宝鸡市考古研究所的辛怡华副研究员和北京大学考古系的博士研究生刘静，在石桥村当年出土西周早期青铜器的地方进行踏查。偶然发现村西坡地上一处断崖上有夯土，这给他们带来了无比的兴奋！历史在这个坡地上沉睡了三千年，虽然历经风雨剥蚀，已经满目疮痍。但是历史并没有被埋没！迄今依然屹立在那荒坡上的残垣断壁，只是在向人们诉说着它们的不幸和苦难——没有人能识破它的庐山真面目，因而也就得不到保护！

这不就是一处古城墙的遗址吗？但它是什么时代的？范围有多大？还是个未知数。后来经过他们连续几天的奔波调查，在另外几个点上也发现了夯土遗存，这样，城址的范围大致可以确定了。特别令人高兴的是，在近坡根处，即城址的东北隅，发现了一处先周时期的灰坑处在城址之下，再考虑到城址上方带有关中地区常见的春秋战国时期形成的"红腰带"土，这就为确定这个城址的年代提供了绝好的断代依据，这是一个西周时期的城址可以得到确定了。这个城址和已出土的这些青铜器应当有密切的联系。

但是，接下来的考察让人十分不解！一般来说，如此大的城址内，必定有宫殿遗迹、居民居住区、公共活动区乃至墓葬区，但是跑遍了城址的范围，很少能发现房址、灰坑、墓葬等遗存，用考古工作者的话说，干干净净！为了进一步解决这个疑虑，后来又在城址的最上端进行了钻探，发现城墙墙基的宽度有6米，这就进一步证实了这个城址的规模是极其宏大的。这些现象与这个城址的规模很不相称。有鉴于此，这个发现也就一直处在十月怀胎之中。第3次文物普查中，考古工作者的目光不得不再一次集中在这个腹中的胎儿身上。经过北京和省内各路考古专家的集体会诊，认为这个胎儿虽然发育还不很健全，未发现城内有宫殿、民居建筑遗迹、公共活动区乃至墓葬区，加之年代久远，对其性质、功能还不清楚，但是这座城址的发现意义还是十分重大！需要将来对其做进一步的考古调查、勘探及试掘工作。

从考古学遗存来看，虽然这是西周时代的一座空城，但是它的历史内涵不应当是空的。参照已发现的周公庙周城和凤翔水沟周城，它们的选址环境有着惊人的相似，都是处在缓坡地带上。这里已出土的青铜器也可以印证这个城址的建筑时代当在西周早期。我们虽不能把当时的城全当作都邑，但是，凡都邑必然是城这点毋庸置疑。虽然考古遗存如此空空不能令人满意，但是城址的范围如此之大，不得不使我们去深思！

西周时期，西周的邑城主要有岐周、宗周、成周三处，除此之外，关中西部的畿内地区的封国较多，有召、散、井、虢、夨、弓虽等。这些封国中，召、虢、井、散的地望都未到达金陵河，弓虽的地望在渭河以南的清姜河流域，只有夨势力范围在汧河流域。我们认为这座城址可能与夨国或吴国有关，很可能是太伯一支来到这里后所建。还未来得及使用，周人很快灭商，国家形势发生了很大变化，其城防的作用不像当初那样重要，后来被慢慢废弃。

这座城址与戴家湾墓地是否有联系，现在还无法肯定，但二者在时代背景上是一致的。

七　宝鸡得名与戴家湾的关联

近年来，宝鸡提出了一个宣传口号："看中国，来宝鸡！"这是根据青铜器何尊铭文中"中国"一词的最先出现而说的。虽然说何尊铭文中的"中国"语意与当代"中国"的内涵大相径庭，但这确实是"中国"一词的最早出现。

既然如此，我们不妨再高声呐喊："看中国，来宝鸡！看宝鸡，来戴家湾！"你也许会说，这是文学推理式的演绎。不！这是真真切切的历史！

网上曾有一个全国最古老的十大城市排名，宝鸡就名列其中。而宝鸡之所以如此著名？其渊源就在古陈仓！而古陈仓就在戴家湾。而宝鸡名称的由来也与戴家湾有关。

一、宝鸡名称是由"陈宝"演变来的

据《元和郡县图志》载："（宝鸡县）夏商时为雍州陈国，战国时秦设陈仓县，秦文公筑陈仓城，史称上城，原址在今戴家湾附近。"又据《元和郡县志》记载，陈仓"唐至德二年改为宝鸡，以昔有陈宝鸡鸣之瑞"而得名。由此我们不难看出，宝鸡之名历史悠久，虽历经沧桑换代，但万变难离其宗，这就是"陈"和"宝"。

大凡宝鸡人，对"陈宝祠"这个名称并不感到陌生。这个名称是源于秦"文公获若石"的故事。这个故事近似离奇，甚至荒诞，但并非后人杜撰，它确是秦国早期历史上一件非常有意义的重大事件。尽管秦人早期的历史极为简略，但对"若石"的记载却颇多，并且推衍出了许多有趣的故事。

《史记·秦本纪》云："（文公）十九年得陈宝。"《史记·封郸书》云："文公获若石云，于陈仓北阪城祠之。其神或岁不至，或岁数来。来也常以夜，光辉若流星，从东南来，集于祠城，则若雄鸡，其声殷云。野鸡夜雏。以一牢祠，命曰陈宝。"《汉书·郊祀志》中又重复了《封郸书》中的这段记载。

此后，特别是从汉代至唐代期间，许多史料对此都做了各自不同的解读，这些解读都还没有离开"若石""陈宝"这个范畴。

但自至德二年二月十日唐肃宗来到凤翔指挥平叛安史之乱期间，陈仓被改名宝鸡以后至近代，围绕"若石"衍生的故事已经不是最初意义上若石的含义了，诸如"陈宝鸡鸣""宝鸡神祠""宝夫人祠"等等。

这种变化，自然不能排除西汉初年由于社会变革的影响，秦人社会中的许多原始习俗和信仰自然随着文化的整合而日渐消融，这当然包括因若石而产生的陈宝祠的文化现象。正史对这种文化现象的记载是真实的，而此后的一些延伸解读就不同了。

《晋太康地志》的解读为："秦文公时，陈仓人获得兽，若彘，不知名。牵以之。逢二童子。童子曰：此名为'媦'，常在地中食死人脑。即欲杀之。拍捶其首。'媦'亦语曰：二童子名陈宝。得雄者王，得雌者霸。陈仓人乃逐二童子，化为雉。雌上陈仓北阪，为石。秦祠之。"这种解释在两晋至隋唐流传最为广泛，虽有秦人的崇神唯权观和称霸天下的图谋衍生之意，把"石"衍生为"彘"（猪），仍保留了"若"的前提，但已和"文公获若石"的文化环境联系很少了。

《水经注》的解读为："（陈仓）县有陈仓山，山上有陈宝鸡鸣祠，昔秦文公感'伯阳'之言，游猎于陈仓，遇之于此阪。得若石焉。其色如肝。归而宝祠之。故曰陈宝。其来也自东南，晖晖声若雷。野鸡皆鸣。故曰'鸡鸣神'也。"这个解释虽然和《史记·封郸书》的记述差不多，但已开始忽视了"若石"的神性，注重了石头自身色泽的描述。苏秉琦先生把这种现象科学的解释为陨石坠落时惊动山鸡鸣叫的自然现象。这种现象的背后隐藏着秦人原始的习俗信仰。

"若石"的演变在魏晋时期达到了顶峰。《搜神记》和《列异传》都有和上述记载差不多的内容。《搜神记》和《列异传》都是魏晋时期出现的志怪小说，这个时期诸如此类书籍大多与崇尚风水和神鬼有关，正史中关于秦"若石"的记载便被这类书籍大加利用和发挥。

唐宋以来对"若石"的解释在基本内容上再没有什么新的发展，多是对上述文献的引用。唐张守节《史记·正义·括地志》先引用了《晋太康地志》的解释，接着又引用了《搜神记》中和上述记载差不多的内容。唐司马贞为《史记》做索隐时也引用了《列异传》中和这个差不多的解释。南宋时期的地理书《舆地纪胜》对"若石"的解释也没有脱离以上的框架，但对"若石"故事的演变已经越来越人格化了。

唐至德二年（757 年）二月十日，唐肃宗来到凤翔，指挥平叛安史之乱期间，把陈仓改为宝鸡。如果说他主观愿望是把"若石"当作神鸡，想给人们带来吉祥的话，这种解读恐怕值得深思。因为在殷周人的观念里，神鸡——雊雉鸣叫被视为灾异，而非祥瑞，这显然与秦人的初衷是相悖的。西晋潘岳《西征赋》"宝鸡前鸣，甘泉后涌"的记载中第一次把"宝鸡"二字联在一起。此后，宝鸡的名字便屡屡出现，尤其是在唐代的诗作中更是屡见不鲜。王宏波先生对这种现象进行研究后提出，唐肃宗改陈仓为宝鸡地名当是约定俗成的自然演变，是水到渠成的必然结果。后来随着陈仓的迁治和易名，原本包含着浓厚的秦文化色彩的"陈仓"和"宝鸡"的历史地名，已经很少与"若石"能够联系起来了（图 7 - 1）。

图 7 - 1　宝鸡城址变迁示意图

总之，陈宝的故事发生在秦文公筑陈仓城 15 年以后，这块"若石"是秦文公在陈仓城北面的山坡上打猎时获得的，于是就把它叫作"陈宝"；后来在陈仓城内修了一个祠，就叫作"陈宝祠"；西晋潘岳《西征赋》记"宝鸡前鸣，甘泉后涌"；北魏郦道元的《水经》"山上有宝鸡鸣祠"；后来的《括地志》说"宝鸡神祠在汉陈仓故城中"。总之，这个陈宝的故事与陈仓密不可分。陈宝成了陈仓的同名，陈宝、陈仓就这样变成了宝鸡。

二、宝鸡名称含义中的秦人天地崇拜观

宝鸡的地名经历了一个由若石→陈宝→陈宝鸡鸣→宝鸡的过程，其真正的含义应当在于一个"若"字。

"若"是一个非常古老的字，不但在商代的甲骨卜辞中常见，在西周的青铜金文中也不少。苏秉琦先生虽然没有专题论及这个问题，但他在谈及这个问题时，指出"若石"是神物，这应该说已经接近文公"获若石"的语言环境了。张光直先生认为"若亦是一种巫师所作之祭"。王占奎先生指出若的本意当即事神之象，事神、通过神意来统治民众，事神者同时又是统治者，及"命自天出"的基本观点应当说是能够帮助我们理解"文公获若石"的文化背景的。

要得真正弄清若字的最初含义以及它所反映的考古学和训诂学的特征，必须从甲骨文和金文说起。因为甲骨文和金文的最初字义往往是从形义上开始的。

综观甲骨文中若字的大体构形是"𦥑"，一人作踞跪状，双手高举，顶上为长长的头发。金文中若的构形"𦥑"也大体和甲骨文相似，有的金文𦥑加"𠙵"构成会义，强调女子顺从应答。这就进一步强化了若字形体的神性。踞跪是商周社会一种最常见的求神祭天的礼仪姿势，因此许多甲骨文和金文中都是这种写法。由于人们相信上帝神祇高高在上，故在踞跪祭拜的同时双手高举。尽管先秦社会上帝、神权的意识占主导地位，但上帝和神到底是什么？自古到今，不可见其形，不可听其声，谁也说不清。为了做到神灵和人的心灵的沟通，必须有一个中间媒介，把神灵的意志转达给人，这个媒介就是一种特殊的人，这种人披头散发，既不像人，又不像鬼，其实他就是巫师。天帝和神灵的意志通过巫师的口传达给人。《国语·楚语》云："夫人作享，家为巫史。"这说明远古时代巫师的影响在社会生活中相当广泛。到了商周时期，"若"所代表的巫师已经具有一定的

特定含义，已经和上帝、天子，国王紧密地联系在一起了，天、巫师、统治者实为一体，如商周卜辞中"帝降若""帝示若""帝若""王若曰"等等都体现了这个意思。三代时期，事神者是专职的巫师或祭司，因此不论是甲骨文，还是金文中"若"的字，形象就是控制天帝意志的巫师。

从字义上看，若字有着鲜明的时代特征，特别是春秋以后若字的字义已很难反映出先秦时期的文化内涵。现存的多种辞书中，很难看出若字事神灵、统治、统领的意思，《辞海》包括直接解释金文的《金文常用字典》《说文解字》等都几乎如出一辙的释"若"是顺从、柔顺。其实，这种释意在春秋以后，当是对"若"的神灵含义的衍生。如果脱离它的原始含义和字语环境，就很难对三代典籍中的一些与若字相关的问题做出准确的回答。先秦文献中的这些若字初义当即事神者之象。由于神意是由事神的巫师传布的，故若又可指代神意；事神者通过神意来统治民众，事神者同时也是统治者，故若又有统治、统领、使顺从等意义。自下对上而言，若又有顺从、接受统治、敬泰、敬从等意义。简而言之，先秦时代典籍中的若解读为通神达帝的巫师，或首领，进而衍生出统领主管之义，较为符合若的原义。

至于若的语气和结构助词功能，诸如选择及、如、乃、假如、或者等等，已是汉以后语言发展的结果，与若字的最初含义大相径庭了，已看不出若字神性的原始文化特色了。

由于三代社会实际上就是一个神权统治的社会，神就是巫师，巫师就是部落首领、酋长、国王，巫师的意志就是天的意志。在神权和政权一体化的时代，只有掌握了神权才能使其统治合法化，才能使其统治得到稳固，才能使其政令行之有效。这种意识到了西周，政治色彩更加浓厚，神权与政权已经合而为一，因此在表现形式上，商周的许多金文和卜辞中，若的用法常常是十分的相似，"若"与"王""帝"常常联系在一起，唯王才能用"若"。

总之，若在先秦时期，是一个神圣的用语，在商周时代有着特定的含义和时代文化特征。由于若字在甲骨文中是一个"神用"词汇，因此在青铜器铭文中常常是王、若不分家，这时的若字已不是简单的神灵意义了，而是有了特定的政治含义的御用词汇了。由此不难看出，秦文公时期发生在陈仓大地上的这个天降若石的故事，是天降神灵于秦人的天地崇拜观的体现。至于后来演绎出的宝鸡、神鸡、凤鸟等等，虽然也可以与秦人之图腾崇拜进行联系，但这些已脱离了它的母体。

三、宝鸡名称产生的时代特征

秦文公获"若石"发生在春秋初年，时值社会和文化的变革时期，随着分封制的解体和各诸侯国势力的增强，应该说若字的最初含义已经发生了变化。但由于秦人所处的特殊环境与文化背景，他们还要部分的利用商周人的这种文化观念来实现自己图霸天下的理想。

秦人是一个具有博大胸怀和开拓进取精神的伟大民族，但在动荡的西周末年和春秋群雄争霸的战乱时期，不被东方强族所看重，往往与处于边远落后的西戎相提并论。秦人虽然有着悠久的历史，但先秦史料少有记载或是虽有记载但也语焉不详。其开始进入历史是在西周中叶非子封邑，复续嬴氏，号曰秦嬴以后。西周末年秦襄公护送平王东迁有功被封为诸侯，享有岐以西之地，是秦人真正登上政治舞台的开始。这时秦人虽然享国，但由于封地实际上仍被强大的戎人所占领，因此受封并没有什么实质上的效果，东方诸侯国也不认可。这种局势反而激发了秦人的奋发向上。秦襄公受封后"备其甲兵，以讨西戎"，第四年便率兵东进，"伐戎而至岐"，但最终因戎狄势力强大，襄公以身殉职，战死在岐地。文公继位后，前仆后继，并未退缩，将都邑前移至汧渭之会，修筑陈仓城，调整部署，养兵蓄锐，于十六年（前750年）率兵伐戎，直逼戎人腹地，"地至岐"，一举收复了岐地，才完成了真正意义上的立国大业。这是秦国取得伐戎的第一次重大胜利。那么支持他们的精神支柱是什么？统一民众的力量是什么？这就是秦人务实的天地崇拜的神灵思想。

有人说秦人在继承周文化方面奉行的是全面的"拿来"主义，但我们认为不完全是这样，不论是从考古学文化上还是从宗教思想文化上都有他自身的东西。如这期间，代表秦人神灵思想平台的西畤、鄜畤就是秦人独创的一种祭祀文化。畤是"古时祭天地五帝的固定处所"。尽管这种独特的祭祀方式和平台与殷人和周人的社祭、庙祭、郊祭不同，但通过神灵的意志达到统治民众，使民众顺从的目的是相同的。西畤是襄公受封回到西垂后建立的，所祭祀的对象是白帝。

白帝实际上是秦人天帝神崇拜和先祖神崇拜的合而为一的象征，一是通过在此祭祀活动接受天命，表明他的受封是天帝的旨意，二是通过祭祀活动向国人转达天的旨意，达到使民众顺从他的统治。鄜畤是文公到达汧渭之会后"梦黄蛇自天下属地，其口止于鄜衍，史敦以为神，故立畤也"。鄜畤的建立已是文公十年（756 年）的事，所祭祀的对象亦是白帝。这时陈仓大地经过文公的苦心经营，已初具基础，但汧河以东的封地仍然没有收复。因此进一步强化神灵意识，促使民众和"周余民"更加顺从他的统治，对于东进伐戎，收复封地至关重要。这期间对鄜畤的祭祀规模达到了空前。

陈宝祠（若石）的祭祀是在西畤和鄜畤的基础上创立的又一种祭祀方式，"尚唯雍四畤上帝为尊，而光景动人民唯陈宝"。陈宝祠"自秦文公初建至现在，享祀之久，海内无二"，说明陈宝祠的祭祀活动更是空前，秦人的崇神思想这时更加成熟和完善。《史记·秦本纪》曰文公"十九年，得陈宝"，陈宝是什么？《史记·封禅书》和《汉书·郊祀志》虽然都说得非常清楚："文公获若石云……号曰陈宝。"但由于太史公写《史记》时已距"文公获若石"的时间近千年，加之秦人承商周文化的滞后性，"若石"的原始神性已经很难体现出来了，难怪汉以后至魏晋的多种史料中，多将陈宝——"若石"当作"野鸡夜雊"的神鸡，并以一牢的礼仪规格进行祭祀。使陈宝祠不但遂与鸡结下不解之缘，进而由神性的若石再转变为女性的"陈宝夫人祠"，甚至被当成后人杜撰的故事而流行，而忽视了"若石"产生的特定的语言环境和文化背景。

四、宝鸡是在陈仓城的基础上发展起来的

宝鸡的建城时间如果依明确的时间记载，我们现在还只能追溯到秦文公四年（前 762 年）抵达汧渭之会后营筑陈仓城，如果还要继续上溯的话，那就是"昔周邑"了。

《元和郡县图志》在追述宝鸡的城制沿革时说："秦文公筑陈仓城，史称上城，原址在今戴家湾附近。"但这个陈仓上城是否就是汧渭之会？从古到今一直聚讼不休。

一是认为当在汧河汇入渭河交汇处西夹角的古陈仓城一带。北京大学教授李

零认为在汧河汇入渭河西夹角处的卧龙寺西北一带。台湾学者张光远在《秦国文化与史籀作石鼓诗考》一书中亦把汧渭之会十分明确的标注在汧河汇入渭河交会处西夹角的古陈仓。天津古籍出版社新近出版的大型《史记》全注全释一书中，明确指出汧渭之会当指陈仓城。苏秉琦先生在斗鸡台调查选择发掘地点时也指出，发掘地点当在周秦早期都邑附近。经过对秦早期史料和考古资料的综合分析，又经反复踏察，我们认为汧渭之会就是古陈仓上城，具体地点很可能就在陈仓下城西北不远处，上下二城基本上是相连的。而且汧渭之会和陈仓城实际上是一地二名。

二是认为当在今日凤翔长青镇的孙家南头村一带（也有认为在魏家崖一带的）。我们对此是持否定态度的。这是因为，1. 秦人当时势力范围没有越过汧河，越过汧河收复岐地是文公十六年（前750年）的事。2. 长青一带考古发现虽很重要，但是出土器物的时代到不了秦文公，最早也只能到秦德公，当是秦德公从平阳徙都雍后的一个重要水运要塞，或秦穆公"泛舟之役"时的漕船东渡之遗址和后来的回中宫遗址。3. 长青孙家南头村距雍蕲年宫仅几百米，当属雍都范围，那里距雍都10多公里，如果秦文公在那里建都，48年后何不径迁都雍而要绕迁平阳？4. 考虑这个问题不能背离秦文公到达汧渭之会时发表的关于昔周邑的一番演说，和高规格的戴家湾西周墓地出土的青铜器所反映的文化面貌，如周公东征方鼎铭文中提到的周庙问题等等。5. 如果汧渭之会在那里，陈仓城的存在和影响无法解释。

周的邑城有三处，这就是岐周、宗周和成周。西周时期，关中西部的宝鸡属畿内地区，其封国有召、散、井、虢、矢、强等。这些封国中，散和强不属于姬姓，矢的问题较复杂，大多数学者认为它是姬姓。这样，昔周邑从属姓上就只有召、井、虢和矢这些姬姓国了。召的地望还到不了汧河西岸的凤翔塬；虢的地望在汧河以东的虢镇至虢王一线的塬边上下；井也到不了渭河以北和汧河以西，就只有一个矢的可能性大了。

考古资料表明，矢是西周早期就存在的一个封国，封地在汧河流域。散氏盘铭文说，关中畿内的矢散二国边界相连，这个边界只能是汧河，矢人屡次越过汧河侵犯散国的领土。尽管如此，我们不能把凤翔塬当作矢人的地望和中心，最多只能算作是一个被矢人经常掠夺和侵扰的边缘化地区。因此"昔周邑"也就自然不会在那里了（图7－2）。

图7－2 散氏盘及其铭拓

《史记·秦本纪》提到的"昔周邑"，是指商末，周人在迁徙过程中，兵分两部，太伯、仲雍这一支来到吴山脚下的历史。西周初年，他们在这里建立了吴国（矢国），主要活动区域在汧河的上游乃至下游的贾村塬一带，其中心在贾村塬南坡下的戴家湾一带，并在这一带建立了城邑。由于矢人屡次侵犯散国的边界，势力虽曾到达过汧河以东的凤翔塬西沿，但其疆界始终没有越过汧河。西周中期以后，其中心可能向塬上贾村镇一带有所扩展。西周晚期，随着周人势力的衰落和秦人的进入，这里不再辉煌，这一点已有斗鸡台墓地出土的高规格的贵族墓葬和大宗的青铜器所证实。综观宝鸡地区出土的西周青铜器不少，但西周早期的多出土在宝鸡市区周围的这些地区。秦文公到达这里后，在此修建陈仓城。如果这个讨论能够成立，我们就可以勾画出宝鸡城市的发展脉络：周邑城（昔周邑）→陈仓城（汧渭之会）→宝鸡县→宝鸡市。

八 留给后人思考的问题

戴家湾墓地的时代问题比较明确，这一点并没有给我们留下多少难题。

党玉琨在戴家湾所进行的是一次掠夺性盗掘行为，严重地扰乱了这批资料的组合关系，影响了它的科学性，给戴家湾墓地的文化属性、年代确定以及这些器物所反映出的各种文化之间的关系造成了一定的困难。但是，纵观这批器物，对其年代的确定并不是一件很困难的事。

一是所盗器物数目巨大，时代特征比较一致，而且特点比较集中。几件仅存的铭文所反映的时代都在西周早期，如毛伯鼎，可以肯定地说这件器与文王之子毛伯有关，时代当在周初；周公东征方鼎所述的是周公东征凯旋回归后在周庙举行祭祀的事，时间亦在周初；鲁侯熙鬲这件器表明器主是周公的孙子鲁侯熙，时代还在周初。这就从铭文上为戴家湾墓地的年代提供了依据。不仅如此，这批器物中的绝大部分，不论是从造型风格、纹饰特征，还是器物流行的时代特点上，西周初期的特征也十分明显和突出。调查记述中的玉器器种，如玉琮、玉璋、玉圭等，料器中的蛤蜊、贝币等，都能给人以"西周早期风格"的感觉，毫无牵强附会和造作之感。另外，这批器物时代特征上的前后过渡和衔接也十分自然。如，在西周早期往前，还有一小部分商末周初时候的器物，在周初之后，还有一小部分早中期之交时的器物。西周晚期的器物几乎看不到。这就从数量比例的总体上判定戴家湾墓地的时代，比一些个例或是用考古类型学方法去断定时代还要准确些。如此集中的特点，是一般较小规模的考古中不曾具有的。

二是这批器物中还有一些春秋时期乃至战国到汉代的器物，这些器物虽然数量不多，但是时代特征也很明显，与已有的考古资料作比较，打眼一看就可知是春秋、战国或是汉的器物。虽然组合与墓葬的关系不清，但也无需从考古类型上去寻找依据和作比较。如标本蟠螭纹 D·28·033 这类鼎，只有在春秋早期才盛行。其他调查材料中所说的体形特小的金器凤形鸟、虎佩饰等，从目前的考古资料来看，只有在春秋早期的墓葬中发现，这类金器绝不可能和西周早期之青铜器共出，春秋以后的各代墓葬中虽有金器出土，但绝不会有这种风格的造型。因此，戴家湾墓地主要是一处高规格的西周早期的贵族墓地。春秋至汉的墓葬虽然也有发现，但和西周早期的墓葬相比数量明显偏少。

戴家湾墓地留给我们最大的问题是对其文化属性的确定上。如此高等级的贵族墓地，其墓主到底是谁？西周初年，宝鸡戴家湾地区的政治格局到底是什么？为什么等级如此之高的贵族要葬在这里？这些贵族的居住地到底在何处？西周中晚期他们又为什么从这里消失？如此等等，都是需要我们后人去解答的。

戴家湾墓地出土的青铜器不仅绝大部分是青铜礼器，而且都还是重器，先不考虑党玉琨馈赠、卖掉、藏匿和流失的，光有较详细资料的青铜鼎就有 38 件、簋 27 件之多，这在正规的考古发掘中是很少能碰到的。虽然有铭文的器物不多，有铭文的字数也不多，但我们应当看到，这是时代所确定的，也就是说，这个墓地所处的时代西周早期，普遍都是这个情况。要在西周早期的青铜器铭文里找出像毛公鼎那样铭文的青铜器是不可能的，起码现在还没有发现。这些件数不多、字数亦不很多的铭文铜器所涉及的，如"毛伯""周公""鲁侯熙"等，都是周王室的重要成员。而且只有周王室才能使用的青铜禁也在戴家湾屡屡出土，这与其他青铜器所反映的文化面貌的一致性，足以证明这个墓地不是一般的贵族墓地。

需要特别提出的是，戴家湾十六号大墓带有墓道这个问题一直未能引起学术界的关注。这与这个墓地毕竟被破坏性地盗掘有很大关系，因此资料的科学性难免引起大家的质疑。问题是如果只是有墓道的记录，没有出土器物、数量、规格等的综合观察，质疑是肯定的。但此墓葬的墓道和出土物的数量、等级所反映的问题是一致的，这就不得不使我们加以重视。

从 20 世纪河南殷墟的考古实践来看，凡带有墓道的墓葬，等级都是比较高的，墓道越多，等级越高，王一级的一般都有四条墓道，这是有着严格规定的。2004 年，北京大学和陕西考古工作者在岐山周公庙遗址上发现了带有墓道的西周墓葬 12 座，其中四条墓道的 7 座，三条墓道的 1 座，两条墓道的两座，一条墓道的两座。另还有车马坑 7 座。这个发现立即轰动了考古界，一方面说明这个墓地的等级是相当高的，另一方面，西周考古中的墓道问题引起了广泛的关注。有趣的是，周公庙墓地的时代也在西周早期，这与戴家湾墓地的时代和文化内涵有着紧密的联系。这就不得不使我们对戴家湾墓地的墓道问题给予高度重视。

仅此而言，已经足以说明戴家湾墓地不是一般的贵族墓地，而是一处西周早期与周王室有着极为密切关系的高等级的墓地。

那么，如此高等级的墓地到底埋葬的是谁？这个问题长期困扰着我们。一方面是由于墓地遭到了严重破坏，出土文物几乎流失殆尽，给研究造成了很大困难，能见到的研究文章多是针对铭文本身，很少能与这个墓地出土的其他器物全貌进行综合研究；但另一方面，涉足这个问题的力量和重视程度也都还不够。有学者曾提出戴家湾墓地是矢国墓地，也有学者提出了更为具体的意见，认为戴家湾墓地应是姬姓贵族的一支，特别需要提及的是"冉父癸"圆鼎。这件鼎开始并未引起我们足够的关注。直到 2012 年石鼓山墓地出土了两件带有"冉"字铭文的冉父乙卣和冉盉，才引起了我们对这件冉器的注意。冉氏家族之器物在西周畿内宝鸡地区和沣西屡有出土，而且时代都在西周初年。因为这类西周早期的铜器铭文多被当作族徽或日名器，因此学界多认为周人不用日名器，此类日名器为商人器物。但我们认为，正因为这种定式的思维模式，可能导致我们对一些墓葬文化属性的错误判断。跳出这个圈子，我们认为宝鸡地区出土的西周早期的"冉"器，可能与周文王的小儿子冉季载封邑有关。墓主可能是毛伯。

戴家湾墓地虽不是科学发掘，但这批资料和青铜器的客观性不得不引起深思。经对这批资料整理，180 多件青铜器出土地较明确，而且有的还能弄清其墓葬的归属。

从这批器物的用途上看，如夔纹铜禁虽然上无铭文，但这种器物只有周天子才能享用，足见其意义非同小可；从铭文上看，到目前为止，虽然出土的青铜器铭文中涉及周公的并不多，但戴家湾墓地出土的周公东征方鼎、鲁侯熙鬲非常明确地表明其与周公有关，关于周公的归葬地，另有岐周一说，这些器物也确实出土在戴家湾；还有何尊铭文所反映的时间和内容也与周公有直接的关系，虽然其出土地不在戴家湾，但它与戴家湾出土的铜器属同一时代同一文化性质；从十

五、十六号墓均带有墓道和车马坑的规格和六鼎（或七鼎）的等级，青铜禁的王器性质，出土青铜器的数量规模及商末周初的时代特征等等综合考虑，戴家湾墓地属周王室家族墓地的可能性较大。《史记·秦本纪》述，秦文公徙都汧渭之会时发表的一番讲话："昔周邑我先秦嬴于此，后卒获为诸侯。乃卜居之，占曰吉，即营邑之。"秦文公说，以前周人让我的祖先秦嬴在住在这里，最后终于成为诸侯，于是便要卜居在这里，占卜的结果很吉利，于是就立即营造城邑居室。秦文公的话与这里出土的青铜器和墓地规格可以互为印证。

与此地接壤的有矢、强、散、虢等。虢的地望还到不了这里，且我们推断其墓地可能在阳平附近的高庙村，其城邑自然不会在这里。强的活动中心在宝鸡市区的渭河以南，其城邑也不可能建在这里。散国除散氏盘以外，还没有更多的资料来证明，散氏盘虽记载了矢、散分田之事，说明这两个方国地界相连，但它的地望恐怕到不了戴家湾一带。从近几十年来出土的矢器所反映的区域来看，最有可能的是矢，卢连成先生曾认为戴家湾墓地属矢国墓地。这是迄今为止对戴家湾墓地最为明确的观点。

然而，问题还不止于此。吴、虞、矢，再加上芮国历史之争论，一直被学术界所关注，光"矢"到底是"姬姓国"还是"姜姓国"的问题，到现在还聚讼不休。更何况一部分观点认为古代吴、虞、矢古时通用，吴字省去口字又是矢，因此认为矢国就是吴国。也有学者认为，尽管矢字古音读吴，但是，商周时期，在汧水流域下游的矢国不是吴国。

关于矢是不是一个方国，矢国是不是吴国的争论，虽然不是三言两语就能概括了的，但在太伯奔吴后所建立的吴国就是西吴，这个吴就在宝鸡（就是千山，就是现在的吴山）却是比较一致的。显然，太伯奔吴这个重大历史事件是我们讨论戴家湾墓地时所要考虑的历史背景。还因为"太伯奔荆蛮"中的"荆"，先秦时荆楚连称或不分，这在金文中常见。从《水经注》中可知，金陵河就是楚水，又从《元丰九域志》中"凤翔府，虢，有楚山"，这个楚山可能与吴山有关。这些历史地名都与太伯奔吴有关。

现在，我们再回过头来看戴家湾墓地出土的青铜器，时代多在西周初期，少量为商末，如此突出的时代特征与太伯奔吴事件在时间上的吻合，恐怕不是用偶然就能解释得了的，对这点我们不能漠视。基于这个时代背景，太伯奔吴与"昔周邑"及戴家湾墓地的关系值得商榷。"太伯奔荆蛮"和"周公奔楚"的历史背景问题应当引起重视。

　　另外，戴家湾出土的周公东征方鼎铭文中记述了周公东征回归后在周庙里进行祭祀的事，因此，戴家湾有周庙的问题不能排除。再结合王的级别才能使用的庙堂器物"禁"在戴家湾的连续出土，有可能说明这里有与"周邑"贵族墓地相适应的周庙。

后　记

　　戴家湾是一个神奇的地方，也是一个神圣的地方，更是一个重要的考古圣地。所谓神奇是指上古时期，戴家湾就是先民活动频繁之地，一些史料记载伏羲、炎帝、黄帝都曾在戴家湾建过都城；所谓神圣是指商周和秦汉之际，戴家湾曾是西周王朝高级贵族甚至周王室一支的所在地，是秦汉时期重要的国家级祭祀之地；所谓考古圣地，是指戴家湾为"陕西考古第一铲"之地，出土了大量青铜珍宝，是海内外考古工作者和历史研究者长期倾心关注的地方。

　　正因为戴家湾的神奇、神圣和重要，我们才萌发了撰写《戴家湾寻古纪事》的想法，旨在通过此书向广大读者较为全面地介绍戴家湾的历史，引导更多的人关注戴家湾，挖掘戴家湾，研究戴家湾，宣传戴家湾，以此扩大金台与宝鸡的文化影响力，增强金台与宝鸡的文化自信。

　　20 世纪 80 年代，高次若、刘明科曾对党玉琨在戴家湾盗挖文物的情况做过详细调查，相关资料也在《中国文物报》和《宝鸡日报》上进行过连载，并在《宝鸡考古撷萃》一书中专门记述。但随着时间的推移和网络传媒的广泛应用，特别是与戴家湾密切相关的考古资料的陆续发现，海内外学界愈加感到戴家湾遗址的文化内涵之深奥。2017 年以来，我们三人多次交流探讨戴家湾的文化内涵，遂产生了许多共鸣，促进了我们对戴家湾文化内涵的再认识、再提高。我们三人一致认为，很有必要再对原有资料进行梳理归纳、充实完善，从戴家湾大的历史背景和地域范围着手，尽量吸收近年来新的考古材料和研究成果，力争全面系统地将戴家湾的文化内涵和研究成果展示给广大读者。

　　应当指出的是，戴家湾遗址文化内涵的发掘与研究，是国际性的，是高层次的，是多学科的，涉及的面相当广泛。不是一朝一夕就能完成的。石鼓山西周墓地的发现，由于两处墓地文化内涵的高度相似，使戴家湾的研究出现了一个新的热潮。这本册子只是立足地方古文化之发掘，兼顾学术研究与社科普及，主要侧重对戴家湾遗址上的考古与文物事件进行梳理，旨在给广大读者提供一个了解和研究戴家湾的平台。书中一些带有研究性的观点也是抛砖引玉，寄希望于引起更多学人对戴家湾文化内涵的关注。

尽管好多学者对戴家湾的文化内涵有不同的认识和解读，目前还难以形成定论，包括我们三人，在诸如汧渭之会都邑之所在等方面的认识上也不太一致。但我们一致认为，应遵循学术观点百花齐放，尽量保留与戴家湾相关的不同研究观点，尽量彰显戴家湾的悠久历史和文化内涵，力求让读者尽可能多地了解戴家湾的历史。

戴家湾历史悠久，古迹众多，虽然我们对戴家湾的历史文化做了较为深入的调查和探讨，但学无止境，写作过程短暂，一些领域和资料可能没有涉及。《戴家湾寻古纪事》是宝鸡市金台区委、区政府与宝鸡文理学院联合设立的"金台区地域历史文化研究项目"研究成果。在本书编写过程中，宝鸡市文物局副局长刘宏斌、金台区文化和旅游（文物）局局长白本军等审阅了相关内容，提出了宝贵的修改意见和建议。为尽可能吸收最新研究成果，我们还借鉴和吸收了有关专家学者的论著，以及期刊和网络上的有关资料，因此书为普及性读本，不便一一注明，在此一并表示感谢！

虽然我们反复求证、细心梳理，但学识有限，书中难免出现谬误、偏颇之处，敬祈方家同仁、读者朋友不吝赐教，以备来日订正修改。

杨曙明

2019 年春

参考资料

一、著作

1．（汉）司马迁：《史记》，中华书局，1959 年。

2．（北魏）郦道元：《水经注》，北京燕山出版社，2010 年。

3．马非百：《秦集史》，中华书局，1982 年。

4．林剑鸣：《秦史稿》，上海人民出版社，1981 年。

5．中国社会科学院考古研究所：《美帝国主义劫掠的我国殷周青铜器集录》，科学出版社，1962 年。

6．中央研究院历史语言研究所、陕西省考古研究院：《宝鸡戴家湾与石鼓山出土商周青铜器》，台北：中央研究院历史语言研究所，2015 年。

7．苏秉琦：《苏秉琦考古学论述选集》，文物出版社，1984 年。

8．徐卫民：《秦都城研究》，陕西人民教育出版社，2000 年。

9．杨东晨：《秦人秘史》，陕西人民教育出版社，1991 年。

10．杨曙明：《雍秦文化》，中国文史出版社，2015 年。

11．徐日辉：《秦早期发展史》，中国科学文化出版社，2003 年。

12．吴镇烽：《陕西地理沿革》，陕西人民出版社，1981 年。

13．吴镇烽：《陕西金文汇编》，三秦出版社，1989 年。

14．刘军社：《先周文化研究》，三秦出版社，2003 年。

15．王学理：《秦物质文化史通览》，科学出版社，2015 年。

16．殷盛平：《西周史征》，陕西师范大学出版社，2004 年。

17．卢连成、胡智生：《宝鸡强国墓地》，文物出版社，1988 年。

18．王家广：《考古杂记》，紫禁城出版社，1988 年。

19．曲英杰：《周都王庙考》，《西周史论文集》，陕西人民教育出版社，

1993 年。

20. 曲英杰：《先秦都城复原研究》，黑龙江人民出版社，1991 年。

21. 张懋镕：《古文字与青铜器论述》，科学出版社，2010 年 7 月。

22. 刘明科：《宝鸡考古撷萃》，三秦出版社，2006 年。

23. 任雪莉：《宝鸡戴家湾商周铜器群的整理与研究》，线装书局，2012 年。

24. 杨曙明、宋婉琴：《金台史话》，中国文史出版社，2017 年。

25. 陕西省文物局：《陕西第三次全国文物普查丛书·宝鸡·金台卷》，陕西旅游出版社，2012 年。

26. 陕西省文物保护研究院编：《宝鸡戴家湾考古研究报告——中意合作考古报告之一》，三秦出版社，2016 年。

27. 刘安国：《雍宝铜器小群图说长编》，1954 年。

28. 宝鸡市金台区地方志编纂委员会：《金台区志》，陕西人民出版社，1993 年。

29. 宝鸡市金台区地方志编纂委员会：《金台区志》（第二轮），三秦出版社，2015 年。

30. 杨曙明：《陕西古代青铜器》，文物出版社，2019 年。

31. 张天恩：　《陕西金文集成》，陕西新华出版传媒集团三秦出版社，2016 年。

32. 罗宏才：《陕西考古会史》陕西师范大学出版总社，2017 年。

33. 乾隆二十九年《宝鸡县志》。

34. 民国十一年《宝鸡县志》。

35. 民国三十五年《宝鸡乡土志》。

二、论文

1. 李零：《史记所见秦早期都邑葬地》，《文史》第二十辑，中华书局，1983 年。

2. 焦南峰、田亚岐：《寻找"汧渭之会"的新线索》，《中国文物报》2004 年 3 月 5 日。

3. 卢连成、殷盛平：《古夨国遗址、墓地的调查》《文物》1982 年第 2 期。

4. 卢连成：《秦国早期文物的新认识》，《中国文字》第 21 期，台北艺文印书馆，1996 年。

5. 卢连成：《岍地与昭王十九年南征》，《考古与文物》1984 年第 6 期。

6. 石兴邦：《秦代都城和陵墓的建制及其相关的历史意义》，《秦文化论丛》第一辑，西北大学出版社，1993 年。

7. 罗宏才：《党玉琨西府盗宝记》，《文博》1997 年第 4、5 期。

8. 梁云：《西新邑考》，北京大学震旦古代文明研究中心编《古代文明研究通讯》总 31 期，2006 年 12 月。

9. 张光远：《秦国文化与史籀作石鼓诗考》，台北《故宫季刊》第 10 卷第 2 期。

10. 辛怡华：《早期嬴秦与姬周关系初探》，《秦俑秦文化研究》，陕西人民出版社，2000 年。

11. 刘启益：《西周夨国铜器的新发现与有关的历史地理问题》，《考古与文物》1982 年第 2 期。

12. 王辉：《西周畿内地名小记》，《考古与文物》1985 年第 3 期。

13. 石鼓山考古队：《陕西宝鸡石鼓山发现西周早期贵族墓葬》，《考古与文物》2013 年第 1 期，《文物》2013 年第 2 期。

14. 张天恩：《陕西商周考古发现和研究概述》，《考古与文物》1998 年第 5 期。

15. 姚苏杰：《商代青铜器铭文的文本结构及其功能》，《文学遗产》2012 年第 6 期。

16. 辛怡华、刘军社、王颢：《石鼓山西周墓葬青铜器铭文初探》，《考古与文物》2013 年第 2 期。

三、网络文章

1. 毛天哲：《周公东征方鼎考释》，陕西省文物局《汉唐论坛·考古客栈》。

2. 毛天哲：《班簋（毛伯彝）再考释》，陕西省文物局《汉唐论坛·考古客栈》。

3. 毛天哲：《毛父叔郑世家》陕西省文物局《汉唐论坛·考古客栈》。

4. 刘瑞：《苏秉琦先生斗鸡台考古见闻录》，中国社科院考古研究所网。

5. 杨华：《禭、赗、遣——简牍所见楚地助丧礼制研究》，武汉大学中国传统文化研究中心网。